本书为国家社科基金青年项目“志愿服务与道德文化建设研究”（12CZX071）最终成果

〖学者文库〗

志愿服务与道德建设

李茂平◎著

中国社会出版社
国家一级出版社·全国百佳图书出版单位

图书在版编目（CIP）数据

志愿服务与道德建设 / 李茂平著. -- 北京：中国社会出版社，2020. 4

ISBN 978 - 7 - 5087 - 6334 - 7

Ⅰ. ①志… Ⅱ. ①李… Ⅲ. ①志愿者—社会服务—关系—社会公德教育—研究—中国 Ⅳ. ①D669. 3②D648. 3

中国版本图书馆 CIP 数据核字（2020）第 054517 号

书　　名： 志愿服务与道德建设

著　　者： 李茂平

出 版 人： 浦善新

终 审 人： 尤永弘

责任编辑： 陈贵红

出版发行： 中国社会出版社　　**邮政编码：** 100032

通联方式： 北京市西城区二龙路甲 33 号

电　　话： 编辑部：（010）58124828

邮购部：（010）58124848

销售部：（010）58124845

传　真：（010）58124856

网　　址： www. shcbs. com. cm

shcbs. mca. gov. cn

经　　销： 各地新华书店

中国社会出版社天猫旗舰店

印刷装订： 三河市华东印刷有限公司

开　　本： 170mm × 240mm　1/16

印　　张： 15

字　　数： 222 千字

版　　次： 2020 年 4 月第 1 版

印　　次： 2020 年 4 月第 1 次印刷

定　　价： 88. 00 元

中国社会出版社微信公众号

志愿服务是公民社会的基石。它可以激发人类最高贵的情操——追求全人类的和平、自由、机会、安全和正义。……所有志愿者都应坚信并表明，志愿者行动是一种具有非凡创造性的力量。

——国际志愿者协会《全球志愿者宣言》(2001 年 1 月)

愿意做志愿服务工作的人数已经成为一个公民社会健康状况的晴雨表。

——马克·A. 缪其克、约翰·威尔逊《志愿者》(2012 年)

志愿服务是美好的道德行为和重要的道德实践。……大力弘扬“奉献、友爱、互助、进步”的志愿精神，广泛普及服务他人、奉献社会的志愿服务理念，培育全社会志愿服务文化自觉，使讲道德、尊道德、守道德成为人们基本生活方式。

——中央精神文明建设指导委员会《关于推进志愿服务制度化的意见》(2014 年 2 月)

广大青年要把正确的道德认知、自觉的道德养成、积极的道德实践紧密结合起来，自觉树立和践行社会主义核心价值观，带头倡导良好社会风气。……要倡导社会文明新风，带头学雷锋，积极参加志愿服务，主动承担社会责任，热诚关爱他人，多做扶贫济困、扶弱助残的实事好事，以实际行动促进社会进步。

——习近平在同各界优秀青年代表座谈时的讲话（2013 年 5 月 4 日）

志愿服务是社会文明进步的重要标志。党的十八大以来，广大志愿者、志愿服务组织、志愿服务工作者积极响应党和人民号召，弘扬和践行社会主义核心价值观，走进社区、走进乡村、走进基层，为他人送温暖、为社会作贡献，充分彰显了理想信念、爱心善意、责任担当，成为人民有信仰、国家有力量、民族有希望的生动体现。希望广大志愿者、志愿服务组织、志愿服务工作者立足新时代、展现新作为，弘扬奉献、友爱、互助、进步的志愿精神，继续以实际行动书写新时代的雷锋故事。

——习近平致信祝贺中国志愿服务联合会第二届会员代表大会召开（2019 年 7 月 23 日）

序

改革开放以来，随着社会主义市场经济的快速发展，我国一些领域出现了较为严重的道德问题，人民群众对加强社会主义道德建设和治理道德问题的呼声日益高涨。对此，习近平总书记多次强调指出，“国无德不兴，人无德不立。”“必须加强全社会的思想道德建设，激发人们形成善良的道德意愿、道德情感，培育正确的道德判断和道德责任，提高道德实践能力尤其是自觉践行能力，引导人们向往和追求讲道德、尊道德、守道德的生活，形成向上的力量、向善的力量。”党的十八大以来，以习近平同志为核心的党中央高度重视道德建设和深入开展道德领域突出问题专项治理，大力推进社会公德、职业道德、家庭美德、个人品德建设，着力提升公民道德素质，推动思想道德建设取得显著成效，正像《新时代公民道德建设实施纲要》所指出的：“中国特色社会主义和中国梦深入人心，践行社会主义核心价值观、传承中华优秀传统文化的自觉性不断提升，爱国主义、集体主义、社会主义思想广为弘扬，崇尚英雄、尊重模范、学习先进成为风尚，民族自信心、自豪感大大增强，人民思想觉悟、道德水准、文明素养不断提高，道德领域呈现积极健康向上的良好态势。”但“同时也要看到，在国际国内形势深刻变化、我国经济社会深刻变革的大背景下，由于市场经济规则、政策法规、社会治理还不够健全，受不良思想文化侵蚀和网络有害信息影响，道德领域依然存在不少问题。一些地方、一些领域不同程度存在道德失范现象，拜金主义、享乐主义、极端个人主义仍然比较突出；一些社会成员道德观念模糊甚至缺失，是非、善恶、美丑不分，见利忘义、唯利是图，损人利己、损公肥私；造假欺诈、不讲信用的现象久治不绝，突破公序良俗底线、妨害人民幸福生活、伤害国家尊严和民族感情的事件时有发生。这些问题必须引起全党全社会高度重视，采取有力措施切实加以解决。”正因为如此，推进新时代的公民道德建设和进一步深化各领域道德问题的治理，是今后很长时期内我国思想文化和道德建设的重大任务之一。

道德建设是一项系统工程，它需要社会各方力量的积极参与。而志愿组织作为社会的“第三部门”，恰恰是道德建设的“第三方”力量。联合国前秘书长安南说过，志愿服务高扬的志愿精神的“核心是服务、团结的理想和共同使这个世界变得更加美好的信念。”中央精神文明建设指导委员会颁布的《关于推进志愿服务制度化的意见》亦指出：“志愿服务是美好的道德行为和重要的道德实践”；中共中央、国务院颁布的《新时代公民道德建设实施纲要》也强调：“志愿服务是践行社会主义道德的重要途径。”志愿者在把关怀带给社会的同时，也传递了爱心，传播了文明，这种“爱心”和“文明”从一个人传达到另一个人，从一个群体传递给另一个群体，最终就会汇聚成为一股强大的社会暖流和向上向善的道德力量，因而志愿服务是社会文明进步的重要标志，是社会主义精神文明建设和新时代公民道德建设的重要载体，是社会治理体系和治理能力现代化的重要平台。

思考和研究志愿服务在社会主义道德建设中的作用与影响，探讨志愿服务推进社会主义道德建设的途径和方式，这是有志于为社会主义思想道德建设有效开展和不断深化而贡献智慧、提供咨询和决策建议的学者们面临的重要课题，也是他们用自己的学识服务于中国改革开放伟大事业的很好方式。

李茂平教授就是这样一位具有强烈社会责任感的青年学者。由他主持的国家社科基金项目“志愿服务与道德文化建设研究”（12CZX071）的最终成果《志愿服务与道德建设》一书，从分析我国道德领域存在的突出问题及其原因和社会主义道德建设的时代价值入手，在系统探讨我国志愿服务的蓬勃兴起、道德属性、行为动机及志愿服务与道德建设的内在关联、志愿服务的道德价值目标等问题的基础上，深入研究了志愿服务在彰显和弘扬“为人民服务”道德核心、“集体主义”道德原则，倡导和推进社会公德、职业道德、家庭美德建设及个人品德养成中的重要作用与影响，并进一步探讨了志愿服务推进道德建设的主要方式及行为优势，志愿服务推进道德建设存在的主要问题及消解对策。总的看，该书研究思路清晰，逻辑结构合理，全书对我国道德建设的发展历程、中西方志愿服务的兴起与发展进行了细致梳理，对道德领域出现的主要问题及其原因进行了深入调查和客观分析，从“第三部门”的视角提出了一些加强道德治理的独到见解和创新观点，对于我国社会主义道德建设相关理论研究与实践探索具有积极意义。

2019 年 11 月 12 日，中共中央政治局委员、中宣部部长黄坤明在辽宁省抚顺市召开的学雷锋和志愿服务座谈会上强调，新时代学雷锋志愿服务使命更加重大、舞台更加宽广。要立足新时代新要求，在满足人民群众多样化需求中送温暖、献爱心，在践行社会主义核心价值观中树新风、育新人，在推进社会治理现代化中扬正气、促和谐，让雷锋精神、志愿精神在新时代绽放新光芒。该书付梓出版，也是对这一讲话精神，特别是对《新时代公民道德建设实施纲要》的有力回应，对于进一步推动新时代志愿服务理论研究和实践开展，发挥志愿服务在社会治理体系和治理能力现代化，尤其是公民道德建设中无可替代的作用，其价值将日益显现。

是为序。

龙静云

2020 年 1 月 16 日于桂子山

（龙静云：华中师范大学教授，博士生导师，湖北省伦理学会会长，湖北省有突出贡献中青年专家，享受国务院特殊津贴专家。）

目 录
CONTENTS

引 言 …… 1

第一章 我国道德建设面临的新形势 …… 7

第一节 道德建设的提出及其内涵演化 …… 7

第二节 道德建设面临的新形势 …… 15

第三节 加强道德建设的时代价值 …… 48

第二章 我国道德建设的“助推器”——志愿服务 …… 56

第一节 志愿服务及其相关概念内涵界定 …… 57

第二节 志愿服务的蓬勃兴起 …… 64

第三节 志愿者的行为动机 …… 75

第四节 我国志愿服务的主要类型及对象 …… 86

第三章 志愿服务与道德建设的内在关联 …… 95

第一节 志愿服务的道德属性 …… 95

第二节 志愿服务的道德价值目标 …… 104

第三节 志愿服务与道德建设的内在关联 …… 114

第四章 志愿服务推进道德建设的具体表现 …… 126

第一节 志愿服务彰显与弘扬“为人民服务”道德核心 …… 126

第二节　志愿服务彰显与弘扬“集体主义”道德原则 …………………… 142
第三节　志愿服务倡导和推进社会公德建设 …………………… 159
第四节　志愿服务倡导和推进职业道德建设 …………………… 168
第五节　志愿服务倡导和推进家庭美德建设 …………………… 173
第六节　志愿服务推进个人品德养成 …………………… 186

第五章　志愿服务推进道德建设的主要方式及优势 …………………… 197
第一节　志愿服务推进道德建设的主要方式 …………………… 198
第二节　志愿服务推进道德建设的主要优势 …………………… 203

第六章　我国志愿服务推进道德建设存在的主要问题及消解对策 ……… 211
第一节　我国志愿服务存在的主要问题 …………………… 211
第二节　推动志愿服务健康持续发展的对策 …………………… 215

主要参考文献 …………………… 220

后　记 …………………… 227

引　言

2019年10月，中共中央、国务院印发《新时代公民道德建设实施纲要》。该纲要指出，中国特色社会主义进入新时代，加强公民道德建设、提高全社会道德水平，是全面建成小康社会、全面建设社会主义现代化强国的战略任务，是适应社会主要矛盾变化、满足人民对美好生活向往的迫切需要，是促进社会全面进步、人的全面发展的必然要求。该纲要的颁布实施，成为新时代社会主义道德建设的方向指引和行动纲领。

我国改革开放以来，伴随着经济社会发展和民主法制推进，道德建设获得了巨大进步，人民思想觉悟、道德水准、文明素养不断提高，道德领域呈现积极健康向上的良好态势。同时也要看到，由于市场经济规则、政策法规、社会治理还不够健全，受不良思想文化侵蚀和网络有害信息影响，道德领域依然存在不少问题。党的十八大报告明确指出，我国“一些领域存在道德失范、诚信缺失现象”。① 习近平总书记也一针见血地指出：“改革开放以来，我国经济发展很快，人民生活水平提高也很快。同时，我国社会正处在思想大活跃、观念大碰撞、文化大交融的时代，出现了不少问题。其中比较突出的一个问题就是一些人价值观缺失，观念没有善恶，行为没有底线，什么违反党纪国法的事情都敢干，什么缺德的勾当都敢做，没有国家观念、集体观念、家庭观念，不讲对错，不问是非，不知美丑，不辨香臭，浑浑噩噩，穷奢极欲。”②《新时代公民道德建设实施纲要》也明确指出，一些地方、一些

---

① 胡锦涛：《坚定不移沿着中国特色社会主义道路前进 为全面建成小康社会而奋斗——在中国共产党第十八次全国代表大会上的报告》，2012年11月8日。

② 《习近平在文艺工作座谈会上的讲话》（2014年10月15日），《人民日报》，2015年10月15日。

领域不同程度存在道德失范现象，拜金主义、享乐主义、极端个人主义仍然比较突出；一些社会成员道德观念模糊甚至缺失，是非、善恶、美丑不分，见利忘义、唯利是图，损人利己、损公肥私；造假欺诈、不讲信用的现象久治不绝，突破公序良俗底线、妨害人民幸福生活、伤害国家尊严和民族感情的事件时有发生。

“一个国家，如果没有国民素质的提高和道德的力量，绝不可能成为一个真正强大的国家、一个受人尊敬的国家。”① 为加强和推动我国社会主义道德建设，党的十八大报告明确要求“深入开展道德领域突出问题专项教育和治理”，培育知荣辱、讲正气、作奉献、促和谐的良好风尚，形成讲诚信、讲责任、讲良心的道德文化氛围。《新时代公民道德建设实施纲要》提出，道德建设既要靠教育倡导，也要靠有效治理。习近平总书记在多个场合强调指出：“精神的力量是无穷的，道德的力量也是无穷的。”② “国无德不兴，人无德不立。必须加强全社会的思想道德建设，激发人们形成善良的道德意愿、道德情感，培育正确的道德判断和道德责任，提高道德实践能力尤其是自觉践行能力，引导人们向往和追求讲道德、尊道德、守道德的生活，形成向上的力量、向善的力量。”③ 2019 年 9 月 5 日，习近平对第七届全国道德模范表彰活动作出重要指示，强调要大力推进社会公德、职业道德、家庭美德、个人品德建设，深化群众性精神文明创建活动，着力培养担当民族复兴大任的时代新人，让社会主义道德的阳光温暖人间，让文明的雨露滋润社会，为奋进新时代、共筑中国梦提供强大精神力量和道德支撑。④

作为一项社会系统工程，在新的时代背景和历史条件下，我国社会主义道德建设的任务艰巨而复杂，需要社会各方力量积极支持和参与。在我国，作为“第三部门”和“第三方力量”，蓬勃兴起的志愿服务与道德建设有着紧密的内在关联，在道德建设中占有重要地位。如今，志愿服务已覆盖到社会的方方面面，成为公民参与社会公共生活的重要平台。美国学者马克 · A.

① 李斌：《温家宝颁发聘书并同参事、馆员座谈》，《人民日报》，2011 年 4 月 15 日。
② 《习近平谈治国理政》，外文出版社 2014 年版，第 158 页。
③ 习近平：《汇聚起全面深化改革的强大正能量》，《人民日报》，2013 年 11 月 29 日。
④ 《习近平对全国道德模范表彰活动作出重要指示强调：深化群众性精神文明创建活动 着力培养担当民族复兴大任的时代新人》，《人民日报》，2019 年 9 月 6 日。

缪其克（Marc. A. Music）、约翰·威尔逊（John Wilson）指出："愿意做志愿服务工作的人数已经成为一个公民社会健康状况的晴雨表。"① 我国《公民道德建设实施纲要》指出："社会各界组织的'希望工程'、'送温暖'、'志愿者'、'手拉手'、'幸福工程'、'春蕾计划'、'扶残助残'等公益活动，覆盖面广、参与人数多，对公民道德建设有着深刻的影响"；② 党的十七大和十七届五中全会、六中全会指出，广泛开展志愿服务，不断拓展群众性精神文明创建活动，倡导爱国、敬业、诚信、友善等道德规范，深入推进社会公德、职业道德、家庭美德、个人品德建设，形成男女平等、尊老爱幼、互爱互助、见义勇为的社会风尚。党的十八大报告明确提出："深入开展道德领域突出问题专项教育和治理，……深化群众性精神文明创建活动，广泛开展志愿服务，推动学雷锋活动、学习宣传道德模范常态化。"③ 党的十九大报告也明确提出："深入实施公民道德建设工程，推进社会公德、职业道德、家庭美德、个人品德建设，激励人们向上向善、孝老爱亲，忠于祖国、忠于人民。""加强和改进思想政治工作，深化群众性精神文明创建活动。""推进诚信建设和志愿服务制度化，强化社会责任意识、规则意识、奉献意识。"④

近来年，我国志愿服务得到了蓬勃发展。"全国志愿服务信息系统"的最新统计数据显示，我国目前实名注册志愿者已超过1.22亿人，各类志愿组织已超过63.4万家，组织实施的各类志愿服务项目总数已超过259.43万个，累计服务时间总数已超过14.75亿小时，志愿服务对经济、政治、文化和社会发展发挥了重要作用，产生了广泛影响，已成为今天中国社会一道"真善美"的亮丽风景线。2008年汶川大地震时，民间的志愿者积极弘扬伟大的"抗震救灾"精神，从祖国的四面八方赶来，和政府的救灾力量一起形成了强大的合力，让处于危机时刻的人们守望相助，使互相扶持的民族精神得到了充分

---

① 马克·A. 缪其克、约翰·威尔逊著，魏娜等译：《志愿者》，中国人民大学出版社2013年版，第1页。

② 中共中央关于印发《公民道德建设实施纲要》的通知（中发〔2001〕15号）。

③ 胡锦涛：《坚定不移沿着中国特色社会主义道路前进 为全面建成小康社会而奋斗——在中国共产党第十八次全国代表大会上的报告》，2012年11月8日。

④ 习近平：《决胜全面建成小康社会 夺取新时代中国特色社会主义伟大胜利——在中国共产党第十九次全国代表大会上的报告》，2017年10月18日。

展现，对救灾起到了重要的作用。北京奥运会期间，分布在赛场、城市、社会、啦啦队的志愿者多达170万，是奥运史上志愿者最多的一届。志愿者秉承“我参与、我奉献、我快乐”的理念，以美丽的微笑、专业的服务展示了中华民族讲文明、重礼仪、团结友善、热情好客的良好风尚，成为北京“最美的名片”、奥运会赛场内外“美丽的风景”。上海世博会期间，志愿者的形象继续成为城市生活和道德文化的重要组成部分，志愿者的形象在人们心中更加清晰、稳定，成为社会所必需的生活要素。我国重大事件中的志愿服务行动，让人们感受到了志愿精神的普及，人们开始把志愿服务视为社会前进的重要力量。2008年5月4日，习近平在北京奥运会、残奥会志愿者誓师大会上指出：“中国青年志愿者事业，是我们党领导的共青团在新的历史条件下创新工作领域、服务社会需求的一大创举。”① 2014年8月，第二届夏季青年奥林匹克运动会在南京举行。在南京这次举办的青奥会上，有近2万名志愿者开展志愿服务。开幕前夕，青奥志愿者给习近平总书记写信。在给志愿者的回信中，习近平总书记充分肯定了青奥志愿者的奉献精神，要求他们大力弘扬志愿精神，为运动会提供细致周到服务，积极传播中华文化、讲好中国故事，用青春的激情打造最美的“中国名片”，促进“中国梦”和各国人民的梦相通相融，共同为人类和平与发展的崇高事业作出贡献。② 2019年1月17日，习近平乘车来到天津市和平区新兴街朝阳里社区，走进社区志愿服务展馆。这里是全国第一个社区志愿服务组织。习近平为这里的社区志愿者们点赞，称赞他们是为社会作出贡献的前行者、引领者。③ 2019年7月23日，习近平致信祝贺中国志愿服务联合会第二届会员代表大会召开。习近平在贺信中指出：“志愿服务是社会文明进步的重要标志。党的十八大以来，广大志愿者、志愿服务组织、志愿服务工作者积极响应党和人民号召，弘扬和践行社会主义核心价值观，走进社区、走进乡村、走进基层，为他人送温暖、为社会做贡献，充分彰显了理想信念、爱心善意、责任担当，成为人民有信仰、国家有力量、民族有希望的生动体现。希望广大志愿者、志愿服务组织、志

① 陶倩：《当代中国志愿精神的培养研究》，上海人民出版社2013年版，第120页。

② 《习近平给“南京青奥会志愿者”回信》，《北京日报》，2014年7月17日。

③ 《习近平为志愿者点赞：你们所做的事业会载入史册》，新华网，2019年1月18日。

愿服务工作者立足新时代、展现新作为，弘扬奉献、友爱、互助、进步的志愿精神，继续以实际行动书写新时代的雷锋故事。”从习近平给志愿者的鼓舞和赞美中，我们看到了党和国家领导人对于志愿服务所发挥作用和影响的高度肯定及对于志愿者所寄予的厚望，也看到了志愿者、志愿组织、志愿服务对促进社会道德进步、推动道德文化建设发挥的重大作用与影响。

2013 年 5 月 4 日，习近平总书记在同各界优秀青年代表座谈时强调：“要倡导社会文明新风，带头学雷锋，积极参加志愿服务，主动承担社会责任，热诚关爱他人，多做扶贫济困、扶弱助残的实事好事，以实际行动促进社会进步。”① 在我国，志愿精神是雷锋精神的延续，也是它在市场经济环境下的新发展。它既是我国传统美德的展现，也是新型社会关系的价值重构。志愿服务的基本要求是“无偿”“自愿”“利他”，它鲜明体现了志愿者的责任意识，是“我为人人、人人为我”文明风尚的突出展现，是一个国家文明程度的基本标志，是社会主义思想道德建设、社会主义核心价值观教育的重要载体和平台。② 中央精神文明建设指导委员会颁布的《关于推进志愿服务制度化的意见》明确指出，“志愿服务是美好的道德行为和重要的道德实践”，“志愿服务活动已经成为培育奉献精神的重要载体，成为新形势下推进精神文明建设的有力抓手”，要“大力弘扬‘奉献、友爱、互助、进步’的志愿精神，广泛普及服务他人、奉献社会的志愿服务理念，培育全社会志愿服务文化自觉，使讲道德、尊道德、守道德成为人们基本生活方式”。③ 有学者对志愿服务给予了如此美妙的描述：“志愿服务就像天上的星星和月亮，能够点亮每个人心中的那盏明灯，使人的灵魂得以升华；志愿服务就像一朵朵盛开的玫瑰，能够使我们的世界变得缤纷多姿和更加美丽。志愿服务之路是通往每一个人的心灵之路，志愿服务之花在中国的大地上将会遍地开放。”④ 这段描述，与德国古典哲学家康德的墓志铭——“有两种东西，我对它们的思考越

---

① 《习总书记这样谈公民道德建设》，中央文明网，http：//www. wenming. cn/specials/zx-dj/xjp/hhx/gmdd/。

② 《大力培育“我为人人、人人为我”的社会风尚》，《人民日报》，2014 年 4 月 21 日。

③ 中央精神文明建设指导委员会：《关于推进志愿服务制度化的意见》（文明委［2014］3 号），2014 年 2 月 19 日。

④ 党秀云：《论志愿服务的常态化与可持续发展》，载《中国行政管理》，2011 年第 4 期。

是深沉和持久，它们在我心灵中唤起的惊奇和敬畏就会日新月异，不断增长，这就是我头上的星空和心中的道德定律"① 交相辉映，"志愿服务""道德"这两个词，犹如我们心头的两颗闪耀明星，散发出诱人光芒，吸引着人们去追随它，正如2010年广州亚运会志愿服务主题曲《一起来，更精彩》所唱的："快快快，快跟上我的节拍，快把你的真诚都献出来，用行动把爱来表白，让微笑露出来；来来来，快秀出你的风采，和谐的世界有你更精彩，用心创造新的生活，让生命舞起来，一起来，更精彩……"②

① ［古罗马］马可·奥勒留等著：《沉思录》，蔡新苗、史慧莉译，中国华侨出版社2013年版，第265页。
② 王焕清、魏国华：《志愿行动与文明社会建设》，人民出版社2012年版，第52页。

第一章

我国道德建设面临的新形势

从人类文明演进的历史轨迹中，我们发现，社会的道德与文明进步从来就不是一帆风顺、直线上升的，而是一种曲折式前进、螺旋式上升的过程，是不断直面各种挑战、不断走出各种困境的结果。随着市场经济的发展，我国道德建设取得了巨大进步，但同时也在一些领域出现了道德失范、诚信缺失等突出问题，道德滑坡现象比较严重，给经济社会发展带来了一定的影响和冲击。基于这种现状，党的十八大、十九大报告明确提出，要深入开展道德领域突出问题专项教育和治理，培育知荣辱、讲正气、作奉献、促和谐的良好风尚；推进社会公德、职业道德、家庭美德、个人品德建设，激励人们向上向善、孝老爱亲。因此，深入研究和探讨我国道德领域内出现的各种不良现象，深刻揭示导致道德问题出现的根源，有助于深化人们对当前道德状况的正确认识和把握，明确道德建设的思路和对策，促进道德领域突出问题专项治理，推动社会主义道德建设取得实效。

第一节　道德建设的提出及其内涵演化

一、道德及道德建设的基本内涵

道德是由一定社会经济关系所决定的特殊意识形态，是以善恶为评价标准、依靠社会舆论、传统习惯和内心信念所维系的调整人们之间以及个人与社会之间关系的行为规范的总和。① 道德作为一种社会现象，是同整个社会的经济生活和政治生活密切相关的。正如恩格斯在分析了当时社会上不同道德类型及其表现形态之后所说的："那么我们由此只能得出这样的结论：人们自觉地或不自觉地，归根到底总是从他们阶级地位所依据的实际关系中——从他们进行生产和交换的经济关系中，吸取自己的道德观念。"② 人们的道德观念，归根到底，是由他所处的经济地位所决定的。有什么样的经济地位和利益关系，就会有什么样的道德观念和道德意识，正如毛泽东所指出的："道德是人们经济生活与其它社会生活的要求的反映，不同阶级有不同的道德观，这就是我们的善恶论。"③ 不同的阶级，不同的经济生活、社会生活，就会有不同的道德观念和善恶观念。而所谓道德建设，"就是一定社会、国家或阶级为适应其经济、政治、文化发展的需要，在道德领域里进行的一种精神建设和思想建设，它与经济建设、政治建设、民主法制建设以及文化建设等相互联系、相互促进，并贯穿其中。"④ 开展社会主义道德建设，必须与社会主义的经济、政治、文化建设和发展相适应，要相互促进、相辅相成，而不是一项孤立的人类活动。从另一个角度来说，作为道德领域内的精神建设和思想建设，道德建设是发展先进文化的重要内容，它是特定的社会组织根据社会实际状况和人们的道德诉求，在全体成员的高度认同和直接参与下，通过道德文化传承、道德舆论营造、道德教化和个体道德修养等方法，对现实社会生活中出现的诚信缺失、道德失范、道德"滑坡"等社会道德问题进行解决、改造、改善或提升的社会建设活动。⑤ 我国各领域内开展的道德建设，是社会主义精神文明建设的重要内容和关键环节，集中体现着社会主义精神文明建设的性质和方向，对社会主义经济、政治、文化和社会生活发挥着巨大的影响和促进作用。

---

① 李春秋：《新伦理学教程》，高等教育出版社 2002 年版，第 26 页。

② 《马克思恩格斯选集》（第 3 卷），人民出版社 1995 年版，第 133 页。

③ 中共中央宣传部：《毛泽东邓小平江泽民论社会主义道德建设》，学习出版社 2001 年版，第 1 页。

④ 李春秋：《新伦理学教程》，高等教育出版社，2002 年版，第 107 页。

⑤ 杜灵来：《当代中国道德建设实效性研究》，中国社会科学出版社 2008 年版，第 34 – 35 页。

二、道德建设的提出及其内涵演化

我国社会主义道德建设的提出及其内涵演化经历了一个较长的历史过程。1979 年 10 月，邓小平在中国文学艺术工作者第四次代表大会上提出："我们的国家已经进入社会主义现代化建设的新时期，我们要在大幅度提高社会生产力的同时，改革和完善社会主义的经济制度和政治制度，发展高度的社会主义民主和完备的社会主义法制。我们要在建设高度物质文明的同时，提高全民族的科学文化水平，发展高尚的丰富多彩的文化生活，建设高度的社会主义精神文明。要恢复和发扬我们党和人民的革命传统，培养和树立优良的道德风尚，为建设高度发展的社会主义精神文明做出积极的贡献。"① 邓小平在这里提出要开展文化建设，建设高度的社会主义精神文明，培养和树立优良的道德风尚，提出了社会主义道德建设的初步设想，并对社会主义道德建设作出了部署。1980 年 12 月，邓小平在中共中央工作会议上的讲话中指出："要教育全党同志发扬大公无私、服从大局、艰苦奋斗、廉洁奉公的精神，坚持共产主义思想和共产主义道德。我们要建设的社会主义国家，不但要有高度的物质文明，而且要有高度的精神文明。所谓精神文明，不但是指教育、科学、文化（这是完全必要的），而且是指共产主义的思想、理想、信念、道德、纪律，革命的立场和原则，人与人的同志式关系。"邓小平突出强调了道德建设问题，对精神文明和道德建设的基本要求给予了进一步的明确，即大公无私、服从大局、艰苦奋斗、廉洁奉公，以及共产主义理想、革命的原则和立场等。1983 年，邓小平在谈到物质文明与精神文明时指出："在社会主义国家，一个真正的马克思主义政党在执政以后，一定要致力于发展生产力，并在这个基础上逐步提高人民的生活水平。这就是建设物质文明。过去很长一段时间，我们忽视了发展生产力，所以现在我们要特别注意建设物质文明。与此同时，还要建设社会主义精神文明，最根本的是要使广大人民有共产主义的理想，有道德，有文化，守纪律。"② 邓小平在这里再次强调了精神文明

---

① 王伟、蔡小平：《道德建设三十年概论》，载《伦理学研究》，2008 年第 6 期。

② 中共中央宣传部：《毛泽东邓小平江泽民论社会主义道德建设》，学习出版社 2001 年版，第 20 页。

建设与物质文明建设的同等重要性，并提出了精神文明建设的根本目标是培养具有共产主义理想的有道德、有文化、守纪律的公民。1986 年 9 月，党的十二届六中全会通过了《中共中央关于社会主义精神文明建设指导方针的决议》。该决议提出："社会主义道德建设的基本要求是爱祖国、爱人民、爱劳动、爱科学、爱社会主义"，"全民范围的道德建设，就应当肯定由此而来的人们在分配方面的合理差别，同时鼓励人们发扬国家利益、集体利益、个人利益相结合的社会主义集体主义精神，发扬顾全大局、诚实守信、互助友爱和扶贫济困的精神"，① 对道德建设的基本内涵进行明确界定，明确其基本要求就是"爱祖国、爱人民、爱劳动、爱科学、爱社会主义"，基本原则是"集体主义精神"，道德建设的目标、要求、原则等更加明确具体。

1992 年，江泽民在《深刻领会和全面落实邓小平同志的重要讲话精神，把经济建设和改革开放搞得更快更好》的讲话中指出："在精神文明建设中，要注意坚持把对人民的爱国主义、集体主义、社会主义教育同进行中华民族优秀的思想文化传统、优良的社会公德教育，有机地结合和统一起来。"② 提出了将爱国主义、集体主义、社会主义教育同思想文化传统教育、社会公德教育结合起来的思想。1996 年，《中共中央关于加强社会主义精神文明建设若干重要问题的决议》指出："社会主义道德建设要以为人民服务为核心，以集体主义为原则，以爱祖国、爱人民、爱劳动、爱科学、爱社会主义为基本要求，开展社会公德、职业道德、家庭美德教育，在全社会形成团结互助、平等友爱、共同前进的人际关系"。③ 这是对道德建设内涵进行的新概括，对道德建设的核心、原则、基本要求和建设内容进行了进一步明确界定。随着改革开放的不断推进和社会主义市场经济体制的不断完善，道德建设的内涵得到不断丰富和发展。

2001 年，中共中央颁布《公民道德建设实施纲要》。该纲要指出："根据

---

① 中共中央文献研究室编：《十二大以来重要文献选编》（下），中央文献出版社 2011 年版，第 127 页。

② 中共中央宣传部：《毛泽东邓小平江泽民论社会主义道德建设》，学习出版社 2001 年版，第 67 页。

③ 《中共中央关于加强社会主义精神文明建设若干重要问题的决议》（1996 年 10 月 10 日中国共产党第十四届中央委员会第六次全体会议通过）。

党在社会主义初级阶段的历史任务，当前和今后一个时期，我国公民道德建设的指导思想是：以马克思列宁主义、毛泽东思想、邓小平理论为指导，全面贯彻江泽民同志‘三个代表’重要思想，坚持党的基本路线、基本纲领，重在建设、以人为本，在全民族牢固树立建设有中国特色社会主义的共同理想和正确的世界观、人生观、价值观，在全社会大力倡导‘爱国守法、明礼诚信、团结友善、勤俭自强、敬业奉献’的基本道德规范，努力提高公民道德素质，促进人的全面发展，培养一代又一代有理想、有道德、有文化、有纪律的社会主义公民”，这实质也是整个社会主义道德建设的指导思想。该纲要同时对道德建设的核心、原则、基本要求和着力点等再次进行了强调，明确了社会主义道德建设的核心是“为人民服务”，原则是“集体主义”，基本要求是“爱祖国、爱人民、爱劳动、爱科学、爱社会主义”，着力点是“社会公德、职业道德、家庭美德”。

2006 年 3 月 4 日，胡锦涛在第十届中国人民政治协商会议第四次会议上，发表了关于《树立社会主义荣辱观》的重要讲话，提出了以“八荣八耻”为主要内容的社会主义荣辱观，进一步丰富和发展了社会主义道德规范，体现了道德建设的与时俱进。2007 年，党的十七大报告指出：“加强党员、干部理想信念教育和思想道德建设，使广大党员、干部成为实践社会主义核心价值体系的模范，做共产主义远大理想和中国特色社会主义共同理想的坚定信仰者、科学发展观的忠实执行者、社会主义荣辱观的自觉实践者、社会和谐的积极促进者。”① 将理想信念教育和道德建设作为践行社会主义核心价值体系的重要前提条件，在推进社会主义核心价值体系建设中强化社会主义道德建设，进一步丰富了道德建设的目标和任务。2011 年，胡锦涛在建党九十周年大会上进一步指出：“要坚持用社会主义荣辱观引领社会风尚，深入推进社会公德、职业道德、家庭美德和个人品德建设，加强对青少年的德育培养，在全社会形成向上的精神追求和健康文明的生活方式。”② 提出以“八荣八耻”引领社会风尚，推进“三德”建设和“个人品德”建设，并提出重点加强青

① 胡锦涛：《高举中国特色社会主义伟大旗帜 为夺取全面建设小康社会新胜利而奋斗——在中国共产党第十七次全国代表大会上的报告》，2007 年 10 月 15 日。

② 胡锦涛：《在庆祝中国共产党成立 90 周年大会上的讲话》，2011 年 7 月 1 日。

少年的道德教育，对社会主义道德建设的基本内涵进行了进一步的丰富和发展。

2012 年 11 月，党的十八大报告提出“全面提高公民道德素质”是社会主义道德建设的基本任务并将其作为推进社会主义文化强国战略的一项重要举措，号召“推进公民工程”，并对加强社会主义道德建设、提升公民道德素质进行了部署：一是坚持依法治国和以德治国相结合，加强社会公德、职业道德、家庭美德、个人品德教育；二是推进公民道德建设工程，弘扬真善美、贬斥假恶丑，培育知荣辱、讲正气、作奉献、促和谐的良好风尚；三是深入开展道德领域突出问题专项教育和治理，加强政务诚信、商务诚信、社会诚信和司法公信建设；四是加强和改进思想政治工作，注重人文关怀和心理疏导，培育自尊自信、理性平和、积极向上的社会心态；五是深化群众性精神文明创建活动，广泛开展志愿服务，推动学雷锋活动、学习宣传道德模范常态化。① 党的十八大同时要求“抓好道德建设这个基础，教育引导党员、干部模范践行社会主义荣辱观，讲党性、重品行、作表率，做社会主义道德的示范者、诚信风尚的引领者、公平正义的维护者”。② 还首次提出了“三个倡导”——“倡导富强、民主、文明、和谐，倡导自由、平等、公正、法治，倡导爱国、敬业、诚信、友善”。③ 这“三个倡导”，对社会主义核心价值观的基本内涵作出了精辟概括，进一步丰富和发展了道德建设的基本内涵，为我国社会主义道德建设指明了方向和重点。尤其是对志愿服务和学雷锋活动的“广泛性”“持久性”提出了明确要求，表明了党和国家对这一问题的高度重视和关注。

党的十八大以来，习近平总书记一直高度重视公民道德建设，多次在不同会议、不同场合对公民道德建设作出重要指示，提出许多重要的新思想新观点新论断。2013 年 3 月 6 日，习近平总书记参加十二届全国人大一次会议辽宁代表团的审议。习近平在会议上指出：“要大力加强思想道德建设。雷锋、郭明义、罗阳身上所具有的信念的能量、大爱的胸怀、忘我的精神、进

---

① 胡锦涛：《坚定不移沿着中国特色社会主义道路前进 为全面建成小康社会而奋斗——在中国共产党第十八次全国代表大会上的报告》，2012 年 11 月 8 日。

② 同上。

③ 同上。

取的锐气，正是我们民族精神的最好写照，他们都是我们民族的脊梁。要充分发挥各方面英模人物的榜样作用，大力激发社会正能量，为实现中国梦提供强大精神动力。"① 习近平总书记将思想道德建设和"信念的能量、大爱的胸怀、忘我的精神、进取的锐气"等民族精神与实现中华民族伟大复兴"中国梦"紧密联系起来，为社会主义道德建设注入了新的元素，赋予了社会主义道德建设新的时代内涵，使社会主义道德建设进一步充满生机与活力。2013 年 5 月 4 日，习近平总书记在同各界优秀青年代表座谈时强调，广大青年一定要锤炼高尚品格。中国特色社会主义是物质文明和精神文明全面发展的社会主义。一个没有精神力量的民族难以自立自强，一项没有文化支撑的事业难以持续长久。青年是引风气之先的社会力量。一个民族的文明素养很大程度上体现在青年一代的道德水准和精神风貌上。习近平总书记同时强调，广大青年要把正确的道德认知、自觉的道德养成、积极的道德实践紧密结合起来，自觉树立和践行社会主义核心价值观，带头倡导良好社会风气。要加强思想道德修养，自觉弘扬爱国主义、集体主义、社会主义思想，积极倡导社会公德、职业道德、家庭美德。② 2013 年 11 月，习近平总书记在山东考察时强调，国无德不兴，人无德不立，必须加强全社会的思想道德建设，激发人们形成善良的道德意愿、道德情感，培育正确的道德判断和道德责任，提高道德实践能力尤其是自觉践行能力，引导人们向往和追求讲道德、尊道德、守道德的生活，形成向上的力量、向善的力量。只要中华民族一代接着一代追求美好崇高的道德境界，我们的民族就永远充满希望。2014 年 10 月 23 日，在党的十八届四中全会第二次全体会议上，习近平总书记明确指出，必须坚持依法治国和以德治国相结合。法律是成文的道德，道德是内心的法律，法律和道德都具有规范社会行为、维护社会秩序的作用。治理国家、治理社会必须一手抓法治、一手抓德治，既重视发挥法律的规范作用，又重视发挥道德的教化作用，实现法律和道德相辅相成、法治和德治相得益彰。习近平在这里提出以德治国，强调德治在国家治理、社会治理中的重要作用。2015 年

---

① 《习近平：雷锋、郭明义、罗阳是"民族的脊梁"》，《人民日报》，2013 年 3 月 11 日。

② 《习总书记这样谈公民道德建设》，中央文明网，http：//www. wenming. cn/specials/zx-dj/xjp/hhx/gmdd/。

2月28日，习近平总书记在会见第四届全国文明城市、文明村镇、文明单位和未成年人思想道德建设工作先进代表时提出，人民有信仰，民族有希望，国家有力量。实现中华民族伟大复兴的中国梦，物质财富要极大丰富，精神财富也要极大丰富。我们要继续锲而不舍、一以贯之抓好社会主义精神文明建设，为全国各族人民不断前进提供坚强的思想保证、强大的精神力量、丰润的道德滋养。习近平总书记同时指出，要坚持“两手抓、两手都要硬”，以辩证的、全面的、平衡的观点正确处理物质文明和精神文明的关系，把精神文明建设贯穿改革开放和现代化全过程、渗透社会生活各方面，紧密结合培育和践行社会主义核心价值观，大力倡导共产党人的世界观、人生观、价值观，坚守共产党人的精神家园；大力加强社会公德、职业道德、家庭美德、个人品德建设，营造全社会崇德向善的浓厚氛围；大力弘扬中华民族优秀传统文化，大力加强党风政风、社风家风建设，特别是要让中华民族文化基因在广大青少年心中生根发芽。2016年4月26日，习近平总书记在知识分子、劳动模范、青年代表座谈会上强调，要加强思想道德修养，自觉弘扬爱国主义、集体主义精神，自觉遵守社会公德、职业道德、家庭美德。要坚持艰苦奋斗，不贪图安逸，不惧怕困难，不怨天尤人，依靠勤劳和汗水开辟人生和事业前程。习近平总书记有关社会主义道德建设的重要论述，极大地丰富和发展了马克思主义道德观。

2017年10月，习近平总书记在党的十九大报告中提出：“要提高人民思想觉悟、道德水准、文明素养，提高全社会文明程度。广泛开展理想信念教育，深化中国特色社会主义和中国梦宣传教育，弘扬民族精神和时代精神，加强爱国主义、集体主义、社会主义教育，引导人们树立正确的历史观、民族观、国家观、文化观。”“深入实施公民道德建设工程，推进社会公德、职业道德、家庭美德、个人品德建设，激励人们向上向善、孝老爱亲，忠于祖国、忠于人民。加强和改进思想政治工作，深化群众性精神文明创建活动。”“推进诚信建设和志愿服务制度化，强化社会责任意识、规则意识、奉献意识。”① 党的十九大将深入实施公民道德建设工程提到国家战略的高度。

① 习近平：《决胜全面建成小康社会 夺取新时代中国特色社会主义伟大胜利——在中国共产党第十九次全国代表大会上的报告》（2017年10月18日）。

2019年10月，中共中央、国务院印发《新时代公民道德建设实施纲要》。该纲要提出，新时代公民道德建设要在全民族牢固树立中国特色社会主义共同理想，在全社会大力弘扬社会主义核心价值观，全面推进社会公德、职业道德、家庭美德、个人品德建设，不断提升公民道德素质，促进人的全面发展，培养和造就担当民族复兴大任的时代新人。《新时代公民道德建设实施纲要》的颁布实施，将极大地推动我国道德建设迈上新台阶，达到新境界。对于我国建设中国特色社会主义现代化强国，满足人民美好生活需要，促进社会的全面进步、人的全面发展具有重大意义。

第二节 道德建设面临的新形势

当前，我国社会主义道德建设面临着新的形势，一方面，随着改革开放和中国特色社会主义现代化事业的深入推进，我国道德建设面临着良好的发展机遇，我们必须紧紧抓住机遇、乘势而上；另一方面，由于道德领域内出现的突出问题，我国道德建设面临着严峻挑战，我们对此必须有清醒的认识和把握，要努力加大教育和治理力度，推动形成知荣辱、讲正气、促和谐的良好社会风尚。

一、道德建设面临的良好机遇

我国正处于大变革、大发展的新时代，人们思想活动的独立性、选择性、多变性、差异性不断增强，价值取向呈现多样化趋势，道德观念呈现复杂多变的特征，人民群众不懈追求崇高道德风尚。习近平总书记指出："国无德不兴，人无德不立。必须加强全社会的思想道德建设，激发人们形成善良的道德意愿、道德情感，培育正确的道德判断和道德责任，提高道德实践能力尤其是自觉践行能力，引导人们向往和追求讲道德、尊道德、守道德的生活，形成向上的力量、向善的力量。"① 我们中华民族是有着五千年灿烂文化的文

① 《习近平谈思想道德建设》，中国文明网，ttp：//www. wenming. cn/ll_ pd/wh/201312/t20131226_ 1660317. shtml。

明古国，有着优良的传统美德。弘扬优良传统，强化道德建设，积极开展社会公德、职业道德、家庭美德和个人品德建设，是强化人们道德情感、道德责任和道德实践能力，实现习近平总书记所提出的“形成向上的力量、向善的力量”的重要途径和必要环节。党的十一届三中全会特别是十四大以来，社会主义精神文明建设在深入推进改革开放和中国特色社会主义现代化建设事业的基础上，获得了持续快速健康发展，“为人民服务”的宗旨得到忠实的践行，民族精神、时代精神、集体主义、爱国主义、社会主义及社会主义核心价值观等越来越深入人心，人们对道德模范、先进人物的崇尚、学习成为一种时尚，积极追求文明、科学、健康向上的道德生活成为人民群众的日常行为规范，人们的道德境界明显提升，社会的文明风尚有了翻天覆地的变化，勤劳、善良、孝顺、爱国、诚信等优良的道德传统美德和与时俱进的改革创新精神、时代精神相得益彰，成为我国道德建设的主旋律，引领社会前进的方向，道德建设的实效性得到有效提升。尤其是近年来，通过建设社会主义核心价值体系，积极培育和践行社会主义核心价值观，大力宣传全国道德模范的感人事迹和崇高品质，形成了正确的思想道德导向，人们的精神面貌发生了巨大变化，社会的道德文明风尚正逐步形成。比如，通过评选全国道德模范，中华大地涌现出了一大批道德模范、最美人物，他们有的充满爱心、助人为乐，有的见义勇为、舍生忘死，有的诚实守信、坚守正道，有的敬业奉献、虔诚勤勉，有的孝老爱亲、血脉情深，他们的高尚品德，温暖了人心，感动了中国，为全社会树立了榜样。对于我国道德领域内取得的成就，有专家认为，这主要是源于我国道德建设的良好机遇：① 首先，我国经过改革开放和市场经济建设，经济发展已经取得了辉煌成就，为道德建设奠定了坚实的物质基础。同时，在社会主义市场经济建设过程中，伴随着经济领域的变革与起伏，与之衍生的思想观念也跌宕起伏，一些正面的、负面的效应也随之反映到思想意识中来，人们对纷至沓来的西方思潮和道德文化等各种思想观念具有比较成熟与稳重的心态，能积极面对。其次，苏联东欧剧变后，世界局势并未出现如一些西方学者断言的社会主义的最后终结。相反，社会主义中国显示出强大的生命力，走中国特色社会主义道路已成为全民族的共识，

① 吴灿新等：《当代中国道德建设论纲》，中国社会科学出版社 2009 年版，第 26－27 页。

社会主义的理想、信念和道德的认同不断得到强化，道德教化与道德宣传的内容、手段、方法和途径不断强化、优化、多元化，而且更加科学化、人性化。最后，从公民道德规范的颁布到社会主义和谐社会理念的提出，再到社会主义荣辱观的倡导、社会主义核心价值体系的构建，这些发展机遇再加上建设“美丽中国”和实现中华民族伟大复兴“中国梦”，大力倡导以富强、民主、文明、和谐等主要内容的社会主义核心价值观，使道德建设的内涵更加丰富、充实，道德体系逐步完整、科学、系统，更加符合中华民族的固有特色，全国各族人民为实现中华民族伟大复兴的“中国梦”，正在努力培育和践行社会主义核心价值观，积极推进社会公德、职业道德、家庭美德、个人品德教育，培育知荣辱、讲正气、作奉献、促和谐的良好风尚，道德建设水平正稳步提升。

二、道德领域内的突出问题

在把握良好发展机遇的同时，我们必须看到，社会转型和社会主义市场经济的发展，个体自主意识和权利意识开始觉醒，公共交往范围不断扩大，拓展了人们的道德生活空间，加剧了道德生活的多样性、复杂性，人们的价值观念发生了深刻变化，价值观念出现了多元化的发展趋势，形成了多元价值观共存的局面。在这样的背景下，传统的道德观念受到冲击，新的价值体系尚未定型，美丑、是非、善恶界限混淆，在社会公德、职业道德、家庭美德和个人品德领域出现道德失范现象，拜金主义、享乐主义、极端个人主义在一定程度和一定范围内有所抬头，损公肥私、见利忘义行为在一些人的言行上有所体现，以权谋私、腐化堕落现象还在一定范围内存在，不讲信用、欺骗欺诈成为人民群众所深恶痛绝的公害，正如党的十八大报告所指出的，我国“一些领域存在道德失范、诚信缺失现象”。

1. 社会公德领域内的突出问题

为了维持社会公共生活正常、有序、健康进行，社会要求每个成员在社会交往与公共生活中遵循最简单、最起码、最普通的行为准则，这种行为准则就是社会公德。《公民道德建设实施纲要》用“文明礼貌、助人为乐、爱护公物、保护环境、遵纪守法”二十个字，对社会公德的主要内容和要求做了具体规定，明确了人与人、人与社会、人与自然之间的伦理关系。改革开放以来，我国社会发生了前所未有的巨大变化，但作为社会文明程度象征的社会公德与这种变化尚未同步，人们的公德面貌也未发生令人满意的改观，缺乏公德心的问题仍然是影响我国社会道德文明进步的突出问题，社会公德水平与社会变革速度呈现出不同步甚至是相对滞后的状况。

首先，在人与人的关系上，最突出的问题有两方面，一是人与人之间缺乏怜悯、同情之心和互助之情；二是信谣、传谣，利用网络相互欺骗。对于第一个方面的问题，有学者作了调查统计，其中对陌生人持关心态度的只占8.5%，绝大多数人都持“事不关己，高高挂起”的态度。① 前几年发生在广东佛山的“小悦悦事件”就是一个例证。2011 年 10 月 13 日下午，年仅两岁的女童小悦悦走在佛山南海黄岐广佛五金城的巷子里时，被一辆面包车两次碾压，几分钟后又被一小货柜车碾过。让人气愤和难以理解的是，经过事故现场女童身边的 18 个路人，竟然对此不闻不问。最后是一位捡垃圾的阿姨把小悦悦抱到路边并找到她的妈妈。10 月 21 日，小悦悦经医院全力抢救无效离世。10 月 23 日，广东佛山 280 名市民聚集在事发地点悼念小悦悦，宣誓“不做冷漠佛山人”。② 继“小悦悦事件”后，我国又发生一起残害儿童事件：2013 年 7 月 23 日晚上，北京大兴区庑殿路西侧一公交站旁，两名驾车男子与一名手推载有两岁女童童车的女子发生争执，其中一名男子动手殴打该女子，男子还将女童从推车中抱出，重摔在地，随后驾车逃离现场。事发后，女童在送往医院路上被确认死亡。③ 这两起事件发生后，引起了社会各界的广泛关注。这些丧心病狂、丧尽天良的行径，受到了社会舆论的强烈谴责。尤其是对“小悦悦事件”，时任广东省委书记汪洋拍案而起：“我们要以良知的尖刀来深刻解剖自身的丑陋，忍住刮骨疗毒的疼痛来唤起社会警醒与行动!”④ 从“小悦悦事件”和“两岁儿童被摔死事件”中，折射出的是当今社会部分人的冷漠、无情及“助人为乐”公德心的丧失，反映出了人与人之间存在的某些不和谐状况。社会公德缺失的另外一个突出表现，就是制造网络谣言。当

① 晁乐红：《论提高国人的社会公德水准》，载《前沿》，2004 年第 2 期。
② 张学斌：《互相拥抱宣誓　拒绝冷漠》，《广州日报》，2011 年 10 月 24 日。
③ 李罡：《大兴摔童案下周一开审》，《北京青年报》，2013 年 9 月 12 日。
④ 《汪洋谈小悦悦事件：用良知的尖刀解剖丑陋》，《南国都市报》，2011 年 10 月 23 日。

今社会，网络已普及社会生活的各个方面，网络对人们的生活发挥着越来越重要的影响。然而，近年来，在网络公共生活中，不遵守网络道德的现象大有存在，网络谣言已成为社会的一大公害，造谣生事、毁谤他人的行为屡屡发生。《燕赵都市报》专门盘点了近年来影响恶劣的十大谣言。其中，对社会公共生活影响比较大的几大谣言：一是由于一条“蛆橘”短信谣言导致我国第二大水果柑橘严重滞销。2008 年，有一条这样的短信在人们的手机中相互转发——“告诉家人、同学、朋友暂时别吃橘子！今年广元的橘子在剥了皮后的白须上发现小蛆状的病虫。四川埋了一大批，还撒了石灰……”加之又有媒体报道了“某地发现生虫橘子”的新闻，这条短信和新闻导致当年的柑橘严重滞销，湖北省大约有 70% 的柑橘无人问津，损失达 15 亿元；二是地震谣言致数百万人上街。2010 年 2 月 20 日至 21 日，一条关于山西一些地区要发生地震的消息通过短信、网络等渠道疯狂传播，导致山西省几十个县市数百万群众凌晨走上街头“躲避地震”，结果是虚惊一场；三是“爆炸谣言”导致 4 人遇难。2011 年 2 月 10 日凌晨 2 时许，江苏省响水县有人传言，当地一化工园区某企业要发生爆炸，导致部分不明真相的群众陆续产生恐慌情绪，并离家外出，引发多起车祸，造成 4 人死亡、多人受伤；四是谣言引发全国“抢盐风波”。2011 年 3 月 11 日，日本东海岸发生 9.0 级地震，福岛第一核电站发生泄漏。由于两条谣言——“食盐中的碘可以防核辐射”“受日本核辐射影响，国内盐产量将出现短缺”，在我国引起了一场全民抢盐风波。① 这些网络谣言扰乱了正常的社会公共生活秩序，不少群众深受其害，社会公德风尚受到严重影响。另外，还有一些其他谣言谎言在网络流传，从“女干部携巨款潜逃加拿大”，到“艾滋病患者滴血传播艾滋病”，再到“女大学生求职被割肾”，这些信息耸人听闻，最后都被证明是不折不扣的谣言。2017 年 2 月底，一则“塑料紫菜”的视频在网上流传。视频中，一位女子从买来的某品牌“紫菜”中取出几块泡在水里，说闻到一股腥臭味，而且拉拽不开，吃的时候嚼不碎，由此判断，“紫菜是用废旧的黑塑料袋做成的”。事后，“塑料紫菜”很快被相关部门辟谣。中国食品工业协会的专家表示，紫菜本身就有韧

---

① 《近年来影响恶劣的十大谣言》，搜狐网，http：//roll. sohu. com/20130822/n384759956. shtml，2013 年 8 月 22 日。

性，有的比塑料袋还好；紫菜富含蛋白质，烧过之后的气味明显不同于烧塑料的气味。

其次，在人与社会的关系上，有些人缺乏自觉遵守社会公共秩序的意识，或是由于受到一些不公平对待、受到人们的歧视等，有些人对社会产生仇视、报复心理，刀砍、纵火、驾车撞人等恶性报复社会犯罪案件时有发生，给社会公共生活造成了极大的安全隐患：2001 年 3 月 16 日发生在河北石家庄的“靳如超特大爆炸案”，造成 108 人死亡，38 人受伤；2005 年 9 月 11 日，自感倍受歧视的农民工艾某劫杀出租车司机后，驾车沿王府井大街由北向南高速行驶，造成 2 人被撞死、6 人被撞伤的惨剧；2009 年 6 月 23 日，广东省惠州市诚通汽车运输公司公交大巴司机李某为发泄不满，驾驶公交大巴车在市区狂奔，撞死 4 人、撞伤 11 人；2010 年 3 月 23 日发生在福建南平的“3·23”郑某故意杀人案，南平实验小学的 8 名小学生被无辜杀害；2011 年发生在宁夏石嘴山市的“王斌余讨薪未果杀人案”，4 人被杀，1 人重伤；2013 年 7 月 23 日，广西东兴一男子手持砍柴刀冲进东兴市计生局办公室行凶，2 人当场被砍杀死亡，3 人被砍伤；2014 年 5 月 12 日，四川宜宾市公交车因人为纵火发生燃烧，造成 1 人死亡，19 人受伤；2014 年 7 月 15 日，广州市发生公交车爆炸事件，造成 2 人死亡、25 人受伤，起火原因竟是因个人赌博输钱、心生不忿而在公交车上实施纵火。① 近年来，醉酒驾车、疲劳驾驶甚至故意驾车撞人现象也时有发生，给社会公共生活造成了严重危害。2018 年 9 月 12 日晚上，罪犯阳某驾驶越野车冲入衡东县洣江广场，冲撞碾压人群，并持折叠铲、匕首砍刺现场群众。随后，阳某被公安民警抓获归案。此次事件共造成 15 人死亡，6 人重伤、28 人轻伤、6 人轻微伤。据警方初步审讯，犯罪嫌疑人阳某云曾因贩毒、盗窃、故意伤害等被多次判刑，遂产生报复社会心理，造成重大人员伤亡。② 2019 年 6 月 22 日，重庆云阳县江口镇发生一起严重交通事故，肇事司机彭某驾驶一辆黑色越野车连续撞倒多名行人，导致 4 人死

---

① 罗艾桦：《广州公交车纵火案告破》，《人民日报》，2014 年 7 月 17 日。

② 《湖南男子开车冲撞人群 曾犯故意伤害罪获刑两年》，《北京青年报》，2018 年 9 月 12 日。

亡，10余人受伤。[①] 这些危及人们生命财产安全的重大案件，使人们对社会缺乏必要的安全感，人与社会之间的关系被蒙上一层厚厚的阴影。

最后，在人与自然的关系上，一些人为了追求经济利益，以牺牲自然环境为代价，对自然资源乱砍滥伐、乱开滥采、乱排滥放，生态环境面临众多问题。其中，大气污染、水污染、土地荒漠化和沙灾、水土流失、旱灾和水灾、生物多样性破坏、持久性有机物污染等问题尤为严重。比如，我国发生的洪灾、旱灾、冰灾、地震，以及水土流失，森林被砍伐、珍贵野生动物数量和种群减少等，给人类生存和发展带来了严重危害。据统计，我国森林覆盖率只有全球平均水平的三分之二，排世界第139位，人均森林面积0.145公顷，只有世界人均占有量的四分之一。[②] 在我国，目前较为严重的生态赤字可以说是森林赤字，人们对于森林资源的消耗和破坏，造成了环境资源的严重破坏，这对我们当代以及子孙后代的延续发展都造成了一定影响。但是，当今时代的部分社会公众并没有意识到这一问题的严重性，在生态环境保护、生态平衡维护及人与自然和谐相处的问题上，还没有形成共识，有些甚至为了自己的私利，做出破坏环境的行动。据报道，2013年8月3日，北京什刹海火神庙在金锭桥东北侧举行放生祈福仪式。在仪式接近尾声时，捐赠人和工作人员刚将100多斤鱼放到水中，附近的十多个人就迫不及待地开始钓鱼和捞鱼，现场一度混乱，其中有两人因兜鱼而发生争执。[③] 人们环保观念的淡薄和社会公德心的缺失暴露无遗。类似这样的缺乏环保意识、破坏生态环境的事件数不胜数，造成的生态环境失衡日益严重。据《法制日报》报道，最高人民检察院在2013年部署开展的危害民生刑事犯罪专项立案监督活动期间，共督促行政执法机关移送涉嫌破坏环境资源犯罪案件689件893人；2014年2月底，最高人民检察院部署开展了为期8个月的以破坏环境资源犯罪为重点的专项立案监督活动，2014年3月、4月两个月监督公安机关立案破坏环境资源涉嫌犯罪案件228件，同比上升10%，批准逮捕了1375人，起诉

---

① 《重庆驾车撞人事故致4死10余人伤，被控制时意识仍模糊》，《北京日报》，2019年6月23日。

② 《中国森林现状》，《内蒙古日报》，2011年7月6日。

③ 宋华：《放生的意义何在》，《郑州日报》，2013年8月4日。

3309人，案件数量同比分别上升22.6%和14.4%。① 据最高人民检察院官网消息，2018年2月22日，最高人民检察院民事行政检察厅决定对全国33件破坏生态环境公益诉讼案件线索予以挂牌督办。这些案件线索是最高检在对2017年以来的督办案件及近期新闻媒体披露社会各界关注的有关问题进行梳理中发现的。被挂牌督办的33件破坏生态环境公益诉讼案件线索，分别发案于河北、山西、吉林、江西、河南、海南、贵州、陕西、甘肃、青海、新疆11个省、自治区，涉及水、大气、固体废弃物、土壤等多种类型的环境污染，给当地自然环境和居民生活带来不利影响。② 2019年8月13日，海口中院发布《海口市区两级法院环境资源审判白皮书（2016年1月－2019年7月）》。白皮书显示，2016年1月至2019年7月，海口两级法院共受理各类环境资源案件721件。这份白皮书公布了海口十起典型案例。比如，“非法采矿案”——2017年8月20日，王某在未取得采矿许可证的情况下，雇佣他人开采河沙用于售卖。经测算，王某等人开采河沙共计1447.8立方米，价值123063元。“滥伐林木案”——2017年5月，蔡某在未办理采伐许可证的情况下，擅自雇佣他人砍伐林木86株，立木蓄积量为22.387立方米，出材量为14.55立方米。“非法收购出售珍贵濒危野生动物案”——2017年1月，陈某为谋取非法利益，共向他人出售15条舟山眼镜蛇及滑鼠蛇，这些蛇类均属于《濒危野生动植物种国际贸易公约》中禁止贸易的物种。③ 从这些数据可以看出，社会对环境资源的破坏较为严重，在人与自然的关系上，不和谐局面较为突出。“面对资源约束趋紧、环境污染严重、生态系统退化的严峻形势，必须树立尊重自然、顺应自然、保护自然的生态文明理念，把生态文明建设放在突出地位，融入经济建设、政治建设、文化建设、社会建设各方面和全过程，努力建设美丽中国，实现中华民族永续发展”，④ 这是党的十八大报告提出的“美丽中国”建设战略，体现了新的价值取向和生态伦理，对人

① 蒋皓：《最高检督办20起破坏环境案件》，《法制日报》，2014年6月12日。
② 《最高检挂牌督办33件破坏生态环境公益诉讼案件线索》，中新经纬，2018年2月22日。
③ 《海口法院：破坏生态环境就要付出代价》，《南国都市报》，2019年8月15日。
④ 胡锦涛：《坚定不移沿着中国特色社会主义道路前进 为全面建成小康社会而奋斗——在中国共产党第十八次全国代表大会上的报告》，2012年11月8日。

与自然之间“不和谐”状况敲响了警钟。

2. 职业道德领域内的突出问题

职业道德是职业生活领域内的道德行为准则和规范，其主要内容是爱岗敬业、诚实守信、办事公道、文明礼貌、团结互助、服务群众、奉献社会等。这些行为规范渗透于职业生活的各个方面，引导和约束从业人员的职业行为，促进社会的持续、健康、和谐发展。多年来，我国职业道德建设取得了一定成绩，积累了一定经验，行业风气、社会风气日益好转。但是，我们必须看到，在一些地区、一些部门和行业还存在着很多问题，有的甚至还相当严重，主要表现在以下几方面：

第一，弄虚作假。一些行业不择手段谋取经济利益，各种假冒伪劣商品铺天盖地、不绝于市。比如，“吃”有假食品、假饮料、假奶粉、“地沟油”“酸味瘦肉精”等，凡是能进厨房、能上餐桌、能入口的，几乎都被造假过，连鸡蛋都能用工业原料制造出来，食品造假泛滥成灾。据《北京晨报》2014年7月21日报道，麦当劳、肯德基、必胜客等国际知名快餐连锁店的肉类供应商——上海福喜食品有限公司，通过过期食品回锅重做、更改保质期标印等手段加工过期半年的劣质肉类，再将生产的麦乐鸡块、牛排、汉堡肉等售给肯德基、麦当劳、必胜客等快餐连锁店。据记者调查曝光，2014年6月18日，该公司18吨过期半个月的冰鲜鸡皮和鸡胸肉被掺入原料当中，制成黄灿灿的“麦乐鸡”；将过期8个月的、颜色发青的臭肉重新切片装进新包装，将“保质期”延长1年，完全置人们的身体健康于不顾，职业道德观念严重缺失。①“穿”有假名牌。有些服装市场的服装，价格不过几十元至上百元，件件都仿知名品牌，各种假冒的名牌服装满天飞，让人无法分辨；“住”有“楼脆脆”。用假水泥、假河沙、假钢材等假建材以及假工序、假质检等造假一条龙建构起来的“楼脆脆”也不在少数。2009年6月27日5时30分，上海市闵行区莲花南路、罗阳路在建莲花河畔景苑商品房小区工地内，一幢13层楼房向南整体倒覆，致1名工人死亡，引起了社会的广泛关注，遭网友抨击为

① 肖丹：《肯德基麦当劳供货商被曝用过期肉，做假账掩盖》，《北京晨报》，2014年7月21日。

“楼脆脆”。① 距离上海莲花河畔倒楼案仅仅过了9个多月，2010年3月20日，上海绿地金融中心又发生在建工程垮塌事故。② 2014年8月26日，山西太原市东中环五龙口街天塔小区1号楼整体向东北方向倾斜15度，导致48户居民“有家不能回”。③ 还有偷工减料的假工程、“豆腐渣工程”等都是当代中国建筑行业经常出现的高频词汇。④ 1998年，新建的九江长江护城大堤被洪水冲垮，半个九江城的100多万市民的生命财产悬于一线，朱镕基怒斥被洪水冲垮的九江长江大堤是“豆腐渣工程”、是“王八蛋工程”，发誓要一查到底，一度成为著名的“国骂”。2014年7月14日，住房城乡建设部办公厅通报53名建造师在申报一级建造师初始注册过程中，隐瞒事实，提供虚假材料，住房城乡建设部办公厅已将其不良行为在全国建筑市场监管与诚信信息发布平台上予以公布，并记入信用档案。⑤ 据统计，2018年，全国处理假冒伪劣产品案件129万件。据全国打假网报道，从2018年1月起，北京市工商局开展为期1个月的“红盾利剑打假溯源”专项行动，加大对商标侵权案件源头追溯力度，对商标侵权商品生产、销售、注册商标标识制造等环节开展全链条打击。1月9日，全市工商机关开展了查处涉嫌侵犯ASICS（亚瑟士）运动鞋商标专用权的执法行动，共查处违法商户60家，仓库9处，查扣涉嫌侵权商品31587件，涉案金额1006万元。⑥ 据《中国工商报》报道，四川省成都市工商局“红盾春雷行动2018”启动以来，通过100天的奋战，共捣毁制假售假窝点50个，查办各类案件2216件，案值3771万元，移送司法机关29件，受理申诉举报25441件，为消费者挽回经济损失955万元。⑦ 另据报道，2019年3月，在“3·15”国际消费者权益日来临之际，山东滕州市市场

① 《上海倒楼处被改建为绿化水景》，《京华时报》，2010年5月31日。

② 凤凰网，http：//house. ifeng. com/qiye/detail_ 2010_ 03/23/401697_ 0. shtml，2010年3月23日。

③ 郭成强、阮洋、王宇：《太原一座6层居民楼出现15度倾斜》，《山西日报》，2014年8月28日。

④ 童南茜：《中国刻不容缓——拯救我们的道德》，华中科技大学出版社2012年版，第65页。

⑤ 曹莉：《53名建造师因弄虚作假被住建部通报》，《中国建设报》，2014年7月14日。

⑥ 《北京工商部门查扣涉嫌侵权“亚瑟士”3万余件》，《中国消费者报》，2018年2月9日。

⑦ 《成都“红盾春雷行动2018”见成效》，《中国工商报》，2018年4月19日。

监督管理局开展假冒伪劣食品药品集中销毁活动。此次销毁的是该局2018年以来查处没收的假冒伪劣食品、药品、医疗器械，共计80余个品种、1500多千克，价值近10余万元。① 而且，造假已向精神、文化、学术等领域渗透，影响了人们的思想和行为价值准则，侵蚀着社会的诚信。据报道，2014年8月24日，《北京青年报》披露，北京大学历史系一名博士，在读期间发表的一篇论文涉嫌严重抄袭；② 2017年8月，厦门大学附属中山医院院长蔡某被举报，称其博士学位论文涉嫌抄袭两名学生的硕士论文。论文内容大面积重合，其中正文近一半与一名学生的毕业论文雷同，连致谢也部分一致。③ 2018年10月24日，《中国青年报》刊发报道称南京大学社会学教授梁某至少有15篇文章存在抄袭或一稿多投等学术不端问题，24日下午，南京大学官方微博发布《关于梁某涉嫌学术不端等师德问题的说明》，并成立调查组展开调查。④ 2019年发生了“翟天临学术门”：2019年2月8日，演员翟天临因在直播中回答网友提问时，不知“知网”为何物，他的博士学位真实性受到质疑。2月15日，教育部回应翟天临涉嫌学术不端事件，要求有关方面迅速进行核查。2月16日，北京大学发布关于招募翟天临为博士后的调查说明，确认翟天临存在学术不端行为，同意翟天临退站。2月19日，北京电影学院发布翟天临涉嫌学术不端问题的调查进展情况说明，宣布撤销翟天临博士学位。⑤

第二，诚信缺失。诚信是社会主义市场经济体制下人们在人际交往和经济活动中遵循的一项最基本准则。在中华民族的道德传统之中，诚信占有重要的地位，是“仁义礼智信”五德之一。“人无信不立”“一言九鼎”“不轻然诺”“一言既出，驷马难追”等许多有关诚信的成语流传至今。诚信对一个国家来说，关系到国家的形象和繁荣昌盛，对一个民族来说，关系到民族共同认可的行为准则，对一个人来说，关系到他的声誉和社会认可度。党的十

---

① 《滕州市市场监管局开展集中销毁假冒伪劣食品药品活动》，山东卫生新闻网，2019年3月18日。

② 董鑫：《北大调查“博士生论文抄袭”事件》，《北京青年报》，2014年8月24日。

③ 《高校教授学术造假频发 国内学术不端会有何种代价?》网易新闻，http://news.163.com/18/1027/17/DV537M2H0001875P.html。

④ 同上。

⑤ “翟天临学术门”，百度百科。

八大以来，习近平在国内外多个重要场合强调诚信的重要性，为诚信在社会生活、外交关系和时代价值上的体现开启了多维视野，提供了基本遵循。

然而，现代社会某些人的诚信现状，已给我们的传统价值观敲响了警钟。前几年出现的“三鹿奶”“红心蛋”“地沟油”“瘦肉精”“染色馒头”等事件，突出地反映了某些行业和部分从业人员诚信严重缺失的问题。2011 年 6 月，新华网与人民网就诚信相关话题展开网络调查，共有 4449 人参与调查。① 调查结果为，94% 的人都曾经历过不诚信事件，并且，33% 的不诚信事件集中在食品领域，19% 的集中在医药领域，这一调查结果在某种程度上反映出我国存在的不诚信状况。据报道，2013 年 7 月 16 日，陕西省富平县薛镇村村民来某的妻子在富平县妇幼保健院分娩过程中，该院产科副主任张某以“婴儿患有先天性疾病”为由，诱使家属放弃对婴儿治疗并交由自己处理。随后，张某于 7 月 17 日凌晨以 2.16 万元将这名男婴卖掉。富平县妇产医生涉嫌贩卖婴儿案件经媒体曝光后，备受社会关注，警方迅速介入调查，查实该院产科医生张某涉嫌多次以新生儿患有传染性疾病和先天畸形等为由，建议家属放弃新生儿，并委托她进行处置，而后将婴儿贩卖。其中，有不少产妇是张某的亲戚或者邻居。张某利用这些关系及其信任，欺骗产妇放弃婴儿后贩卖给他人从中牟取暴利。2013 年 8 月 6 日，国家卫生计生委对这起事件印发《关于陕西省富平县个别医务人员涉嫌拐卖新生儿恶性事件的通报》。通报指出，富平县个别医务人员置人民群众健康于不顾，置国家法律法规和医疗保健管理制度于不顾，性质极为恶劣，社会影响极坏，严重侵害了人民群众生命健康权益，严重损害了广大医务人员的形象。② 这起事件虽然是个案，却突出地反映了职业道德领域内的突出问题：一方面，在一定程度上反映了职业道德领域内“医德”缺失的严重性；另一方面，在一定程度上反映了职业道德领域内“诚信”缺失的严重性。又如，我国现在很多城市的公交车都是“无人售票车”，这种“无人售票车”成为了人们自觉与不自觉、诚信与不诚信的“试金石”。据《人民日报》报道，2014 年 7 月份，记者在西安、长春和武汉

---

① 《调查指九成人经历不诚信事件，诚信缺失如何根治》，《人民日报》，2011 年 6 月 14 日。

② 刘洋：《国家卫计委通报富平拐卖婴儿事件》，《北京青年报》，2013 年 8 月 3 日。

等城市调查采访后发现，很多城市“无人售票”公交车遭遇到了“诚信尴尬”：乘客往投币箱里投入的是游戏币、假币、残币等。西安市公交总公司下辖的5个直管公司，每天营运的无人售票车有800多辆，每天产生各类残币、假币500张左右，除掉能够兑换的残币，每天大概有300张完全无法处理，只能送至印钞厂集中销毁，每个月损失的残币量约6万元；长春公交集团有公交车2700多辆，年客运量4亿多人次，因假币残币，每年要损失20多万元。记者调查后发出这样的无奈感慨：“无人售票公交遭遇假币烦恼，一元钱考问公民诚信。”① 据“绿盾企业征信系统”统计，2015年，全国涉及企业诚信缺失、商业欺诈、制假售假、偷税漏税等现象比比皆是，我国每年因企业诚信缺失导致的经济损失高达上千亿元，诚信缺失成为我国经济社会健康发展的绊脚石。该征信系统公布了2015年度“十大诚信缺失”事件。其中之一是“价格欺诈——‘青岛大虾’事件”：2015年10月4日，肖某在青岛乐陵路的一家餐馆用餐。饭前，他曾仔细询问过老板大虾是38元一份而不是一只，但吃完饭后，老板却称38元一只，一盘虾要价1500余元。店老板坚持让客人付款，甚至用棍子恐吓。经过民警协商，肖某付给了烧烤店老板餐费，之后才得以脱身离开。② 据《西安日报》报道，2019年5月10日，陕西省委宣传部召开“加强诚信陕西建设 提升诚信建设水平”主题系列新闻发布会。据陕西省公安厅介绍，从2018年9月份集中治理行动以来，全省公安机关在集中治理诚信缺失重点领域取得显著成效，截至2019年4月底，全省共破获电信诈骗案件1655起，抓获犯罪嫌疑人1192名。2018年6月，西安宝鸡市凤翔县公安局摧毁特大系列电信诈骗犯罪团伙，抓获涉案嫌疑人20人，破获涉及全国20个省市的电信诈骗案300余起，涉案价值1000余万元，依法扣押涉案轿车2辆、伪基站设备2套，没收涉案银行卡、网络电话、电脑等作案工具一批。③

---

① 《无人售票公交车遭遇假币烦恼，“一元钱”考问诚信》，《人民日报》，2014年7月12日。

② 《企业诚信缺失：盘点2015年度十大事件》，http：//www. 11315. com/infnews/show－75423，2016－03－09。

③ 《我省集中治理14项诚信缺失突出问题 公布十大经典案例》，《西安日报》，2019年5月10日。

第三，以权谋私。各行各业本来是社会的一种分工，各部门各行业理应为人们的生产、生活、安全、健康和福利提供服务，可现实并非完全如此。少数部门、行业凭借自己的业务专长，或工作便利，或技术优势，敲诈勒索，行贿受贿，“吃、喝、卡、拿、要”无所不为，绞尽脑汁为小单位、小团体或个人谋取私利。“什么滋味最过瘾？在家数钱！”这是一名“落马”副县长的自我炫耀；“不头疼如何赚钱，只头疼如何藏钱。”这是一名贪腐官员的法庭自述。这些语言，形象地说明了以权谋私问题的严重性。① 在足球界出现的“黑哨”现象，就是以权谋私的典型。2002 年 3 月份，曾担任全国足球甲级队 A、B 组主裁判员的龚某因涉嫌在比赛中吹黑哨被公安机关刑事拘留。在公布的证据中，龚某在执法绿城队的两场比赛中受贿 10 万元。2003 年 1 月 29 日，北京宣武区人民法院公开审理龚某涉嫌受贿案。据查，2000 年至 2001 年，龚某在受中国足球协会指派担任全国足球甲级队 A、B 组主裁判员职务期间，先后 9 次收受他人财物，共计人民币 37 万元。法院审理认为，龚某利用担任裁判员职务之便，多次收受他人财物，且数额巨大，构成受贿罪。② 类似以权谋私的现象时有发生，给职业道德和职业精神的弘扬造成了严重负面影响。创下新中国成立以来国家官员贪污腐败新纪录的杭州市原副市长许某，被人称为“许三多”：一是钱财多，有两亿钱财；二是房产多，拥有很多套房产；三是女人多，人数达两位数。据报道，1995 年以来，许某利用职务上的便利，为有关单位和个人在取得土地使用权、享受税收优惠政策、受让项目股权、承建工程、结算工程款、解决亲属就业等事项上谋取利益，收受、索取他人财物共计折合人民币 1.45 亿余元，还利用职务便利侵吞国有资产 5300 余万元，造成特别恶劣的社会影响，被判处死刑。③ 另据报道，2008 年，杭州市房管局长周某，叫嚣“谁降价卖房处分谁”，被“人肉”搜索出抽高档

---

① 《呼市铁路局原副局长每小时敛财近万，头疼如何藏钱》，《半岛晨报》，2014 年 8 月 3 日。

② 杨昌平、邱伟：《2003 京城名案大扫描：黑哨龚建平结案，黑导赵安落马》，《北京晚报》，2003 年 12 月 18 日。

③ 陈东升：《收受索取他人财物折合人民币 1.45 亿元，杭州市原副市长许迈永一审被判死刑》，《法制日报》，2011 年 5 月 13 日。

香烟，最终查出贪污而落马；① 2012 年，陕西省安监局长杨某因在特大交通事故现场面露微笑，被“人肉”搜索出多块名表，也被查出贪污而落马。② 甘肃酒泉政协原主席杨某被检察机关查出，从 1997 年起，“几乎每月都受贿”，任职政协主席 8 年共受贿 1301 万元。③ 2014 年 5 月，国家能源局煤炭司原副司长魏某被纪检部门带走调查。魏某被带走时，家中发现上亿现金，执法人员从北京一家银行调去 16 台点钞机清点，当场烧坏了 4 台。④ 党的十八大、十九大以来，很多高官被查，被查的主要原因，很多都是以权谋私，涉嫌利用职务上的便利为他人谋取利益，索取、收受巨额贿赂或通过亲属收受巨额财物。比如，被中纪委查处的省部级官员张田欣、韩先聪、谭力、万庆良、杜善学、周本顺、苏树林等，都存在以职务便利谋取个人私利等问题，都是职业道德领域内出现的以权谋私、贪污腐化的典型代表，对社会具有突出的警醒作用。

3. 家庭美德领域内的突出问题

家庭美德是对家庭生活的引导和约束，对维系和谐美满的婚姻家庭关系具有重要作用。在社会主义市场经济体制下，我国的家庭关系、家庭观念正在发生着新的变化，家庭美德存在的突出问题主要有以下几方面：

第一，随着家庭人际关系的淡化，不赡养父母、视老人为包袱的观念不断滋长，虐待老人、遗弃老人的现象时有发生，成为困扰社会的严重问题。社会上曾流行这样一条谜语：“一直无业，二老啃光，三餐饱食，四肢无力，五官端正，六亲不认，七分任性，八方逍遥，九（久）坐不动，十分无用”，谜底就是“啃老族”。“啃老族”并非找不到工作或无能力工作，而是仍未“断奶”，衣食住行仍依赖父母，成为“啃一口书本啃一口父母”的“啃老族”。同时，不赡养老人的现象时有发生。我国各地发生的老人赡养诉讼案，其中近一半是子女拒不履行赡养义务的案件。2010 年底，《现代快报》曾披露一场“母子诉讼案”。该诉讼案的基本案情是：2009 年，一位年迈的老母

---

① 《南京江宁区房管局长周久耕被免职》，新华网，http：//news. xinhuanet. com/newscenter/2008 - 12/28/content_ 10572187. htm，2008 年 12 月 28 日。

② 魏文彪：《官员戴多块名表是封“举报信”》，《大连日报》，2012 年 8 月 29 日。

③ 《甘肃酒泉原政协主席：1997 年起几乎每月都受贿》，《检察日报》，2014 年 8 月 26 日。

④ 陈小二：《烧坏 4 台点钞机，谁给他上的供》，《青年时报》，2014 年 5 月 16 日。

亲由于生病住进了医院，住院费花了2万多元。这位母亲由于交不起住院费，要求她的儿子为她缴纳，她的儿子没有答应，这位母亲向法院起诉。审判中，她的儿子向法院提交了一些证明材料，辩论说本人经济困难，没有能力赡养母亲。法院通过审判认为，母亲诉讼请求合情、合理、合法，其儿子提供的证明材料并不能证明其无力承担赡养义务。法院最后判令其儿子承担母亲的医药费、保险费共计2.8万元，并每月提供540元生活费。① 从这个诉讼案例看出，在有着几千年“孝”文化的文明古国，子女不履行赡养义务竟还能堂而皇之地与父母对簿公堂，这不能不说，中华民族尊老爱幼的传统美德已在某些人身上丧失殆尽。更有甚者，虐待老人的现象屡禁不止。据报道，2013年9月3日，山东临沭县沿河路与沭新西街交会处路口，一名十六七岁的女孩不顾众人劝阻，将一名70多岁的老人按在地上，用力撕扯老人的头发，老人被打得满脸是血。令人吃惊的是，这个女孩竟是这个老人的亲孙女。② 由于长期家庭矛盾，不仅女孩家长未善待老人，就连小孩也学大人样，发生了亲孙女殴打亲奶奶的悲惨一幕；2014年6月16日，湖南永州一位90岁老人被子女锁在房间里禁食1个月，老人瘦得皮包骨，只能靠水维持生命，濒临饿死，还拒绝别人帮助老人。③ 据南宁法制网报道，2017年1月11日，由于不堪儿子家暴，家住江南区某小区的黄老太向江南区法院递交了《人身保护令申请书》。这是自《中华人民共和国反家庭暴力法》生效施行后，江南区法院受理的首例父母受子女家暴而申请的人身安全保护令案件。调查发现，黄老太先后五次被儿子殴打，黄老太报警后，儿子阿勇并未改正，致使黄老太每天忧心忡忡，彻夜难眠，身心受到极大伤害，实在不得已才向法院申请人身安全保护。④ 虽然这些只是个案，却不能不令人心酸、心碎，冷酷之情令人发指。对这样的家庭来说，尊老爱幼的传统美德已荡然无存。还有一些矛盾是发生在兄弟姐妹之间的。2011年5月，广西贺州市发生的某地税分局局长一

---

① 林霆、陈斌、陈泓江：《贷款800万做生意，却称没钱养母亲，法院判决儿子支付赡养费用》，《现代快报》，2010年11月20日。

② 《山东16岁少女当街暴打七旬奶奶》，《齐鲁晚报》，2013年9月5日。

③ 《网传遭禁食老人已死亡，官方否认其被虐待》，《南方都市报》，2014年6月17日。

④ 《七旬老人不堪儿子家暴 愤然申请人身保护令》，南宁法制网，http://www.nnfzw.com.cn/news_show.asp?id=75504，2017年1月20日。

家四口被害案，曾引起了广泛关注。凶案告破后，真相令人震惊——凶手竟是被害人的妻妹。姐妹二人间因经济问题处理不当而产生矛盾，妹妹怀恨在心，亲手杀死亲姐姐，酿成家庭悲剧。① 搜狐新闻网有一个报道——“为争遗产，北京61岁老人被亲哥送进精神病医院”：北京侯女士与亲哥哥侯先生因为遗产继承问题产生纠纷，兄妹之间一直没有达成一致，反而越闹越僵。从2017年起，侯先生及其妻子、儿子多次对侯女士进行威胁、骚扰、辱骂并进行殴打，侯女士的生活受到严重干扰。2018年1月，侯女士向北京东城区人民法院提出申请，以遭受家庭暴力为由申请法院人身安全保护，并向法院提交了录音、照片等证据。② 类似这些矛盾或冲突，对本应是情同手足的兄弟姐妹之间的感情造成了极大冲击，对家庭美德也造成了一定影响。

第二，大部分城市家庭和少数农村家庭住单元房，邻里之间的来往大大减少，缺乏友爱互助精神，缺乏公德意识，往往因小事而酿成纠纷。我国传统社会是一个“熟人共同体”，人口流动性很弱，社区内部人与人有协作的需要，对社区的依赖很强。但现代社会则是一个“陌生人社会”，人口流动性很强，人们的就业和交往不再以社区为中心，甚至可以完全脱离社区，这也导致社区功能的弱化。从社区本身来看，部分社区没有将居民吸纳到社区活动中去，同时也缺乏社区活动中心这个平台，这也导致了部分社区居民对社区的疏离。而且，现在都是单元楼，上下班回家之后，把门一关，就在自己的小世界里。平时工作繁忙，生活节奏都很快，有休息的时间，都会宅在家里，没有多余的心思去维系邻里关系，没有时间在一起交流，邻居之间更加不熟悉了，即使熟悉，也就是见面点个头而已，自然谈不上有什么友情；以前一家都有几个孩子，他们都会在一起玩，但现在一家就一个孩子，还要忙于学习，基本上没时间玩。由于邻里间的生疏、隔阂，日常生活中常常会发生矛盾和小摩擦。调查发现，引发邻里矛盾的大都是一些鸡毛蒜皮的小事，比如，公用楼道摆放物品、窗外晾晒衣服时滴水、楼道里乱扔垃圾、宠物狗不拴绳子外出等。由于邻里间的小摩擦、小矛盾因素，造成了邻里关系不和谐、不

---

① 《广西贺州地税局长一家四口被灭门案3疑犯获死刑》，《新京报》，2012年4月2日。

② 《为争遗产 北京61岁老人被亲哥送进“精神病”医院》，搜狐新闻网，http://www.sohu.com/a/232655680_100081921，2018年5月23日。

融洽，有些发展到打架斗殴等重大矛盾，酿成重大悲剧：2013 年 7 月 25 日，由于邻居间在生活上的一些矛盾而积怨，犯罪嫌疑人丁某在老家河南省西平县驻马店、漯河两地连杀 5 人伤 3 人后劫车逃窜；① 2014 年 7 月 27 日，在上海浦东新区六灶砖桥一出租房内，一名男子酒后怀疑女邻居及其女儿偷了他的财物，竟然持木棍进入邻居家中将女邻居和她的女儿活活殴打致死；② 2014 年 9 月 12 日，上海浦东绿林路的一户居民，由于对邻居家中发出的噪声不满，竟然持刀将邻居读中学的男孩杀害。③ 这样的案例还有很多。2017 年 4 月 6 日，黄浦区东街一名男子持刀将另一人划伤致死，行凶男子最终被控制。周边居民介绍，两人年近 60 岁，是邻居，关系一直比较融洽，平时没有矛盾，两人不知什么原因发生争执，其中一人持刀将对方划伤，导致 60 岁的男子不幸身亡。案发后，行凶的 56 岁男子向警方投案。④ 据内蒙古新闻网报道，2019 年 8 月 24 日晚，呼和浩特市玉泉区世纪新村小区发生一起打架斗殴案件，致一名男子受重伤，经医院抢救无效死亡。发生冲突的两人是邻居，不知为何两人发生了冲突，男子头部被砖头砸伤，被送往呼和浩特市第一医院抢救，经抢救无效死亡。⑤ 据《襄阳晚报》报道，2019 年 9 月 17 日，樊城区人民法院审结了一起宠物狗主人因为不规范遛狗与邻居发生肢体冲突的案件。案情非常简单，因为邻居牵狗的绳子放得太长，邻居受到惊吓而引发冲突。⑥ 邻居之间发生的种种悲剧，让“远亲不如近邻”的传统观念受到严重冲击。

第三，国外不健康的婚恋观对家庭道德造成不良影响，婚前性行为流行起来，家庭的稳定性削弱，婚外情有所增加，离婚率不断上升，破坏了家庭的团结和睦。清华大学和《小康》杂志所作的调查显示，我国青年男女婚前性行为已经到 71%，80 后、90 后的婚前性行为接近 100%。⑦ 人们的性观念较以前有了很大改变。比如，2013 年暑假，福州一名在校女大学生在网上结

---

① 《河南漯河连环命案，凶手连杀 5 人伤 3 人》，《深圳晚报》，2013 年 7 月 27 日。
② 姚克勤：《怀疑邻居偷盗，竟然毒打致死》，《新闻晨报》，2014 年 7 月 27 日。
③ 《上海 19 岁少年不满噪音滋扰捅死邻家 12 岁男孩》，《新闻晨报》，2014 年 9 月 13 日。
④ 《邻里冲突引发案件 旁人称平时两人无明显矛盾》，看看新闻网，2017 年 4 月 6 日。
⑤ 《邻里冲突引发打架 一男子重伤后死亡》，内蒙古新闻网，http：//inews. nmgnews. com. cn/system/2019/08/26/012765561. shtml，2019 年 8 月 26 日。
⑥ 《牵狗绳放太长引发邻里冲突》，《襄阳晚报》，2019 年 9 月 17 日。
⑦ 《中国性爱消费报告》，环球网，2016 年 2 月 15 日。

识了在福州打暑期工的男子，仅一个星期两人的恋情就急剧升温并相约开房。① 近年来，我国婚姻家庭领域内出现的另一种现象是离婚率较以前有了大幅提升。据统计，从 1987 年到 2017 年，年离婚数量从 58.1 万对增长到 437.4 万对，增长了 6.53 倍，而离婚率从 0.55‰上涨至 3.2‰。2018 年全年，我国办理离婚登记的人数已达到当年办理结婚人数的二分之一，全年离婚率在 40% 左右。② 根据民政部提供的近 10 年数据对比发现，从 2012 年开始，我国离婚率的增幅首次超过结婚率增幅，一些人的爱情婚姻观在悄然发生变化，有些夫妻之间的关系不再是相敬如宾、恩恩爱爱，而是变得淡漠甚至残酷。据报道，2013 年 1 月，谭某驾驶一辆轿车带着妻子及宠物犬由安徽去上海。在一座大桥附近，由于不慎剐撞护栏，谭某的妻子和爱犬一同被甩出车外。车祸发生后，谭某马上下车，可是，谭某并没有先去扶妻子，而是先就近把宠物狗抱起放进车内，然后再去稍远处扶起妻子。③ 这个案例，与《广州日报》报道的国外的一个案例有着同样让人啼笑皆非的内容：2013 年 8 月 7 日，南非男子格雷厄姆与妻子谢莉尔带着爱犬驾游艇出海，他们从东伦敦前往马达加斯加岛的途中，游艇触到暗礁开始下沉遇险。然而，在危急时刻，格雷厄姆先营救的不是其爱妻，而是先将 9 岁大的爱犬瑞思救上岸，再返回去解救船舵钩住保险绳而无法脱身的妻子。④ 这两个案例，是“老婆和妈妈同时掉水里，你先救谁”道德难题的升级版，在一定意义上反映了当今时代婚姻方面面临的一些困境。更有甚者，一些夫妻间因各种矛盾反目成仇甚至发生凶残事件的时有发生。据报道，2007 年 3 月 12 日，在河南许昌市禹州市神垕镇益民中西医诊所，乡村医生王军豹用锤子将与自己相濡以沫近十年的妻子冯秀敏锤死在自家诊所里；⑤ 2010 年 7 月，湖南浏阳一个男子在一次争吵中将自己的妻子活活掐死，然后把尸体肢解塞进装满食盐的泡沫包装箱，

---

① 杨玉娟：《女大学生约心仪网友开房，遭对方举报卖淫》，《东南快报》，2013 年 8 月 2 日。

② 《2018 年婚姻白皮书》，《婚姻与家庭》杂志，2018 年 12 月 28 日。

③ 《出了车祸你先救谁？男子先救狗惹恼妻子》，《羊城晚报》，2013 年 1 月 9 日。

④ 晓诗：《妻子与狗同时落水，丈夫毫不犹豫先救狗》，《广州日报》，2013 年 8 月 8 日。

⑤ 韩争强：《终审判决：死刑缓期执行，限制减刑》，《东方今报》，2013 年 8 月 12 日。

再用胶带密封套上蛇皮袋，藏入住宅顶楼的水塔内。① 2014 年 8 月 1 日，湖南株洲石峰区发生一起灭门案，一个村民家中的 6 口被杀害，凶手竟是这位村民的女婿。② 2017 年 3 月 18 日，最高法公布关于反家庭暴力的十大典型案例。案例之一："李某申请人身安全保护令案"：申请人李某（女）与被申请人宋某系夫妻关系，2011 年 11 月结婚。2015 年宋某开始对李某实施捆绑、殴打、谩骂等暴力行为。2016 年 3 月 15 日，李某在被连续殴打三天后，逼迫无奈从家中跳楼，跳楼又被宋某抱回楼上继续殴打，直至李某坚持不住，宋某才拨打 120 急救电话，将李某送往医院救治。在医院治疗期间，宋某又多次到医院骚扰李某，辱骂医生、病人及李某家属。李某于 2016 年 9 月 28 日向辽宁省沈阳市皇姑区人民法院申请人身安全保护令。案例之二："谢某申请人身安全保护令案"：申请人谢某（女）与被申请人陆某结婚十多年，婚后陆某经常殴打、辱骂谢某。谢某曾向社区、妇联寻求过救助，亦多次报警，但陆某丝毫没有收敛。长期遭受家庭暴力使谢某陷入极度恐慌，有家不敢回。2016 年 5 月 25 日，谢某不堪忍受，向广西壮族自治区南宁市青秀区人民法院申请人身安全保护令。③ 2018 年 3 月 27 日，北京市妇联联合北京市高级法院发布反家庭暴力典型案例，2016 年至 2017 年两年间，北京市法院对受理的离婚案件作出一审判决书共 17463 份，其中当事人反映有家庭暴力情节的有 1867 份，占比近 11%。④ 这些家庭暴力案件，给原本温馨、美好的婚姻生活蒙上了一层厚厚的阴影，家庭美德受到强烈影响和冲击。

第四，对孩子的教育，大多重智轻德，娇宠、溺爱比较普遍，使孩子普遍缺乏独立性，缺乏艰苦奋斗精神，盲目自大，以自我为中心，任性、缺乏爱心等。2007 年 3 月 18 日晚，温州新桥派出所值班室接到一个特殊的报警电话，警情现场位于新桥翠微大道边的一大型建筑工地上。跳楼的是黄某的 25 岁的儿子。黄某有一儿一女，重男轻女的思想较严重，黄某从小对儿子百依百顺，养成了儿子娇生惯养、好吃懒做的毛病。这次，一不小心惹恼了他，

---

① 陈昂、张琴江：《浏阳男杀妻碎尸，两年后案发》，《三湘都市报》，2012 年 6 月 4 日。

② 杨锋、韩雪枫：《湖南株洲一家 6 口疑遭女婿灭门》，《新京报快》，2014 年 8 月 1 日。

③ 《最高法发布十大反家庭暴力典型案例》，《中国商报》，2018 年 7 月 10 日。

④ 《北京发布反家庭暴力典型案例》，北京法院网，2018 年 3 月 27 日，http：//news.sina.com.cn/c/2018－03－27/doc－ifysrvay6141147.shtml。

竟爬上楼顶要跳楼。[①] 与溺爱相反的是，有些家长对儿女的教育方式不当，经常采用打骂等粗暴的教育方式，其教育结果往往事与愿违，甚至酿成恶果。据《成都商报》报道，2013 年 7 月 28 日，48 岁的李芳准备到家附近的菜地里摘菜。家里还有她的两个孙子，出门前，李芳像往常一样找来一根 2 米多长、宽约 3 厘米的布条子，系在屋檐下的柱头上，绳子的两头绑在俩孙子的腰间，为了防止孙子逃脱，李芳把绳子打成了死结。看到孙子没有反抗，李芳出门了。约半小时后，李芳回家，被眼前的一幕吓呆了：两个孙子全身瘫软，绳子已经勒到了孩子胸部，孩子的身子半吊在柱头上没有完全着地，都不省人事了。李芳连忙拨打村里医生的电话，几分钟之后，医生到场，但两个孩子已经身亡。至于李芳为何要将孙子绑在柱头上，她告诉民警，因为孩子很调皮，怕他们在家里搞破坏。李芳承认，除了口头教育、打骂等，她曾多次用同样的捆绑方式教育孩子，最终导致悲剧发生。[②] 2018 年 3 月 9 日，有位教育学专家在“阳光父母好教练”网上列举了十大娇惯孩子的行为，指出溺爱孩子的严重后果。比如有家长对孩子实行特殊待遇，孩子在家庭中的地位高人一等，处处特殊照顾，如吃“独食”，好的食品放在他面前供他一人享用，做“独生”，爷爷奶奶可以不过生日，孩子过生日得买大蛋糕、送礼物。这样的孩子自感特殊，习惯于高人一等，必然变得自私，没有同情心，不会关心他人。还有些家长允许孩子生活懒散，允许孩子饮食起居、玩耍学习没有规律，要怎样就怎样，睡懒觉，不吃饭，白天游游荡荡，晚上看电视到深夜等。这样的孩子长大后缺乏上进心、好奇心，做人得过且过，做事心猿意马，有始无终。这样的案例在我们的生活中还有很多，都在一定程度上反映了我国家庭教育方面存在的问题。

4. 个人品德领域内的突出问题

个人品德是“一定社会的道德原则和规范在个人思想和行为中的体现，是一个人在其道德行为中所表现出来的比较稳定的、一贯的道德特点和倾向”，[③] 它“既是社会道德原则和道德规范的内化，也是个体作为主体对社会

---

① 张剑峰：《向家人要钱不成竟扬言要跳楼》，《今日早报》，2007 年 3 月 21 日。

② 向仪杰、江龙：《奶奶捆死俩孙子》，《成都商报》，2013 年 8 月 6 日。

③ 曾泓华：《加强大学生个人品德建设及其路径探讨》，载《太原城市职业技术学院学报》，2009 年 9 月 28 日。

道德的认识、选择以及实践的结果，是个人在社会生活中的行为活动个性化了的道德特质”。① 近年来，我们党和国家特别重视领导干部的道德教育。中共中央组织部印发的《关于在干部教育培训中加强理想信念和道德品行教育的通知》要求：“各地区各部门加强理想信念和道德品行教育，引导和帮助干部始终坚定共产主义理想和中国特色社会主义信念，引导和帮助干部进一步坚定理想信念、提升道德素质，引导干部明大德、守公德，成为一个高尚的人、一个纯粹的人、一个有道德的人、一个脱离了低级趣味的人、一个有益于人民的人，始终坚守共产党人的精神家园。”② 然而，随着时代的发展、社会的进步和人们思想观念的变化，同时在我国改革开放和市场经济的影响和冲击下，有些党员干部，尤其是有些领导干部的个人品德出现问题，生活腐化变质，有的甚至走上犯罪道路，给我国社会主义道德建设带来了一些不容忽视的新情况、新问题。

第一，理想信念淡化。理想信念属于精神层面的问题，是一个人生活的目标、前进的动力。个人品德层面的基本问题就是理想信念问题。一个人是否树立了远大的理想，是否具有坚定的信念，在很大程度上决定了一个人的人生目的和价值，决定了一个人的事业成就大小。然而，很多人忽视理想信念教育，理想信念严重缺失：其一，在政治理想方面，不同程度地存在着淡化对马克思主义的信仰、淡化对社会主义的信念。比如，最高人民法院在分析原中央政治局常委、政法委书记周永康出现严重违纪问题的根源时指出，周永康放弃世界观改造，背离为人民服务的宗旨，丧失了理想信念。③ 我国还有数量不少的领导干部把妻子、儿女送到国外去，出现了所谓的“裸官”。贪污受贿达4755万元的铁道部原运输局长、副总工程师张曙光，在原铁道部素有“裸官”之称，其妻子很早就带着孩子移居美国，并在美国买房、开公

---

① 曾泓华：《加强大学生个人品德建设及其路径探讨》，载《太原城市职业技术学院学报》，2009年9月28日。

② 盛若蔚：《在干部教育培训中加强理想信念和道德品行教育》，《人民日报》，2014年7月21日。

③ 《最高法：周永康出现严重违纪问题有5个根本原因》，中国新闻网，http://news.china.com/focus/zhouyongkang/11163098/20140801/18675101.html，2014年8月1日。

司。① 这些“裸官”产生的原因，很大部分也是由于他们的世界观、人生观、价值观出现偏差，理想信念不坚定；其二，在生活理想方面，从注重实现人生的社会价值向注重实惠、实用和物质享受转变，一切向“钱”看。部分党员干部由于受市场经济负面效应的影响，认为市场经济就是追求效益最大化，“全心全意为人民服务”的宗旨观念淡薄，把党的宗旨抛在脑后，没有正确处理个人利益与国家、集体利益之间的关系，没有将国家、集体、个人利益摆在一个正确的位置上，有些人只关心或只维护个人利益，不关心或不维护集体利益和国家利益，有的甚至损人利己，将个人利益凌驾于集体、国家利益之上，以损害国家、集体或他人利益换取自我利益。十八大后落马的官员中，绝大部分都存在贪污受贿的问题，并且贪污的金额特别巨大。另外，有些党员干部迷信思想严重，理想信念迷失：铁道部原部长刘志军为求“平安”，长期在家烧香拜佛，还在办公室里布置了“靠山石”。一些项目的开工竣工，刘志军都会请“大师”选择黄道吉日；山东省泰安市原市委书记胡建学，有“大师”预测他可当副总理，但命里缺桥，因此他下令将已按计划施工的国道改道，使这条国道穿越一座水库，并在水库上修起一座大桥，以帮助他“飞黄腾达”；河北省原国税局党组书记、被称为“河北第一秘”的李真，被双规前夕，曾电话咨询“大师”去省委开会是否会有事；河北省原省委常委、常务副省长丛福奎为求仕途升迁，曾找“大师”算命，在住宅内设佛堂、供佛像，专设供道台、供神台，每月初一、十五烧香、念经、拜佛。② 2019 年春节前，中央纪委国家监委网站公布了多起党员领导干部违纪案例，多人被点名通报“搞封建迷信活动”，比如北京市政协原党组副书记李士祥、哈尔滨商业大学原副校长高虹等。2019 年 1 月 14 日，由云南省纪委省监委联合当地电视台拍摄的反腐电视片《激浊扬清在云南》披露，当地某国有企业一把手把自己的政治前途和命运拴系于封建迷信，其党性原则、政治觉悟、道德防线渐渐丧失、崩塌。为保官运亨通，这名官员请风水大师看相、改名，用“九龙杯”喝水，戴着自称开了光的佛珠，直到接受组织审查前才将佛珠从脖子

---

① 《原铁道部运输局局长张曙光承认受贿 4755 万元》，《南方周末》，2013 年 9 月 10 日。

② 《贪腐官员的大师情结：不问苍生问鬼神 不信马列信“先生”》，《北京晚报》，2013 年 7 月 30 日。

上取下。[①] 从这些领导干部的“迷信”中，折射出的是其信仰的严重缺失和精神的严重空虚，没有树立正确的世界观、人生观、价值观；其三，在道德理想方面，从注重奉献精神和集体主义原则，向个人主义、利己主义、功利主义转变，缺乏社会责任感和道德义务感，追求物质享乐，奢靡之风盛行。特别是极少数党员干部因以权谋私、违法乱纪、贪污腐化等现象反映出来的人格扭曲、道德败坏、腐化堕落等问题，严重损害了党在人民群众中的形象和威信，造成了极强的负能量和社会负面效应。比如，原广州市委书记万庆良，本来是一位“年轻有为”的政界风云人物，但是，因涉嫌严重违纪违法而“落马”。据媒体曝光，由于理想信念淡漠、人格扭曲、道德败坏，万庆良竟与揭阳原“落马”的市委书记陈弘平共用一名情妇，情妇为万庆良和陈弘平各生下一个儿子。这一事件，被媒体称为“比重庆赵红霞与雷政富等官员还要狗血的故事”，成为人们的不齿笑料。[②] 另据《兰州晚报》报道，四川省文联原主席郭永祥因严重违纪违法被中纪委通报其案情时，表述为“道德败坏”。据统计，郭永祥是“落马”的多名省部级高官中，被涉及“道德败坏”的官员之一。其他的“落马”官员如因涉嫌重婚罪追责的国家统计局原局长邱晓华，被中纪委通报称，“生活腐化堕落，道德败坏，涉嫌重婚犯罪”，有关部门查出邱晓华与多名妇女通奸，并在境外涉及色情活动。[③] 这些被人们称为“公仆”的社会“蛀虫”，由于平时不重视理想信念教育，不注重加强自身道德修养和党性修养，在遇到权、色和物质利益诱惑时，便立刻“落马”，严重损害了党和政府在人民群众心目中的形象，成为历史的罪人。

第二，价值观念偏离。随着我国社会经济成分、组织形式、就业方式、利益关系和分配方式的日益多样化，一些人的价值观念出现偏离，显露出重利轻义、“金钱至上”的倾向，出现了拜金主义、享乐主义和极端个人主义等，甚至有人见利忘义、损人利己，泯灭道德良心，最终无视国家法律做出

---

① 《落马官员现迷信乱象：布“风水局”请“神婆”指点》，网易新闻网，https：//news.163.com/19/0323/10/EAURBN9O00018AOP.html，2019 年 3 月 23 日。

② 《曝落马书记万庆良，与同僚共用一情妇，情妇为其各生一子》，《南国都市报》，2014 年 7 月 12 日。

③ 《道德败坏生活腐化生活糜烂有啥区别？——解读落马官员通报措辞》，《兰州晚报》，2014 年 4 月 17 日。

违法行为。曾入选“中国2007年十大影响性诉讼案件”的“南京彭宇案”，可以说是当今某些人的社会价值观中“恩义”或“感恩心”这个道德价值观念发生严重偏离的突出表现：2006年底，南京一个老太自称在公路上被骑电动车的市民彭宇撞倒，2007年年初将彭宇告上法庭，要求赔偿13万元。彭宇则坚持说是自己看见徐老太摔倒，下车将她扶起并将她送到医院。但法院以证据不足为由要求彭宇承担近5万元的损失费，从而将这一案件推向了舆论的风口浪尖，使这一案件在道德、人心方面的负面影响进一步加剧，并产生了一系列的“后遗症”。① 据报道，2010年1月，一位八旬老人突然摔倒在杭州街头，手足抽搐，但无人敢扶，还有人“善意”提醒：“别去扶，当心赖上你。”一幅照片触目惊心：老人脸朝下倒在人行过道上，一根拐杖丢在一边，旁边是七八个围观者犹豫的脚。② 这一事件让人深思与反省，也让人不知何去何从，在很长的一段时期内，社会都在围绕着“扶不扶”这个问题展开激烈争论，还被中央电视台2013年春节联欢晚会以艺术的形式搬上舞台，进一步引发人们的反思，最终，“人倒了可以扶起来，人心要是倒了就扶不起来了！”的观点获得了一定程度的肯定与认可。

社会上还有一些人，由于将自己的价值观建立在物质享受、贪图安逸上，因此走上了人生的歧途。山东威海乳山的一名25岁的女大学生大学毕业后，找了两份工作，她要么嫌累，要么嫌吵或嫌钱少都辞职了。为了找一份既轻松又赚钱的工作，这名女大学竟然想到了在网络上“求包养”的主意，结果找到的“理想情人”却是一个利用假身份钓网友的骗子。最终，这名女大学生被该网友残忍杀害并分尸。③ 湖南邵阳有13名新兵于2013年夏秋季入伍后，由于怕苦怕累，不安心服役，被所在部队作退兵处理。2014年7月14日，湖南省邵阳市征兵办公室对这13名拒服兵役青年在媒体予以公开通报。④

① 杨亮庆、缪媛：《老人摔倒无人敢扶，网友称彭宇案令道德水准倒退》，《中国青年报》，2010年1月16日。

② 同上。

③ 苑菲菲、沈良荣：《25岁女子大学毕业后想走捷径，没想到掉进网络骗子的陷阱》，《齐鲁晚报》，2013年7月25日。

④ 石世桢、马剑敏、姚蒋彪：《湖南邵阳13名青年入伍后怕苦怕累被所在部队退兵》，《潇湘晨报》，2014年7月15日。

哈尔滨某大学航天领域的一名硕士研究生，在金钱的诱惑下，2012 年 10 月至 2014 年 6 月期间，为国外搜集情报及内部资料获得 20 余万元“经费”，因严重威胁国家安全而被批捕。① 据《长沙晚报》报道，2017 年 11 月 12 日，湖南益阳沅江市三中某班学生与班主任发生争执，学生拿出随身携带的弹簧跳刀刺伤班主任，班主任随即被送往医院经抢救无效死亡。② 这些案例反映了当今社会部分青年价值观念偏离、贪图安逸、拜金思想严重的现状及其带来的严重后果。

当今社会中的部分党政官员、司法干部贪污腐败、违法乱纪，其中的一个重要原因，也是由于世界观、人生观迷失，价值观偏离，最后走上犯罪道路。2013 年 8 月发生的轰动一时的上海高级人民法院民一庭庭长陈雪明、副庭长赵明华等人接受吃请、去夜总会娱乐，并集体招嫖事件，以及国家发改委原党组成员、副主任，国家能源局原党组书记、局长刘铁男严重违纪违法等事件，就是很好的例证。这些掌握着党和国家重要权力的领导干部，将手中权力的大小、金钱的多少、享乐的程度等视为人生价值的体现，极力追求奢侈腐化的生活方式，最后走上犯罪的道路，走向人民的对立面，沦为“权力”的“奴隶”。这种金钱价值观在学校、医院也存在。有大学教授公然对学生说，你们如果到 40 岁时还没有赚到 4000 万，那就不要来见我。③ 更有甚者，由于学生在教师节没有给科任老师和班主任送礼物，竟然被班主任足足训了一节课。这种怪事就发生在黑龙江省哈尔滨市依兰县的一所高中：2014 年 9 月 10 日，依兰县高中高二 17 班学生没有给科任老师送礼物，班主任极为不满，在班上公然向学生索要礼物并谩骂学生。④ 这一事件被媒体曝光后，社会一片哗然，人类灵魂的工程师、太阳底下最光辉的职业受到玷污。另据《辽宁晚报》报道，2016 年 3 月份，沈阳市集中对部分医疗机构开展收受“红包”现象突击式调查，2 名顶风违纪收受“红包”的医务人员，除被处罚

① 梁书斌：《哈尔滨一高校学生向境外出卖情报》，《人民日报》，2014 年 8 月 7 日。

② 《益阳沅江发生学生伤害教师致死事件》，《长沙晚报》，2017 年 11 月 12 日。

③ 《八高官落马，制度和价值观双困局》，《环球时报》，2014 年 4 月 26 日。

④ 肖劲彪：《中学老师教师节未收到礼物骂学生一节课 学生现场凑钱》，《黑龙江晨报》，2014 年 9 月 13 日。

外，还被撤职、调离岗位。① 2019 年 9 月 22 日，一则视频爆红，视频显示，山西省洪洞县某医院的手术室内，医生公然收取患者一沓厚厚的钱。据了解，62 岁的韩某在做手术时，被医院收取 1 万元，据称是给专家的“专家费”。然而，医生收了钱却没有给任何收据。当地卫生部门立即介入调查，涉事的医生被停职接受调查。②

第三，文明行为欠缺。我国素有“礼仪之邦”的美誉，讲“礼”重“仪”是中华民族的优秀传统，“礼”在我国古代用于定亲疏、决嫌疑、别同异、明是非，“礼仪”“礼节”已经成为一个人、一个社会、一个国家文明程度的表征和直观展现，是一个人为人处世的根本，也是治国之本。然而，在一些人身上，看不到“礼”的足迹，“重礼”之风已今非昔比：市场上卖东西有人缺斤少两，卖注水肉；大街上有人乱扔垃圾，甚至随地大小便；公交车上有人挤占老弱病残孕专座；校园里有人随意毁坏公共设施；开车抢道、占道；行人不走人行道、乱翻栏杆。2013 年 3 月 20 日，河北省迁安市文明办公布了该市“十大不文明行为”评议结果。在市民评议出的不文明行为黑榜中，随地吐痰、乱扔垃圾居首位，公厕用完后不冲水、不遵守交通规则、禁烟场所吸烟、故意毁损公共设施、遛狗不拴犬链、高空抛物倒水、夜间行车不关远光灯、乱写乱画、乱张贴小广告等也榜上有名，成为市民最反感的“十大不文明行为”。③ 这些不文明行为，从一个侧面反映了部分市民个人道德品质方面的不良与缺失。另外，一些中国富人的低素质也造成了不良影响。《参考消息》在 2006 年 8 月 11 日转载了一个报道：“香港迪士尼乐园 9 月中旬热闹开园，第二天登上媒体的不只是欢欣的画面，还有大陆游客插队、蹲踞路边，小孩随地大小便等负面消息”，“连这次来台的大陆赴台旅游考察团官员，也出现在饭店禁烟区抽烟的情况，能出境的多数是 13 亿人口中的中高

---

① 《沈阳查医生收红包 两名违纪医生被撤职和调岗》，《辽沈晚报》，2016 年 4 月 1 日。

② 《又有医生收红包被停职》，搜狐新闻网，http://www.sohu.com/a/342539045_100092991，2019 年 9 月 22 日。

③ 全小松、蔡畔、张光明：《唐山迁安市：全城群众热评“十大不文明行为”》，《中国日报》，2013 年 3 月 13 日。

收入者，但有钱并不代表素质。”[①] 这个报道引起了我国国家领导人的高度关注，原中央政治局常委李长春对这一情况进行批示：“提高我国公民文明习惯，除社会上的宣传教育以外，还要进一步研究切入点，其中旅游就是一个很好的切入点。”[②] 无独有偶，2014 年 4 月 15 日，一对大陆夫妻与儿子在香港旺角旅游期间，因小孩要方便无法及时等到进卫生间，这对夫妻让小孩在街头方便。这一情景刚好被一个路过的香港青年看到，该青年对小孩当街方便过程进行拍摄，双方发生口角并发生肢体冲突。这一事件在内地和香港引发争论。[③] 另据媒体报道，2014 年 7 月份，一架从北京飞往底特律的飞机上，有个小男孩要大便，同行的爷爷奶奶和父母竟然在座位上铺了张报纸，让孩子在众目睽睽之下大便。旁边的乘客和空姐都劝家长把孩子带到洗手间去，但孩子的爷爷坚持要让孩子拉在座位的报纸上，臭味弥漫了整个机舱，机上乘客怨声四起。[④] 中央电视台新闻频道从 2014 年 7 月开始每天播出的提示我国公民出境游要遵守“不要随地吐痰”“不要乱写乱画”“不要在公共场所大声喧哗”等公民基本道德规范，就是对这些不文明行为的重视和纠正。据浙江新闻网报道，2018 年 3 月，由温州市文明办对“市民最厌恶不文明行为”进行问卷调查，收集意见、建议 10 万多条，全市共有 30 万余人次参与。调查结果显示，市民最厌恶的不文明行为中，“随地大小便”以 21.5 万人次投票高居榜首，“机动车加塞抢行”等不文明行为以 19.8 万票位列第二，“公共场所衣衫不整、大声喧哗”等行为以 19.6 万票紧随其后，[⑤] 这些不文明行为为市民深恶痛绝。2019 年 5 月，北京市公园管理中心首次向市旅游主管部门报送采挖竹笋、非法揽客、倒卖门票等 4 例旅游不文明行为，涉及的 4 名游客已被列入“旅游不文明行为记录”，采取了罚款、行政拘留、“限制购票参观景区”等联合惩戒措施，这 4 名游客纳入旅游不文明游客记录信息保存期

---

① 石岩、马捷婷：《中国游客海外不文明行为震动高层》，《南方周末》，2006 年 9 月 28 日。

② 同上。

③ 潘珊菊：《内地小孩香港街头小便引冲突》，《京华时报》，2014 年 4 月 23 日。

④ 《华裔家长飞机座位上让孩子当众大便》，《世界日报》，2014 年 7 月 23 日。

⑤ 《温州市民最厌恶不文明行为排行出炉》，浙江新闻网，http://zjnews.zjol.com.cn/zjnews/wznews/201803/t20180313_6783526.shtml，2018 年 3 月 13 日。

限均为 3 年。①

第四，心理问题突出。随着人们工作、生活、人际关系及竞争等方面压力的增大，人们的心理疾病也随之增加，心理问题成为困扰人们的一大障碍，日益成为社会的一大危害。我国目前有各类精神疾病患者超过 1 亿，重症精神病患者超过 1600 万。这意味着我国每 13 个人中就有 1 个是精神障碍患者，不到 100 人中，就有 1 个是重症精神障碍患者。而令人担心的是，我国仅有不足 20% 的重症精神病患者能够接受系统、有效治疗。② 精神病患者的不正常行为对社会造成了一定影响。统计显示，精神病患者的肇事率为 10%，其社会危害行为不容忽视。有关法律人士曾对精神病人的刑事犯罪进行过统计，发现杀人的占 91%，平均每名被监管的精神病患者杀 1.85 人，最多的杀死 7 人。③ 在失控状态下行凶杀人，这样的事件近年来屡见不鲜，成为无辜不确定人群致死致伤致残的“第一杀手”：2010 年，广西一名精神病男子用柴刀砍杀小学生，导致 3 死 13 伤；2012 年 5 月，湖北省黄石一名患有边缘型人格障碍症的母亲将 4 岁女儿活活掐死；2012 年 8 月 23 日，安徽省阜阳市临泉县一名 32 岁的精神病患者趁母亲熟睡之际，把母亲的双手垫在木板上，用家中的菜刀剁去 8 根手指；2012 年 10 月 22 日，广州海珠区西畔里大街一名患有精神疾病的 23 岁男青年在与父母的冲突中，杀死父亲、砍伤母亲；2013 年 5 月 25 日，一名有厌世情绪的男子在广西南宁市良庆区五象岭牛角山上，看到 3 名老人躺在吊床上闲聊，心理失衡，拔出尖刀将 3 人先后杀害。这些精神病人的非正常行为给社会造成了极大危害。2017 年 7 月 16 日晚，深圳公安局宝安分局发布通报称，宝安区西乡金港华庭沃尔玛超市内，一名精神病男子持菜刀砍人，造成 2 人死亡，9 人受伤。④ 2017 年 2 月 23 日，陕西绥德一名 62 岁的“精神病人”将 47 岁的女邻居及其 6 岁的女儿当街砍杀。而他上一次行凶是 21 年前，妻子和 4 名未成年儿女，倒在了他的刀斧之下。⑤ 另外，近年

① 《北京 4 名游客被列入旅游不文明行为记录》，《北京日报》，2019 年 5 月 29 日。

② 《社会要早给精神疾病打“预防针”》，《北京青年报》，2005 年 3 月 29 日。

③ 同上。

④ 《精神病人持刀砍人，精神疾病并不是免死金牌》，搜狐新闻网，https：//www.sohu.com/a/158644770_718984，2017 年 7 月 20 日。

⑤ 《身负 5 人命案 21 年 绥德“精神病人”再杀人》，《北京青年报》，2017 年 3 月 21 日。

来，由于心理发育不健全，青少年犯罪率居高不下，已经引起社会的广泛关注。在这些青少年身上，表现出来的主要问题是没有人生理想与追求，没有生活目标与动力，并且缺少教育和管束，从而使这些青少年在社会上打架斗殴，还有很多整天沉迷于网吧，有的甚至是吸毒、盗窃、强奸，最终走上犯罪道路。据报道，2014 年 7 月 22 日，湖南醴陵市一个高二学生在一个女生家中看电视时，被电视剧中男女主角亲热镜头影响，在提出与同看电视的女孩发生性关系遭到拒绝后，便强行猥亵女生，又因害怕被告发，最后竟然将这个女孩活活砍死。① 2014 年 9 月 2 日，湖南郴州市汝城县公安局城关派出所组织民警对娱乐场所进行突击检查。民警在检查中发现，有一个 KTV 包厢里的几十名青年男女在吸毒，其中有 16 名吸毒人员是未成年人，年龄最小的才 14 岁。这些未成年人辍学在家，平时游手好闲，生活无聊到处寻求刺激。②还有的独生子女或青年人以自我为中心，极端自私，心理承受能力差，稍有不如意，就产生报复心理或“厌世”心理，甚至跳楼自杀。在 2010 年 1 月至 11 月的近一年时间里，富士康发生 14 起跳楼事件，引起社会各界乃至全球的关注。③ 跳楼者多为 20 岁左右的 90 后年轻人，媒体多把目光盯在富士康的管理上，实质上，这些年轻人的心理年龄、逆境心理承受力差也可能是跳楼的原因。2010 年 12 月，某大学学生在登山遇险获救后，对为救自己而牺牲的民警表现出冷漠的态度，还有获救者甚至抱怨说，“公众舆论为何揪住几个学生不放?”④ 这些学生被媒体评论为“过分理性，即是冷血”。这些学生的所谓“理性”，其实质是一种缺乏“感恩之心、回馈之情”的表现，是一种心理素质不佳的表现。2018 年，有专家深刻剖析了现代年轻人面临的七大心理问题：心理问题一：无爱症——“我根本不会爱别人”；心理问题二：恋爱受挫——“分手却不懂失恋”；心理问题三：择业混乱——“不知道自己到底要什么”；心理问题四：社交恐惧——“内向的罪，还是外向惹的祸?”心理问题五：恐

---

① 《醴陵 17 岁少年猥亵 10 岁堂妹 怕被告发将其砍死》，新华网，http://www.hn.xinhuanet.com/2014-08/05/c_1111947817.htm，2014 年 8 月 5 日。

② 《汝城 35 人聚众吸毒被抓》，《三湘都市报》，2014 年 9 月 6 日。

③ 《富士康郭台铭：员工自杀 9 成是自身原因》，中国网，http://www.china.com.cn，2014 年 7 月 2 日。

④ 龙婧、路琳娜：《复旦“黄山门”背后的冷暖是非》，《时代周报》，2010 年 12 月 23 日。

婚症——“害怕承担婚姻的责任”；心理问题六：抑郁情绪——“没意思，真没意思”；心理问题七：不想长大——“让我赖在童年吧”。① 这七大问题，在一定程度上反映了当代青年在工作、生活方面的压力及其在心理上存在的问题。

三、道德领域出现突出问题的主要原因

针对我国道德领域内的突出问题，理论界对其原因进行了一系列的研究和探讨，经过课题组对相关研究成果的梳理，理论界有代表性的研究观点和结论主要有这样几点：② 一是计划经济到市场经济的制度变迁对我国社会主义道德带来双重影响。为了推动社会主义市场经济持续、快速、健康发展，我国专门为这一制度开展了一系列的理念设计、制度健全和相关支撑机制的建立等，发生了重大的理念或制度变迁。这样，计划经济体制转变为市场经济体制，以及制度设计和执行市场经济体制的偏失、市场经济制度的不健全等，就成了道德冲突、道德不适和道德“失范”的主要根源。二是社会主义道德发挥作用的方式受到社会交往形态变化的冲击，在一定程度上影响和阻碍了我国道德建设的成效。社会交往形态是社会结构中对社会道德变迁有着重要影响和作用的因素。一方面，交往的对象是陌生人，大家不是来自同一个地方，不是受同一种文化的熏陶，大家的交往有着不同目的和方式；另一方面，社会交往的范围广、空间大，但是，相互交往的主体却都不熟悉甚至是陌生的，交往的环境或条件也是未知和偶然的，这就使社会交往及其形成的交往结构具有很鲜明的异质性。在这样的交往主体、环境条件下，交往双方很难形成身份认同、认可，从而对自身应尽的道德义务、道德责任出现淡化或缺失。尤为突出的是，现代社会网络化、虚拟化的交往方式，加速推动了道德“荒芜之地”的扩大及道德突出问题和不良现象的出现，在很大程度上影响了我国道德建设的成效。三是科技革命、信息技术的快速发展增大了道德风险，

---

① 《现代年轻人面临的七大心理问题》，网易新闻网，http：//dy. 163. com/v2/article/detail/DH1PMUO80529EJEP. html，2018 年 5 月 5 日。

② 龙静云：《当前我国道德领域的突出问题及其深层原因探析》，载《伦理学研究》，2013 年第 1 期；杜灵来：《当代中国道德建设实效性研究》，中国社会科学出版社 2008 年版，第 92－93 页。

导致了一系列新的道德问题的出现。科技革命和信息技术的快速发展及应用，如基因和生命技术的革新、网络技术的出现等，加重了社会道德风险程度，造成了大量的社会道德问题，传统的道德领域不断被突破、革新，给道德问题衍生带来了新方式或新渠道，高科技环境和条件下的道德失范便“自然而然”了。四是道德问题的滋长和蔓延受社会管理滞后的影响，管理问题导致道德问题。在我国社会主义现代建设过程中，各种社会问题和社会矛盾逐步显现出来，社会管理的形势更加严峻，管理的难度、复杂度逐步增大。虽然我国社会管理体制在社会主义现代建设过程中进行了一定的调整和优化，但传统的管理方式、方法和体制、机制仍然存在。这些问题与不足主要体现在管理理念落后、管理制度不完善、管理职能发挥不足等。社会管理体制、机制等方面存在的这些问题与不足，对我国经济、政治、文化和社会生活等方面的建设发展造成了一定的影响，从而导致了一系列道德问题的出现，社会主义道德建设的成效受到较大影响。① 五是道德建设的政治化、形式化倾向。首先，政治化倾向。政治化倾向在一定程度上影响了我国道德建设的实效性。我国以儒家思想为核心的传统伦理道德，在“罢黜百家，独尊儒术”之后，便形成了“政教合一”的发展范式，道德成为统治者控制社会、平衡矛盾、解决冲突的主要手段，道德成为治国之术，政治化了的道德担负起本应由法律承担的职责。从那时起，道德就以一种治理社会的工具出现，奠定了我国封建社会道德建设政治化的根基。但是，“国家化的政党伦理作为社会伦理，是自上而下由国家法律建构的伦理，它没有获得切实的社会性，即没有取得社会中个体自主的自愿认同。无论政党伦理的价值意涵何等地向善，没有个体意识的自愿认同，仅靠与强制性制度结构相结合的伦理教育或灌输，并不能保证取得个体自主的积极行为的支撑。政党伦理的社会化困难首先不在于其道德要求本身，而在于它的国体化性质杜绝了个体的自主伦理的责任意识的参与”。② 只有个体才是道德的主体，只有个体的自由意志才能作出道德判断，也只有在适当的社会氛围中，个体才能将自己的道德判断付诸实践。为

① 龙静云：《当前我国道德领域的突出问题及其深层原因探析》，载《伦理学研究》，2013年第1期。

② 刘智峰：《道德中国》，中国社会科学出版社1999年版，第69页。

实现某种道德理想状况而推行的政治化道德建设措施，恰恰破坏了道德调节的无形力量和道德形成的文化传统，结果只能是事与愿违，不能获得理想的建设效果，也无法达到理想的社会道德文明。其次，形式化倾向。道德建设要获得实效，必须“内化于心，外显于行”，将道德规范固化到个体的道德观念中，落实到个体的道德行动之上。不由个体的道德需求而生发、不由规则体系的内化而形成，任何的道德建设都是形式主义的，缺乏原动力的，是难以取得实效的。但是，在现实的道德建设过程中，许多地方存在着非常严重的形式主义问题，特别是有些政府主导下的建设活动，醉心于举办声势浩大的群众性运动，以“短”“平”“快”的方式取得突出“政绩”，其结果是“竹篮打水一场空”。① 理论界的这些研究结论，对我国“道德滑坡”“道德危机”发生的原因及道德建设实效性不强的原因等进行了较为深层次的分析和探讨，具有一定的科学、合理性，对有针对性地采取措施强化道德建设具有很强的指导意义。

当然，从不同的视角分析，还可以探讨出不同的问题根源。首先，我国从计划经济体制向社会主义市场经济体制的转变，必然会对传统的社会主义和共产主义道德观念，尤其是对集体主义道德原则带来一定的冲击，从而影响道德建设的实效，导致“道德滑坡”“道德危机”的出现。恩格斯指出：“每一个社会的经济关系首先是作为利益表现出来的”，② “人们自觉地或不自觉地，归根到底总是从他们阶级地位所依据的实际关系中——从他们进行生产和交换的经济关系中，吸取自己的道德观念”。③ 恩格斯认为，经济利益是道德的基础，道德观念是相应阶级的经济结构、经济关系的反映。我国当前是社会主义市场经济，市场经济是一种经济利益的博弈，“它以承认市场主体的私人利益差别为前提，竞争性与功利性是它的主要特征，等价交换为基础的价值规律是它统摄与调节一切经济活动的原则与尺度。这种竞争性与功利性的市场制度以及等价交换原则一旦渗透到人们的全部社会生活中，就难免诱发出人们恶劣的贪欲膨胀，引发整个社会行为的短期化和功利化。正如哈

① 杜灵来：《当代中国道德建设实效性研究》，中国社会科学出版社 2008 年版，第 92－93 页。

② 《马克思恩格斯选集》（第 3 卷），人民出版社，1995 年版，第 537 页。

③ 同上，第 133 页。

贝马斯所言，如今，市场语言无孔不入，把所有的人际关系都纳入以强调自我利益、自我优先权为导向的模式。”① 市场经济的利益性、竞争性、功利性及等价交换等基本特征，对人们的道德生活造成了较大影响和冲击，市场经济在客观上导致了人们对社会主义社会集体利益的怀疑和疏远，淡化了人们对集体主义道德的认同和追求，强化了人们的金钱观、利益观和贪图思想，纵容了人们的享乐主义、奢靡之风，导致道德领域内诚信缺失、弄虚作假等问题的出现。其次，我国在对外开放的过程中，西方各种社会思潮大量涌入，价值导向由一元走向多元，传统的道德观念和道德规范因受到冲击而发生偏离。对外开放，一方面是允许我国人民和世界其他各国人民在经济、政治和思想文化等诸多方面有更大自由的双向交流；另一方面是个人思想观念的开放，不再自我封闭、自我束缚。1979 年以后，我国对外开放的步伐加大，从封闭半封闭逐渐发展到全方位开放。在这个过程中，人们在呼吸到“新鲜空气”的同时，也将“苍蝇蚊子”放进来了。资本主义的意识形态和价值观念伴随着庞大的信息流注入我国社会，给我国人民以不同方式、不同程度的多元价值诱导和冲击。当然。这些价值导向中，有积极的、向上的，也有消极的、腐败的，比如，资产阶级个人主义、利己主义等消极的人生观、价值观和道德观，对我国社会主义道德造成强烈冲击。当今，国内有些人盲目推崇极端个人主义、拜金主义、享乐主义、实用主义等西方道德思想中的糟粕，就是因为受西方资产阶级腐朽思想的影响和侵蚀，导致我国道德领域内的价值观念偏离、理想信念淡薄等问题的出现。

第三节　加强道德建设的时代价值

在我国市场经济条件下，在我们党和国家提出全面建成小康社会、建设社会主义现代化强国的背景下，在向着实现中华民族伟大复兴“中国梦”的奋斗历程中，针对道德领域出现的突出问题及其原因，我们加强道德建设，是人心所向，具有重要的时代价值。

---

① 龙静云：《当前我国道德领域的突出问题及其深层原因探析》，载《伦理学研究》，2013 年第 1 期。

一、有利于加强道德领域突出问题专项教育和治理

党的十八大报告指出，我国“社会矛盾明显增多，教育、就业、社会保障、医疗、住房、生态环境、食品药品安全、安全生产、社会治安、执法司法等关系群众切身利益的问题较多，部分群众生活比较困难；一些领域存在道德失范、诚信缺失现象”,① 要“深入开展道德领域突出问题专项教育和治理，加强政务诚信、商务诚信、社会诚信和司法公信建设”。② 我们党和国家已经看到道德失范、诚信缺失问题的严重性，提出开展道德领域突出问题的专项教育和治理，这对我国道德建设提出了更加明确的目标和要求。党的十九大报告提出：“要提高人民思想觉悟、道德水准、文明素养，提高全社会文明程度。”习近平总书记提出要通过深入实施公民道德建设工程，推进社会公德、职业道德、家庭美德、个人品德建设，激励人们向上向善、孝老爱亲，强化社会责任意识、规则意识、奉献意识。尤其是中共中央、国务院颁布的《新时代公民道德建设实施纲要》，明确提出了道德领域突出问题的治理方式和途径，成为新时代道德建设的重要指针。

加强道德领域突出问题教育和治理，首先必须进一步推进社会主义和谐社会建设，或者是说，道德领域突出问题的专项教育和治理，其实质和目标就是和谐社会建设，和谐社会建设是道德建设的重要内容之一。建设社会主义和谐社会，一方面，就是要把我国建设成为“民主法治、公平正义、诚信友爱、充满活力、安定有序、人与自然和谐相处的社会”,③ 另一方面，就是要把我国建设成为一个大力弘扬中华民族传统美德、具有良好道德文明风尚的社会。一个社会的道德建设状况，是社会和谐程度的重要标志。引导人们确立良好的道德观念、践行良好的道德行为，构建优越的道德环境和道德氛围，推动文明道德风尚的形成，是实现社会主义和谐社会的根本保障。要想使我国社会的道德规范成为改变社会道德现状和风貌的强大力量，必须将规

① 胡锦涛：《坚定不移沿着中国特色社会主义道路前进 为全面建成小康社会而奋斗——在中国共产党第十八次全国代表大会上的报告》，2012 年 11 月 8 日。

② 同上。

③ 王继全：《马克思主义利益观视阈中的思想政治教育》（苏州大学博士论文），2012 年 9 月 1 日。

范内化为人们的道德情感和道德意志，外化为人们的道德责任和道德实践。

要建设和谐社会，从道德建设的角度来说，就必须开展道德领域突出问题教育和治理，这就要求我们在道德建设过程中，必须按照党的十八大报告所要求的“坚持依法治国和以德治国相结合，加强社会公德、职业道德、家庭美德、个人品德教育，弘扬中华传统美德，弘扬时代新风。推进公民道德建设工程，弘扬真善美、贬斥假恶丑，引导人们自觉履行法定义务、社会责任、家庭责任，营造劳动光荣、创造伟大的社会氛围，培育知荣辱、讲正气、作奉献、促和谐的良好风尚”。① 只有将依法治国与以德治国结合起来，大力开展“四德”教育，积极弘扬社会正气，才能推动社会文明风尚的好转。近年来，我国对各种先进道德模范事迹进行了大力宣传，并开展了道德模范的评选和表彰活动，广大人民群众在一定程度上被道德人物的先进事迹和优秀品质鼓舞和激励，团结友爱、诚实守信、互帮互助的社会风气已初步显现，和谐、文明的社会风尚逐步形成，对道德领域突出问题开展了一定程度的教育和治理，对社会主义和谐社会建设发挥了一定的促进作用。今后，还需进一步加大教育和治理力度，积极推进道德建设取得突破性进展和实效。

二、有利于培育和践行社会主义核心价值观

社会主义核心价值观是社会主义核心价值体系的内核，体现社会主义核心价值体系的根本性质和基本特征，反映社会主义核心价值体系的丰富内涵和实践要求，是社会主义核心价值体系的高度凝练和集中表达。党的十六届六中全会首次提出了社会主义核心价值体系建设的重大战略目标和任务。社会主义核心价值体系的基本内涵主要包括马克思主义指导思想、中国特色社会主义共同理想、以爱国主义为核心的民族精神和以改革创新为核心的时代精神、社会主义荣辱观。社会主义核心价值体系的基本内涵体现着社会主义道德建设的目标和要求，是社会主义道德建设的终极价值旨归。“社会主义核心价值体系，既体现了思想道德建设上的先进性要求，又体现了思想道德建设上的广泛性要求；既坚持了先进文化的前进方向，又符合不同层次群众的

① 胡锦涛：《坚定不移沿着中国特色社会主义道路前进 为全面建成小康社会而奋斗——在中国共产党第十八次全国代表大会上的报告》，2012 年 11 月 8 日。

思想状况；既体现了共同一致的愿望和追求，又涵盖了不同的群体和阶层”。[①] 在此基础上，党的十八大报告提出了“三个倡导”：“倡导富强、民主、文明、和谐，倡导自由、平等、公正、法治，倡导爱国、敬业、诚信、友善，积极培育和践行社会主义核心价值观。”[②] 十八大报告用24个字，分别从国家、社会、公民三个层面，高度精练地指出了社会主义核心价值观的具体内容、基本要求和任务、目标，提出了社会主义核心价值体系建设的现实着力点，对社会主义核心价值体系建设进行了新部署、提出了新要求。2017年10月18日，习近平总书记在十九大报告中指出，要培育和践行社会主义核心价值观，要以培养担当民族复兴大任的时代新人为着眼点，强化教育引导、实践养成、制度保障，发挥社会主义核心价值观对国民教育、精神文明创建、精神文化产品创作生产传播的引领作用，把社会主义核心价值观融入社会发展各方面，转化为人们的情感认同和行为习惯。

社会主义核心价值观是当代中国精神的集中体现，凝结着全体人民共同的价值追求。我国已进入到全面深化改革发展的关键阶段，社会结构、经济体制、利益格局等进行了深刻的调整，推动人民群众的思想观念变化和更新。伴随这一调整和变化，各种类型的社会思潮开始激荡，形形色色的价值观念大量出现，促使我们必须以社会主义核心价值观来引领社会思潮，为我国各项建设事业创设良好的社会环境，推动中国特色社会主义事业持续、快速、健康发展。2014年2月24日，习近平总书记在主持中央政治局第十三次集体学习时指出：“把培育和弘扬社会主义核心价值观作为凝魂聚气、强基固本的基础工程，继承和发扬中华优秀传统文化和传统美德，广泛开展社会主义核心价值观宣传教育，不断夯实中国特色社会主义的思想道德基础。”2018年8月21日，习近平总书记在全国宣传思想工作会议上进一步强调指出：“要强化教育引导、实践养成、制度保障，把社会主义核心价值观融入社会发展各方面，引导全体人民自觉践行。”加强社会主义道德建设，能有效推动社会主义核心价值体系建设步伐，促进社会主义核心价值体系时代化、大众化，帮

① 章传家、张理海：《坚持以社会主义核心价值体系引领社会思潮》，《光明日报》，2006年12月16日。

② 胡锦涛：《坚定不移沿着中国特色社会主义道路前进 为全面建成小康社会而奋斗——在中国共产党第十八次全国代表大会上的报告》，2012年11月8日。

助人们树立正确的道德观念，指导人们树立正确的世界观、人生观、价值观，不断增强道德责任感和道德选择能力，激励人们确立马克思主义指导思想和共产主义信仰，正确处理义与利、奉献与索取、个人与集体之间的关系，坚定中国特色社会主义共同理想，以加强道德建设为抓手，大力开展社会主义核心价值体系和社会主义核心价值观的培育，用社会主义核心价值体系、社会主义核心价值观武装广大人民，进而在更大程度和广度、深度上推动社会主义核心价值深入人心，成为全体人民的自觉行为规范。2018 年 3 月 11 日，第十三届全国人民代表大会第一次会议通过中华人民共和国宪法修正案，将“国家提倡爱祖国、爱人民、爱劳动、爱科学、爱社会主义的公德”修改为“国家倡导社会主义核心价值观，提倡爱祖国、爱人民、爱劳动、爱科学、爱社会主义的公德”，这对于积极培育和践行社会主义核心价值观，促进人的全面发展、引领社会全面进步，对于集聚全面建成小康社会、实现中华民族伟大复兴“中国梦”的强大正能量，具有重要现实意义和深远历史意义。

三、有利于中华民族伟大复兴“中国梦”实现

2012 年 11 月 29 日，习近平总书记在参观国家博物馆“复兴之路”展览时向世界宣告：“实现中华民族伟大复兴，就是中华民族近代以来最伟大的梦想”；2013 年 3 月 7 日，习近平总书记再次强调：“实现中华民族伟大复兴的中国梦，就是要实现国家富强、民族振兴、人民幸福。”① 2015 年 12 月 30 日，中央政治局就中华民族爱国主义精神的历史形成和发展进行第二十九次集体学习。习近平总书记在主持学习时强调，伟大的事业需要伟大的精神，实现中华民族伟大复兴的“中国梦”，是当代中国爱国主义的鲜明主题。要大力弘扬伟大爱国主义精神，大力弘扬以改革创新为核心的时代精神，为实现中华民族伟大复兴的“中国梦”提供共同精神支柱和强大精神动力。② 此后，习近平总书记在多个场合、多次提及“中国梦”，在十九大报告中，“中国梦”更是出现 13 次

① 蓝蔚青：《中国梦：历史必由之路与社会主义价值理想的统一》，载《观察与思考》，2013 年第 17 期。

② 《大力弘扬伟大爱国主义精神　为实现中国梦提供精神支柱》，《人民日报》，2015 年 12 月 31 日。

之多。“中国梦”凝聚着中国人民对美好生活的期盼，凝聚着中华儿女对民族复兴的希望。

“中国梦”的提出，为中国特色社会主义建设指明了奋斗方向：“在中国共产党成立一百年时全面建成小康社会”，“在新中国成立一百年时建成富强、民主、文明、和谐、美丽的社会主义现代化强国。”① 目标是宏伟的，梦想是美好的。然而，实现梦想的道路是艰难而又曲折的。在推动梦想实现的奋斗过程中，我们必须加强经济建设、政治建设、文化建设、社会建设和生态文明建设，这是建设中国特色社会主义的“五位一体”总体布局。其中，文化建设包含着道德文化建设，推进道德文化建设是推进我国文化体制改革的重要内容和关键环节。但是，道德文化建设是我国文化建设中的薄弱环节。温家宝曾经深刻指出，我国改革开放以来，文化建设有了很大的进步，但是，当前文化建设特别是道德文化建设与经济发展还不相适应，相继发生的“毒奶粉”“瘦肉精”“地沟油”等事件表明，我国诚信缺失、道德滑坡现象较为严重。要把加强同市场经济、民主法治、和谐社会建设相适应的道德文化建设放到更加突出、更加重要的位置上来，在全社会大力加强道德文化建设，形成讲诚信、讲责任、讲良心的强大舆论氛围。这不仅是维护正常生产生活和社会秩序的需要，也有利于从根本上铲除滋生唯利是图、坑蒙拐骗、贪赃枉法等丑恶和腐败行为的土壤。② 2014 年 5 月 4 日，习近平总书记在北京大学师生座谈会上强调，道德之于个人、之于社会，都具有基础性意义，做人做事第一位的是崇德修身。这就是我们的用人标准为什么是德才兼备、以德为先，因为德是首要、是方向，一个人只有明大德、守公德、严私德，其才方能用得其所。2018 年 8 月 21 日，习近平总书记在全国宣传思想工作会议上强调，要大力弘扬时代新风，加强思想道德建设，深入实施公民道德建设工程，加强和改进思想政治工作，推进新时代文明实践中心建设，不断提升人民思想觉悟、道德水准、文明素养和全社会文明程度。为此，必须加强道德建设，一方面，是加强诚信建设、扭转社会不良风气、建设和谐社会的需要；另一方面，是推进道德文化体制改革、推进

---

① 胡锦涛：《坚定不移沿着中国特色社会主义道路前进 为全面建成小康社会而奋斗——在中国共产党第十八次全国代表大会上的报告》，2012 年 11 月 8 日。

② 黄金鲁克、双华斌：《诚信：和谐社会“伤不起”》，《中国教育报》，2011 年 5 月 10 日。

“五位一体”协调发展、实现“中国梦”的需要。必须切实加强社会主义道德建设，为实现中华民族伟大复兴“中国梦”凝心铸魂。

四、有利于实现人的自由而全面发展

人的自由全面发展是社会主义的本质规定，是社会主义道德建设的价值诉求，是社会发展的孜孜追求和终极目标。马克思、恩格斯在《共产党宣言》中指出：“代替那存在着阶级和阶级对立的资产阶级旧社会的，将是这样一个联合体，在那里，每个人的自由发展是一切人的自由发展的条件。”① 马克思、恩格斯同时明确指出：“任何人的职责、使命、任务就是全面发展自己的一切能力，其中也包括思维的能力”，② “无产阶级的运动是绝大多数人的、为绝大多数人谋利益的独立的运动”，在未来社会“生产将以所有的人富裕为目的。”毛泽东提出了“德、智、体”全面发展理论，邓小平把“有理想、有道德、有文化、有纪律”作为人的全面发展的内容，并提出社会主义的本质，是解放生产力，发展生产力，消灭剥削，消除两极分化，最终达到共同富裕；江泽民指出：“共产主义社会，将是物质财富极大丰富，人民精神境界极大提高，每个人自由而全面发展的社会”，“促进人的全面发展，这就是马克思主义关于建设社会主义新社会的本质要求，我们要在社会主义社会物质文明和精神文明的基础上，不断推进人的全面发展。”③ 党的十八届五中全会鲜明提出要坚持以人民为中心的发展思想，把增进人民福祉、促进人的全面发展、朝着共同富裕方向稳步前进作为经济发展的出发点和落脚点。习近平总书记在党的十九大报告中指出：“我们要在继续推动发展的基础上，着力解决好发展不平衡不充分问题，大力提升发展质量和效益，更好满足人民在经济、政治、文化、社会、生态等方面日益增长的需要，更好推动人的全面发展、社会全面进步。”习近平总书记同时指出：“必须多谋民生之利、多解民生之忧，在发展中补齐民生短板、促进社会公平正义，在幼有所育、学有所

① 《马克思恩格斯选集》第1卷，人民出版社1995年版，第294页。

② 《马克思恩格斯全集》第3卷，人民出版社1960年版，第330页。

③ 江泽民：《在庆祝中国共产党成立八十周年大会上的讲话》，人民出版社2001年版，第7页。

教、劳有所得、病有所医、老有所养、住有所居、弱有所扶上不断取得新进展，深入开展脱贫攻坚，保证全体人民在共建共享发展中有更多获得感，不断促进人的全面发展、全体人民共同富裕。”

从马克思主义经典作家的上述阐述，我们可以看出，作为人的发展的一种理想目标和追求，其发展的内容、要求、任务、目标，以及发展的方式、手段等，都与道德建设的任务、要求、手段有很多的契合点。除此之外，我党“以人为本”的执政理念，与马克思、恩格斯的人的自由而全面发展理论有着不可分割的内在逻辑关系，他们的理论基础都是辩证唯物主义和历史唯物主义，他们的理论都体现了主体价值观与社会历史观高度的辩证统一，都是科学的理论或理念。胡锦涛在党的十七大报告中，对“以人为本”的科学发展观进行了明确界定：“科学发展观，第一要义是发展，核心是以人为本，基本要求是全面协调可持续，根本方法是统筹兼顾。”① 习近平提出的“中国梦”，其内涵之一，就是要实现“人民幸福”，而要实现这一目标，“以人为本”“实现人的自由而全面发展”应是其中的基本要义，“让每一个中国人都有出彩的机会”就是“以人为本”“实现人的自由而全面发展”的具体体现。道德素质是人的全面发展不可或缺的重要内容。对此，马克思曾经打过这样一个深刻比喻：“饥饿总是饥饿，但是用刀叉吃熟肉来解除的饥饿不同于用手、指甲和牙齿啃生肉来解除的饥饿。”② 人是社会关系的产物，“有意识的生命活动把人同动物的生命活动直接区别开来。正是由于这一点，人才是类存在物。”③ 道德是人类有意识的生命活动方式之一，它发端于人的需要，同时伴随着人的需要而发展。没有道德上的发展，人就不可能实现全面发展。道德是实现人的自由而全面发展的必要条件。因而，我们将促进人的自由全面发展作为价值目标，就必须大力加强道德建设，在道德的文明进步中不断实现人的自由而全面发展。

① 胡锦涛：《高举中国特色社会主义伟大旗帜　为夺取全面建设小康社会新胜利而奋斗——在中国共产党第十七次全国代表大会上的报告》，人民出版社 2007 年版，第 10 页。

② 《马克思恩格斯全集》第 46 卷上册，人民出版社 1979 年版，第 29 页。

③ 同上，第 96 页。

第二章

我国道德建设的“助推器”——志愿服务

我国社会的历史性变革和深刻转型，以及道德建设存在的政治化和形式化倾向等问题，由此带来的道德状况的纷繁复杂、道德领域内出现突出问题，需要新的体制机制予以弥补和解决。在道德领域专项教育和治理行动中，作为“第三部门”的民间志愿组织，其开展的志愿服务行动，发挥着重要的辅助和补充作用，担当起道德建设的“助推器”作用。“志愿服务是人类社会普遍存在的一种精神需求，它既是人类社会公共生活发展的需要，也是社会主义社会建设的需要，更是提升人们精神生活层次的需要”。① 2019 年 7 月 23 日，习近平总书记致信祝贺中国志愿服务联合会第二届会员代表大会召开的时候指出，志愿服务是社会文明进步的重要标志，广大志愿者、志愿服务组织、志愿服务工作者弘扬和践行社会主义核心价值观，走进社区、走进乡村、走进基层，为他人送温暖、为社会作贡献，充分彰显了理想信念、爱心善意、责任担当，成为人民有信仰、国家有力量、民族有希望的生动体现。习近平总书记充分肯定了志愿服务的重大意义。中央精神文明建设指导委员会在《关于深入开展志愿服务活动的意见》中指出：“志愿服务体现着公民的社会责任意识，是人们自觉为他人和社会服务、共同建设美好生活的生动实践，是现代社会文明程度的重要标志，是新形势下推进精神文明建设的有效途径”，②“志愿服务领域宽、渠道广，能够广泛动员社会资源，有效弥补政府

---

① 佘双好：《志愿服务概论》，武汉大学出版社 2013 年版，第 1 页。

② 中央精神文明建设指导委员会：《关于深入开展志愿服务活动的意见》（中央文明委〔2008〕6 号），2008 年 10 月 6 日。

服务和市场服务的不足，为政府分忧、为百姓解难”。① 志愿服务的这些特点和优势，使其在道德建设中有着独特的功能表现，能在一定程度上消解道德建设中的问题与不足，助推道德建设取得实效。

第一节　志愿服务及其相关概念内涵界定

与“志愿服务”相关的概念主要有“志愿者”“志愿组织”和“志愿精神”等，它们之间有着紧密的内在关联。其中，志愿服务是志愿者、志愿组织开展的行动或活动；志愿者是志愿服务的行为主体；志愿组织是志愿服务的组织化形式；志愿精神是志愿者的行为动机，是志愿服务的核心行为理念，是志愿组织的宗旨和“旗帜”。

一、志愿服务

志愿服务（Volunteer Service）最早出现在西方。联合国前秘书长科菲·安南曾对“志愿服务”的内涵作过界定：“利用自己的时间、自己的技能、自己的资源、自己的善心为邻居、社区、社会提供非营利、非职业化援助的行为。”② 一些学者和组织也对志愿服务作出自己的界定：美国学者 Barker 认为，“志愿服务是为追求公共利益而提供的服务”，③ 强调对公共利益的追求；英国学者 Bills 和 Harris 将其定义为“一种有组织的利他行为”，④ 强调志愿服务的社会动机。而另一位英国学者 Dunn 则认为，“志愿服务是出于社会公益责任的自愿行为，具有无偿利他、非强迫参与等特点，表达的是人与人之间互动及社会文化、民主与经济发展的过程”。⑤ 国外学者对志愿服务的理解及

① 中央精神文明建设指导委员会：《关于深入开展志愿服务活动的意见》（中央文明委〔2008〕6号），2008年10月6日。

② 共青团北京市委员会、北京青年研究会：《志愿者形象及其社会影响》，人民出版社2009年版，第4页。

③ Barker，R. L. The Social Work Dictionary. New York：National Association of Social Work. 1998，P. 348.

④ Bills，D & Harris，M. Voluntary Agencies：Challenges of Organiza tion and Managenment. London：Macmillan Press Ltd，1996，P. 287.

⑤ Dunn，P. C. Volunteer management. In Encyclopedia of Social Work（19th），1995，p. 2843.

其界定，都强调了“志愿”“责任”“无偿”等基本特征及志愿服务的行为动机。对于这些，从《全球志愿者宣言》可以得到明确的印证。国际志愿者协会（IAVE）于2001年1月14日至18日在荷兰阿姆斯特丹召开第十六届世界年会，《全球志愿者宣言》（*The Universal Declaration on Volunteering*）在这次大会上获得一致同意。宣言指出：“志愿者行动是一种具有非凡创造性的力量，志愿服务有助于：建立一个健康、持续发展的社区，尊重人类价值；使人们充分享有权利，不断改善生活；解决社会、文化、经济与环境问题，并通过加强全球合作，建设一个更加人道、更加公正的社会。”① 宣言认为：“在这个持续变迁的全球化时代，世界正在变得越来越小，越来越相互依存，也越来越复杂。通过志愿服务的参与，无论是个人或集体行动，可以达到以下的目标：维护及强化社区、关怀及服务等各种人道价值观念；每个人作为社会的一个成员，都可以享受权利，履行义务，并可以终生学习及成长，充分发挥个人潜能；消除差别，加强沟通，使我们得以生活在一个健康、持续发展的社会中，齐心协力，开拓创新，迎接我们共同面对的挑战，塑造我们共同的未来。”② 在这个宣言中，志愿服务的行动理念及其宗旨目标得到了突出体现，即合作、沟通、团结、发展及尊重人类价值、改善人民生活、发挥个人潜能等。联合国还确定了三项志愿服务的标准：“不是为了获取经济上的利益而参加志愿工作；出于本人的自由意志；为第三方和志愿者给予精神回报。”③ 这些标准明确地将志愿服务区别于其他社会组织活动，即是不是为了获得物质报酬，是不是出于自愿，是不是能推动社会、他人和自我文明进步。

在我国，有学者指出：“志愿服务也被称为志愿工作，是指个人不计报酬，自愿贡献出时间、精力或技能、财富等，为了推动人类发展、促进社会进步、完善社会福利、参与公共生活而提供的服务。”④ “是指不以营利为目

① 国际志愿者协会：《全球志愿者宣言》（2001年在第十六届世界志愿者大会上经国际志愿者协会理事会通过）。

② 同上。

③ 马克·A. 缪其克、约翰·威尔逊著，魏娜等译：《志愿者》，中国人民大学出版社2013年版，第10页。

④ 王洪松：《当代中国的志愿服务与公民社会建设》（中国政法大学博士论文），2011年10月1日。

的，基于利他动机，自愿、无偿地贡献知识、体能、劳动、经验、技能及时间等，以增进他人的福利、提升个人价值、促进社会和谐与进步的服务活动"。① 我国台湾地区的"志愿服务法"提出，所谓志愿服务，是"民众出于自由意志，非基于个人义务或法律责任，秉诚心以知识、体能、劳力、经验、技术、时间等贡献社会，不以获取报酬为目的，以提高公共事务效能及增进社会公益所为之各项辅助性服务"。② 香港义务工作发展局将志愿服务界定为："任何志愿贡献个人的时间及精神，在不为任何物质报酬的情况下，为改善社会而提供的服务。"③ 我国学者对志愿服务的界定，也突出了"自愿""无偿""诚心""爱心""奉献""公益"等鲜明特征，将志愿组织与政府组织进行了明显区别，突显了志愿服务的独特优势。

综上所述，我们认为，所谓志愿服务，就是以服务社会为宗旨，以奉献社会、推动人类文明进步为目标，以开展公益性服务活动为途径和手段，独立于党政系统之外，具有非营利性、志愿性、公益性及利他性等基本特征服务活动。志愿服务为广大社会公众所推崇，得到广大社会公众的积极参与，在社会各领域产生了广泛而深远的作用和影响，是社会文明程度的重要标志之一，是社会健康状况的"晴雨表"。

二、志愿者

志愿者是志愿服务的主体。"志愿者"一词，最早起源于西方发达国家，其英文 Volunteer 来源于拉丁文 Valo 或 Velle，含义为"希望、决定或渴望"。联合国前秘书长科菲·安南曾经指出："志愿者是在不为物质报酬的情况下，基于道义、信念、良知、同情心和责任，为改进社会而提供服务，贡献个人的时间和精力的人或人群。"④ 在西方较为普遍的观点是，志愿者是职业之外的不受私人利益或强制法律驱使而致力于追求社会公益的人，其行为之目的在于改进社会、提供福利。我国颁布的《中国注册志愿者管理办法》，将志愿

① 莫于川主编：《中国志愿服务立法的新探索》，法律出版社 2009 年版，第 9 页。
② 同上。
③ 同上。
④ 共青团北京市委员会、北京青年研究会：《志愿者形象及其社会影响》，人民出版社 2009 年版，第 4 页。

者定义为："不为物质报酬，基于良知、信念和责任，志愿为社会和他人提供服务和帮助的人"；① 香港志愿者的称号是"义工"，台湾志愿者的称号是"志工"，志愿者开展的服务活动称为"义务工作"，"义工"或"志工"都是指自愿奉献自己的时间及精力、不以获取物质报酬为目的、致力于推动社会进步而开展公益性服务的人员。这些开展义务工作的志愿者具有如下几方面的基本特征：其一，志愿者是出于自愿而不是被迫地参加志愿服务，其意志和选择不受外界因素的强制；其二，志愿者从事志愿服务的动机不是获取物质报酬，而是社会公益，是社会和人类进步，他们的行为明显区别于追求个人利益最大化的经济行为；其三，志愿者从事志愿服务的目的是公益和利他，他们参与志愿服务是为了造福社会大众，改善社会和推动人类进步。②

综上所述，我们认为，志愿者就是那些不以物质报酬为目标、为追求和实现一定公益目标而无私奉献社会和他人的社会个体，"志愿""公益""奉献""爱心"是志愿者表现出来的四个突出特征。我国志愿者的主体是中学、大学等在校学生及青年群体，也有大量的公务员、公司职员、社区居民、离退休人员等。并且，志愿者不分年龄、性别，只要有爱心、有奉献精神，都可以特有的方式、途径参与到志愿服务队伍中。比如，2008 年北京奥运会城市志愿者当中，年龄最小的是 14 岁，年龄最大的 87 岁。③ 目前，我国最为活跃、规模最大、影响最广的是社区志愿者和青年志愿者这两支队伍，他们都有自己的组织体系，且大多与一定的政府组织联系在一起。总体来说，我国目前参与志愿服务的志愿者主要有四种类型：一是高校师生，特别是高校学生。随着高校扩招，越来越多的优秀青年进入大学学习，大学生开展的志愿服务，成为影响社会、辐射全国的公益事业，也成为大学生参加社会实践、进行自我教育的有效途径。他们不仅为校内师生、为周边群众提供服务，而且为山区农村、为西部边远地区提供服务。二是城市企事业单位的志愿者。

---

① 共青团中央：《中国注册志愿者管理办法》（中青发［2006］55 号），2006 年 11 月 7 日。

② 共青团北京市委员会、北京青年研究会：《志愿者形象及其社会影响》，人民出版社 2009 年版，第 3－4 页。

③ 魏娜 等：《经验·价值·影响——2008 北京奥运会、残奥会志愿者工作成果转化研究》，中国人民大学出版社 2010 年版，第 7 页。

他们有的组成志愿服务队，有的参加社会志愿组织，针对社会、社区的各种需求，提供形式多样、内容丰富的服务；三是城乡社区志愿者。他们在民政部门和社区机构的组织下，成立各种类型的志愿队伍，为身边的人与事提供服务。四是海外志愿团体。他们重视为社会、为他人提供专业化的服务，包括技术支持、智力支持、卫生及文化支持等。国际志愿人员前来中国服务的人数不多，但他们服务热情，敬业精神强，服务水平高，且大多数具有专业特长。

三、志愿组织

志愿组织也称为“民间组织”“慈善组织”“非政府组织”“非营利组织”等。在我国，最主要、最常用的称谓是“志愿组织”“民间组织”。

关于志愿组织的内涵界定，国内外各有不同。国外有一些学者从不同角度对志愿组织进行了界定，如彼得·德鲁克认为：“志愿组织是既非企业又非政府的机关，其目的是促进人与社会的变革，是向社会提供服务的部门。”① 美国著名的非营利组织研究专家萨拉蒙教授认为，凡是符合组织性、非政府性、非营利性、自治性和志愿性等五个特征或条件的组织都是志愿组织。其中，“组织性就是这些机构都有一定的制度和结构；非政府性就是这些机构都在制度上与国家相分离；非营利性就是这些机构都不向他们的经营者或所有者提供利润；自治性就是这些机构基本上是独立处理各自的事务；自愿性就是这些机构的成员不是法律要求而组成的，这些机构接受一定程度的时间和资金的自愿捐献。”② 萨拉蒙概括出的这些基本特征或条件完整而准确，能加深我们对志愿组织的特征和功能的进一步理解和把握。在我国，官方对志愿组织的界定是：“依法成立，从事志愿服务活动的非营利性社会组织，包括专门从事志愿服务活动的青年志愿者协会、义务工作联合会等非营利性社会组织和组织志愿服务活动的总工会、妇女联合会、残疾人联合会、红十字会等

① 彼得·德鲁克著：《非营利组织经营》，日本经济评论社 1997 年版，第 5 页。

② ［美］莱斯特·M. 萨拉蒙等著，贾西津、魏玉等译：《全球公民社会——非营利部门视界》，社会科学文献出版社 2002 年版，第 3－4 页。

社会团体。"① 有学者认为："志愿组织是指那些以服务大众为宗旨，不以营利为目的，具有合法免税资格和提供捐助人减免税的合法地位的组织"，②"它既不是政府，也不是企业"；③ 有学者认为，"志愿组织是不以营利为目的、主要开展公益性或互益性活动、独立于党政体系之外的正式的社会组织。这些组织具有不同程度的自治性与志愿公益性，不是宗教、政党、宗族组织。"④ 在香港，志愿组织被界定为："以推动义工服务和任用义工为主的机构、组织、社团或小组，界别可多元，如学校、社会福利服务、医疗、政治、环保、文娱康体、地区事务，皆有义工组织协助推动本地义务工作。"⑤ 上述界定，既包括注册的、经官方正式批准的志愿组织，也包括未在官方登记、未经官方正式批准的志愿组织，这些未正式注册的志愿组织我们称为"草根志愿组织"。但是，我们认为，不管是注册的或是未注册的，只要是符合以下界定的，都属于志愿组织：具有非政府性、独立性、合法性、非营利性、公益性、志愿性的非政党性质的、从事志愿服务、为实现一定社会公益目标而开展各种服务活动的社会组织。从不同的角度，志愿组织分为不同的类别。最基本的分类是按照志愿组织的性质划分，它分为公益性和互益性。其中，公益性组织主要是提供公共服务的组织，它的服务对象是社会中的不特定人员，包括会员制公益性组织和非会员制公益性组织。非会员制公益性组织又包括基金会和民办非营利学校、非营利医院、研究所、文化场馆、福利机构等在内的实体型社会服务机构，这些机构在现行法规体系中称为"民办非企业单位"。互益性组织的服务对象主要是组织成员，在现行法规体系中称为"社会团体"，主要包括行业协会、商会 、职业团体等经济性团体和学会、同学会、联谊会、兴趣团体等社会性团体及互助合作组织等。

---

① 《广州市志愿服务条例》（2008 年 9 月 25 日）。

② 邓国胜著：《非营利组织评估》，社会科学文献出版社 2001 年版，第 288 页。

③ 邓国胜著：《公益项目评估——以"幸福工程"为案例》，社会科学文献出版社 2003 年版，第 187 页。

④ 王名、刘培峰等著：《民间组织通论》，时事出版社 2004 年版，第 4 页。

⑤ 沈杰主编：《志愿行动：中国社会的探索与践行》，人民出版社 2009 年版，第 29 页。

四、志愿精神

“志愿精神”的英文翻译是“Volunteerism”。在2001年国际志愿者启动仪式上，联合国前秘书长科菲·安南指出：“志愿精神的核心是服务团结的理想和共同使这个世界变得更加美好的信念。”① 安南将志愿精神界定为“理想”“信念”，鲜明地体现出了志愿服务的本质特征。在我国，专家学者对志愿精神也有着较为深入的研究和探讨，从不同视角对志愿精神也进行了界定：所谓志愿精神，就是“志愿服务中所体现出来的精神特征，是志愿服务过程所遵循的理念、精神追求和价值体系，是志愿者所信守的价值、态度、情感和思想意识的总合”,② 是“一种自愿的、不为报酬和收入而参与人类发展、促进社会进步和完善社区工作的精神，是公众参与社会生活的一种非常重要的方式，在一些国家志愿精神是公民社会和公民社会组织的精髓”,③ 是“个人对生命价值、社会、人类和人生观的一种积极态度”，是“公众参与社会生活的一种重要的方式”,④ 是志愿组织或志愿者开展志愿服务的内在动力和价值支撑，是志愿服务的精髓。在我国，志愿精神的表述是“奉献、友爱、互助、进步”。其中，奉献、利他是志愿服务的核心和价值导向，互助、友爱是志愿服务的行动导向，个人和社会的进步是志愿服务的目标导向。⑤ 志愿精神作为是一种具体化或日常化的人文精神，是志愿服务的核心理念，它有三个明显特征：一是自愿性，二是公益性或非营利性，三是亲身参与性。作为旨在促进社区发展、社会进步和个人自身完善的价值观念和社会心理，志愿精神的外显就是志愿服务。21世纪的今天，在世界的各个角落，在社会生活的

---

① 共青团北京市委员会、北京青年研究会：《志愿者形象及其社会影响》，人民出版社2009年版，第4页。

② 王洪松：《当代中国的志愿服务与公民社会建设》（中国政法大学博士论文），2011年10月1日。

③ 丁元竹、江汛清：《志愿活动研究：类型、评价与管理》，天津人民出版社2001年版，第2页。

④ 穆青：《如何理解志愿服务与志愿精神》，载《北京青年政治学院学报》，2005年第3期。

⑤ 李培超、皮湘林：《构建和谐社会语境下的志愿精神的意义解读》，载《广西民族大学学报（哲学社会科学版）》，2009年第3期。

各个领域，都活跃着高举“志愿精神”大旗的志愿者忙碌而美丽的身影，他们在自己的志愿岗位上，不计名利，不图回报，在改善社区居民的生活质量、提高公民的道德素质、促进社会融合和谐乃至国际间的和平与发展等，都发挥了不可取代的重要作用，默默地传递着人间真情、播洒着人间真爱。对志愿者来说，内在驱动他们开展志愿服务的，不是利润动机，也不是权力诱惑，而是一种强烈的爱、同情心和对正义追求的志愿精神。全国青联原副主席卢雍政曾深刻指出：“志愿精神不仅应该成为和谐美好新生活的实现途径，更应成为这种和谐美好新生活的目的，它不是自然而然的产物，也不能够单纯凭借物质追求刺激而来，而是要经过社会建设长期的积累和每一个人艰苦而真诚的自我教育。因此，让志愿服务成为一种生活状态，既是开展志愿服务的不懈追求，又是享受充实人生的崇高境界。”① 当有一天，我们都将“奉献、友爱、互助、进步”的志愿精神融入日常生活的时候，当志愿服务成为我们真实的生活状态的时候，当志愿服务定格成现代化强国建设的亮丽风景的时候，我们的社会、我们的世界必将无限幸福美好。

第二节　志愿服务的蓬勃兴起

世界著名管理学大师彼得·德鲁克（Peter Drucher）认为：“20 世纪是市场经济的世纪，21 世纪是社会部门的世纪。”② 英国著名的政治学家约翰·克尼（John Keane）也预言：“21 世纪是公民社会的时代。”③ 社会的发展恰如所言。20 世纪 70 年代以来，一场席卷全球的“社团革命”奔涌而来，志愿组织快速地产生和发展，数量多、规模大，在世界各个国家的经济、政治、文化和社会生活产生了重大的作用和影响，形成政府、市场之外的“第三部门”。对此，美国学者萨拉蒙指出：“一场有组织的志愿运动和创建各种私人的、非营利的及非政府的组织的运动，正成为席卷全球的最引人注目的运动。

① 姜玉洪、李烨：《弘扬志愿文化 促进社会和谐——让志愿服务成为人的一种生存方式》，载《东北农业大学学报（社会科学版）》，2011 年第 5 期。

② 邓国胜等著：《民间组织评估体系——理论、方法与指标体系》，北京大学出版社 2007 年版，第 3 页。

③ 同上。

从北美、欧亚的发达国家到非洲、拉美和前苏联集团的发展中社会，民众正在创建各种团体、基金会和类似组织，去提供人道服务，促进基层社会经济发展，防止环境退化，保障公民权利，以及成百上千先前无人关注的或由国家承担的种种目标。……其结果是形成了一个遍及全球的第三领域”①。在全球化和全球“社团革命”的推动下，20 世纪 90 年代以来，我国公民结社意识日益浓厚，参与社会管理的要求日益强烈，志愿组织数量逐年增加，志愿服务范围日益广泛，作用和影响日益深远，对社会的发展发挥出巨大的促进作用，推动着社会的良性发展与道德进步。

一、西方国家志愿服务的产生和发展

志愿服务在西方国家的历史源远流长。根据英国著名学者迈克·赫德森的观点，志愿服务可以追溯到古罗马时期。古罗马时期的马尔库斯·图里乌斯·西塞罗曾经说过：“好心为迷路者带路的人，就像用自己的火把点燃别人的火把，他的火把不会因为点亮了朋友的火把而变得昏暗。”② 在这个形象的比喻中，“好心的指路人”就好像是具有爱心的志愿者，这些志愿者用他们的爱心和善意，为社会困难群体等需要帮助的人提供援助，帮助他人走出困境。而对于志愿者本人来说，虽然花费了时间、精力甚至是金钱财物等，但是，他们会因为付出而获得精神上的回报和愉悦。这就如我们中国经常所说的“我为人人，人人为我”，这正是志愿精神的体现。西方志愿精神来源于古老的宗教慈善思想。“慈善”一词有两种来源，一种来源是拉丁语“Caritas”，其含义是“对他人的爱”“对有需求的人或贫困的人行善和慷慨施舍”；另一种来源是希腊语“Philanthropy”，其含义是“对人类的爱”“增加人类福利的努力或倾向”。③ 从这两种来源及其含义分析，“慈善”都有“仁爱”“利他”“扶助”“公益”等内涵。慈善精神，它是人类最高境界的道德准则，慈善行为，是人类最高境界的道德活动。古希腊哲学家曾指出：“在一切德性之中，

---

① ［美］莱斯特·M. 萨拉蒙著，于海译：《第三域的兴起》，载李亚平、于海选编：《第三域的兴起》，复旦大学出版社 1998 年版，第 7 – 8 页。

② 佘双好：《志愿服务概论》，武汉大学出版社 2013 年版，第 21 页。

③ 楼慧心：《慈善活动及其社会利益调节功能》，载《伦理学研究》2009 年第 4 期。

慷慨可以说为人最钟爱，因为在给予中，可以有助于人。”① 西塞罗指出：“没有什么比仁慈和慷慨能够体现人性中最美好的东西了。”② 亚里士多德和西塞罗对“慷慨”“仁慈”道德行为和道德准则给予了高度肯定，而“慷慨”“仁慈”等也正是志愿服务的行动理念，是志愿精神的核心要义。英国早在十四五世纪发生的“圈地运动”，无数的农民流离失所，无家可归，大量涌入城市，到工厂接受资本家的残酷压迫和剥削，生活非常悲惨。这时，出现了宗教慈善活动的济贫组织，对工人的生活给予慷慨、仁慈的扶助，致力于改善工人的生活状况。当时在英国伦敦还成立了“慈善组织会社”，帮助协调政府及各种救济机构和慈善组织开展救助工作，为志愿服务事业发展奠定了基础。欧洲各国在其近代化的过程中涌现出许多具有公共性质和公共职能的社团，一些国家还以立法的形式规范并保障这些社团的权利，如英国女皇伊丽莎白于1601年颁布了著名的《慈善法》。《慈善法》是世界上第一部包含有志愿服务内容的法律。该法规定，教区有义务向贫困者进行慈善救济。在美国，由于受到基督教传统和移民社会传统的影响，组建社团、参与社团活动从很早开始就成为美国社会的基本生活方式，各种形式的民间社团甚至先于国家而出现。在西方国家出现的这些结社、社团活动及颁布的相关法律、法规，对于推动志愿团体的产生、发展发挥了重要作用，使西方国家的社会公众在很早的时候就认识到互助、合作、帮助他人、献身社会公益的重要性，并亲身参与结社、社团活动，以自己的实际行动奉献社会，使社团活动逐渐成为西方国家社会公众的基本生活方式。比如在美国，这种结社、社团活动非常普遍，社会公众的参与热情非常高，这正如法国思想家托克维尔所描述的：“美国人不论年龄有多大，不论处于什么地位，不论志趣是什么，无不时时在组织社团。在美国，不仅有人人都可以组织的工商社团，而且还有其他成千上万的团体。既有宗教团体，又有道德团体，既有十分认真的团体，又有非常无聊的团体；既有非常一般的团体，又有非常特殊的团体；既有规模庞大的

---

① 亚里士多德：《尼各马科伦理学》，苗力田译，中国社会科学出版社1999年版，转引自王焕清等：《志愿行动与文明社会建设》，人民出版社2012年版，第2页。

② 西塞罗：《西塞罗三论》，徐奕春译，商务印书馆1998年版，转引自王焕清等：《志愿行动与文明社会建设》，人民出版社2012年版，第2页。

团体，也有规模甚小的团体。”① 这就使得美国社会充满了各种各样的民间结社组织并构成其公民社会得以繁荣的基础。19 世纪末 20 世纪初，慈善组织运动逐渐演变成推行社会福利的机构。1869 年、1884 年，英国先后建立“慈善机构联合会”“托因比服务所”；1877 年，美国牧师韩福瑞·哥尔亭（Rev. S. Humphrey Gurteen）在美国纽约成立了第一个慈善组织“慈善组织会社”；1886 年，美国又建立“邻里协会”等慈善组织。英国、美国慈善组织的发展，带动着西方慈善事业迈向制度化、社会化发展，也推动着西方社会福利事业的发展，一系列有关社会福利法律法规在欧美等国先后获得通过，进一步动员和征募了大量志愿者投身于社会福利服务之中，志愿者队伍不断扩张，志愿组织逐步深入人们的日常生活，得到社会公众的支持和参与，志愿服务的数量规模、领域范围不断扩大，影响日益深远。

西方志愿组织迅猛发展的时期是在第二次世界大战之后。这个时期，帮助改善服务对象的生活环境和生活状态成为志愿组织的工作重点，而开展这类工作的志愿组织主要是一些私人社团。并且，志愿服务的规范化、制度化在这个时期得到进一步加强。比如，德国相继出台了《奖励社会志愿者年法》《奖励生态志愿者年法》《奖励国际志愿者年法》等，美国相继出台了《志愿服务法》《国内志愿服务修正法》《国家和社区服务法案》《志愿者保护法》等。在此基础上，联合国体系的诞生促使志愿组织的作用与影响日益凸显。各国涌现出多种形式的社群组织，如儿童保护组织、妇女组织、产业工人组织、农民组织、社区居民组织、青少年组织等，这些组织在各国的社会重建和社会变革中发挥着积极作用。比如，1946 年 12 月 11 日创建的“联合国儿童基金会”（United Nations Children's Fund，简称 UNICEF），在成立初期，其宗旨就是对战后欧洲与中国儿童开展紧急救助。随着救助行动的深入开展，在后期，这个儿童救助组织对全球所有发展中国家儿童和母亲展开救助行动，最后，包括中国在内的全球各国儿童尤其是那些处于战火中的儿童的生存、发展和其他应有权利都成为这个儿童救助组织的救助范围。还有比如国际性妇女组织，这些组织于 19 世纪末在欧美国家创建，其主要宗旨就是保护妇女的选举权和被选举权、就业权和教育权等基本权利。第二次世界大战后，一

① ［法］托克维尔：《论美国的民主（下）》，董果良译，商务印书馆 1988 年版，第 635 页。

些以争取和平为目的的国际性妇女组织陆续在世界各地出现，到20世纪90年代，这种妇女组织达到了上百个，为维护妇女的权益作出了重要贡献。此外，志愿组织还涉及人权、环境、和平等关系人类发展的重要领域并发挥着重大影响力，如开展战争救助的国际红十字会、救助城市贫民的救世军、救助贫困儿童的救助儿童会等慈善组织，以及塞奇基金会、卡内基基金会、洛克菲勒基金会等民间救助机构。1961年，在伦敦成立了人权志愿组织“大赦国际”。随后，国际人权志愿组织“人权观察”“美洲观察”和环保志愿组织“地球之友”“世界自然保护基金”“绿色和平组织”“国际自然保护联盟”等诞生，世界人权事业、环保事业得到极大推动和发展。① 比如著名的国际性环保民间志愿组织“绿色和平组织”（Green Peace），其宗旨使命就是“保护地球、环境及其各种生物的安全及持续性发展，并以行动作出积极的改变”。这个组织在阻止生态环境污染、保护自然生物多样性、追求无核世界等方面作出了积极努力。比如，1971年，“绿色和平组织”12名志愿者坐着渔船到海上阻止美国在安奇卡岛（Amchitka）进行核试验。迫于社会舆论和公众的压力，1972年，这项核试验最终被放弃。另外，“绿色和平组织”通过多种途径和手段展开环境保护，比如，阻止商业性捕鲸、禁止使用大型拖网捕鱼、禁止输出有毒物质到发展中国家、禁止向海洋倾倒放射性物质、工业废物和废弃的采油设备等。

从20世纪70年代起，志愿组织在全球范围内迅速发展起来。特别是1970年12月，联合国志愿人员组织（UNV）在日内瓦成立后，从北美、欧亚的发达国家到非洲、拉美和华约发展中国家，志愿组织的数量都呈现了惊人的增长势头，志愿行动也步入组织化、制度化和专业化发展轨道。在法国，志愿者约占总人口数的19%，而且，法律明确规定，凡满18周岁的法国男性公民，必须履行国民志愿役；在德国，大约每3个成年人中就有1人每月花费15小时从事志愿服务；在日本，有7.6%的大学生引进志愿服务课程并积极参加海外志愿服务活动；在英国，每年的10月25日是英国的“志愿日”，约半数的英国人都会参与志愿服务，志愿服务参与者每周平均服务4小时。②

① 吴东民：《非营利组织管理》，中国人民大学出版社，2003年版，第97－98页。

② 佘双好：《志愿服务概论》，武汉大学出版社2013年版，第22页。

在美国，1971 年，尼克松政府发起联邦志愿行动“ACTION 计划”。这个行动计划设立了志愿服务交流办公室，开办全国学生志愿者节目等，其活动内容包括和平运动、寄养祖父母运动、服务退休行政人员运动等。在这个项目的推动下，美国社会公众的志愿服务意识大大增强，志愿行动成为美国社会公众的自觉行动。1974 年，美国人口普查局对“ACTION 计划”进行了跟踪调查。调查结果显示，美国占总人口的 24% 的公民每年参加过志愿服务活动，相当于每 4 个人中就有 1 个人参加过志愿服务行动。① 近年来，美国参加志愿服务的人数、规模在不断扩大。美国国家与社区服务机构（The Corporation forNational and Community Service）发布的《美国志愿服务 2010》统计的数据显示，“2010 年，有 6280 万美国人参与志愿服务，约占总人口的 26.3%，平均服务时间中位数为 52 小时，服务时间共计 81 亿小时，价值近 1730 亿美元。”② 这组统计数据显示，美国公民参与志愿服务的人数和规模宏大，服务范围和领域广泛，产生的经济和社会效益巨大，影响十分深远。“美国历史始于志愿服务”，这是美国总统奥巴马在 2011 年“国家志愿者周”上的一句演说词，可以说是对上一组数据的完美注释。③ 当然，奥巴马的这句演说词，只是显示了他的一种演讲风格而并不是准确的历史论断。但是，从美国总统口中说出的这句话，从某种意义上说明了，志愿服务在推动美国经济社会发展、历史文明进步方面具有突出的作用和功能表现。同时，国际互助行动越来越多，国际志愿服务发展迅速，“医生无国界”“绿色和平组织”等国际志愿组织在国际社会的每一个角落都十分活跃，2001 年被确定为“国际志愿者年”，并在当年召开了第十六届世界志愿者大会，《全球志愿者宣言》在大会上获得通过，志愿性服务成为国际社会的共识。

二、我国志愿服务的产生和发展

在我国，“志愿者”“志愿服务”等词语使用时间虽然不长，但是，我国

① 李亚平、于海：《第三域的兴起——西方志愿工作及志愿组织理论文选》，复旦大学出版社 1998 年版，第 5 页。

② 黄晓鹏：《美国志愿服务观察及其启示》，载《中国青年研究》，2012 年第 11 期。

③ 同上。

慈善传统却源远流长，如儒家的“仁爱”思想、墨家的“兼爱”思想等。孔子提出仁者爱人，“樊迟问仁，子曰爱人”。[①]“仁”的出发点是“爱人”，对他人要有关爱之心、同情之心。孟子认为，人天生是善的，人人都有“恻隐之心”，这个“恻隐之心”就是同情心、爱心，它是与生俱来的。又如，孟子说：“老吾老，以及人之老，幼吾幼，以及人之幼。”[②] 墨子说：“夫爱人者，人必从而爱之，利人者，人必从而利之。”[③] 这些思想都体现了平等、互助、友爱思想，对我国现代志愿服务的影响非常深远，为志愿组织培育打下了坚实基础。

据文献记载，我国早在西周时期就设立了专门官职来施予惠政，救济贫病之民。《周礼·地官》记载：“司救，……凡岁时有天患民病，则以节巡国中及郊野，而以王命施惠。”[④] 也就是说，当出现天灾人祸时，朝廷便会安排官员对灾民或处于困境中的贫民展开救济，帮助他们解决生活上的困难。这种理念或做法，是最初的扶贫济困思想的萌芽，是一种最初的慈善行为。对于我国源远流长的慈善思想，先秦诸子百家对此有过精辟的阐述，《礼记·月令第六》中有政府在青黄不接时救济贫民的记载——“季春之月……天子布德兴惠，命有司发仓廪，赐贫穷，振乏绝”[⑤]；《孟子·尽心篇》中也有关于战国时期“齐宣王亦尝发棠邑之仓，以赈贫民”的记载。这些记载都包含有“恩惠”“济贫”“扶助”“仁爱”“慈善”“爱心”等内容。从字义上看，“慈”是长辈对晚辈的爱，“善”是人与人之间的互助、友爱，“慈善”则是指友善、互助的人际互动关系和社会关系。从“慈善”的字义上看，蕴含着救人济世、福利民众以及人类共通的人道理念和道德准则，这些理念和准则，是现代志愿服务追求的目标、宗旨或服务活动的内容、任务，对我国社会慈善事业的兴起、发展具有持久而深远的影响，促成了我国民众乐善好施风气的形成，诚如民国年间大慈善家熊希龄所言：“吾国立国最古，文化最先，五

① 《论语·颜渊》。

② 《孟子·梁惠王上》。

③ 《墨子·兼爱》。

④ 陈佩雄主编：《十三经》，吉林音像出版社 2006 年版，第 271 页。

⑤ 〔汉〕戴圣纂辑，冯国超主编：《礼记》，吉林人民出版社 2005 年版，第 113 页。

千年来养成善风俗者，莫不由于儒、释、道之学说所熏陶。”① 这里所说的“儒、释、道之学说”，就是指“仁爱”“仁慈”“扶助”“恩惠”等思想。

在我国，民间的慈善活动可以远溯汉魏南北朝，至明清两朝已呈发达之势。如宋代范仲淹举办的“义田”、朱熹举办的“社仓”、刘宰举办的“粥局”等，都属于慈善义举。又如，明朝万历十八年，杨东明在河南虞城首创同善会。这是明代第一个以劝善、行善为宗旨的民间社团。清朝中叶，不仅官办的慈善机构如养济院、漏泽园遍及全国各州县，而且完全意义上的民间慈善事业也出现在江南一带，善举频频，非常活跃。民间善人义士解囊捐资，已是司空见惯之事。

有学者指出，清朝以后，民间社会的慈善活动非常兴盛：一是民间慈善组织的数量比较多，据民国《吴县志》记载，当时仅吴县一个地方就有 28 个民间慈善团体；二是民间慈善组织的功能比较齐全，其功能基本涵盖了社会救济的各个方面，范围十分广泛；三是民间慈善组织的经费比较充裕，如清代的“善化育婴堂”，自雍正八年至十二年，有捐银 5870.8 两，后又陆续得到捐银 1200 余两，充裕的经费救济了大量的幼小生命；四是民间慈善组织参与的社会阶层较为广泛，工商业者、老百姓等积极捐资积德，使当时慈善事业的影响日益广泛；五是民间慈善组织开展的慈善活动十分活跃，并逐步发展为常态化的态势。② 地处边远的广西各州县也设有慈善机构，收养和救济社会上的孤老残病人员，地方志有载：“孤老院，清季广西各县均设立。”③ 1840 年鸦片战争爆发后，中国一步步陷入半殖民地半封建社会，传统慈善文化受到西方特有的民主色彩的慈善文化的猛烈冲击。在面临民族威望的严峻考验面前，中国的有识之士赋予了慈善文化新的意义和内涵，如洪秀全宣传的“天下太平”、康有为的“大同思想”。康有为在其《大同书》中，提出了“大同世界”的理念，构建了“公养”“公教”“公恤”的慈善思想，描绘了大同世界中慈善福利事业的美好蓝图。戊戌时期慈善界代表人物的思想观念出现了令人瞩目的变化。例如，以从事赈灾活动著称的江南绅商经元善较系

---

① 周秋光编：《熊希龄集（下册）》，湖南出版社 1996 年版，第 2002 页。

② 周秋光、曾桂林：《中国慈善简史》，人民出版社 2006 年版，第 178－180 页。

③ 韦冠英修，梁培煐、龙先钰纂：《贺县志》（卷二），民国 23 年（1934）铅印本。

统地提出了“救急不救贫”“工艺院教成一艺，则一身一家永可温饱，况更可以技教人，功德尤无限量”① 等新慈善观。这一时期，还诞生了“阅报社”“阅报会”“阅书会”“戒烟会”“不缠足会”“蒙学公会”“医学善会”等许多新式的民间公益社团和机构。到了民国时期，灾害频发，战乱连年，以至生灵涂炭，民不聊生。当时中央政府为维护统治，疲于应付各种事变，无力无心救济贫民。因此，大量的救济工作便只得由慈善组织来承担。这一时期，无论是慈善团体的数量，还是慈善家群体，在我国民间组织历史上都是相当突出的，如著名的中国红十字会在1912年成立，随即展开大规模的伤兵、灾民救助工作。1920年，北方五省大面积干旱，积极参与此次荒灾赈济的民间慈善团体有“京畿农民救济会”“北京民生救济协会”“华北救灾协会”“北方工赈协会”“陇西旱灾救济会”“陕西义赈会”“中国济生会”等数十个。②1934年，第一届全国慈幼会议在上海召开。有来自全国15省慈善团体的134名代表出席会议，大会通过54件提案。这次大会的召开，推动了全国慈幼事业的普及与发展。

1943年，国民政府制定新的《社会救济法》，对慈善救济事业进行进一步的调整和规范。新中国的慈善事业，是在我国存留下来的慈善机构的基础上发展起来的。据有关统计数据，全国各地至1953年12月份，开展并完成了419处旧慈善机构改造，完成了1600多个旧救济福利团体调整。③ 其中，经过改组后的红十字会在弘扬人道主义精神和慈善救济方面发挥了重大作用和影响，至1956年，全国有县级红十字会组织100多个，有10万多的红十字会会员。④ 与红十字会具有同样规模和影响力的当时还有中国福利基金会等。我国历史上的这些慈善思想、慈善组织及慈善活动，对我国现代社会，尤其是对我国现代民间慈善组织和慈善事业的兴盛，产生了积极而深远影响。

我国在20世纪80年代后期开始出现现代意义上的志愿者，志愿服务开始蓬勃发展。我国现代意义上的志愿服务，源于雷锋精神的广泛传播和践行。

① 《拟办余上两邑农工学堂启》（1898年7月上旬），载虞和平编：《经元善集》，华中师范大学出版社2011年版，第208－209页。

② 周秋光、曾桂林：《近代慈善事业的基本特征》，《光明日报》，2004年12月14日。

③ 周秋光、曾桂林：《中国慈善简史》，人民出版社，2006年版，第366页。

④ 同上，第367页。

雷锋精神的实质，是为人民服务，是全心全意服务他人、服务社会。毛泽东在1963年3月5日向全国人民发出号召，要求“向雷锋同志学习”。全国各族人民积极响应号召，在全国范围内开展“学雷锋”活动。通过“学雷锋”活动，“全心全意为人民服务”的宗旨深入人心，大家的思想觉悟、主人翁责任感有了提高和增强，道德水平有了很大提升，无私奉献、见义勇为、助人为乐的良好社会风尚开始形成。1963年至1966年期间，有大约130万城市知识青年参加下乡运动，支援农村和边疆地区搞建设。① 20世纪80年代，我国重新掀起“学雷锋，做好事”的热潮，并逐步以“文明礼貌月”“五讲四美三热爱”等活动形式呈现，成为我国现代志愿服务行动的最初表现形式。随后，现代意义上的志愿服务便以各种形式产生和发展起来：1981年，我国第一个基金会——中国儿童少年基金会正式成立；1987年，我国第一条志愿者服务热线在广州出现；1988年，“为您服务”志愿者小组诞生在天津市和平区新兴街道，并逐步发展为社区志愿组织；1989年，中国青少年发展基金会宣布建立我国第一个“救助贫困地区失学少年基金”，实施“希望工程”，推动贫困地区基础教育事业发展。全国性志愿组织则是在我国共青团系统中逐步产生和发展起来的。1990年，“深圳市义务工作者联合会”诞生于深圳经济特区，主要面向孤寡老人、外来工、病人、儿童开展服务，成为我国第一个正式的志愿服务团体。在此基础上，1993年底，团中央发起“中国青年志愿者行动”，开始实施“希望工程”、敬老扶弱、社区援助、文化扶贫、科技兴农、农村支教、抢险救灾行动；1994年12月5日，我国成立“中国青年志愿者协会”，各种类型、各个领域内的志愿服务广泛开展起来，对我国经济社会的影响越来越大。② 1995年，第四届妇女大会在北京召开。大会举办了“非政府组织国际论坛”，这次大会广泛讨论的“志愿者组织”“第三部门”等话题及其相关问题，从理论层面促进了我国志愿服务事业发展。《广东省青年志愿服务条例》于1999年8月15日在广东省正式予以颁布实施，成为我国第一部关于志愿服务的地方性法规，迈出了我国志愿服务法制化的第一

① 高嵘：《当代中国志愿服务发展历程与特征》，载《理论学刊》，2013年第5期。

② 谭建光：《中国广东志愿服务发展报告》，广东人民出版社2005年版，第6页。

步。[①] 从上述情况可以看出，我国志愿服务在“学雷锋”活动的推动下，逐步起步并慢慢发展起来，为志愿服务的蓬勃兴起并产生广泛影响、发挥重要作用奠定了基础。

进入21世纪，随着我国志愿服务理念和行为方式的影响日益扩大，志愿服务蓬勃兴起并在社会各领域发挥出重要作用。为加强我国社会服务志愿者队伍建设，推进志愿服务规范化、制度化、常态化发展，2013年12月27日，民政部印发了《中国社会服务志愿者队伍建设指导纲要（2013－2020年）》。该纲要提出，力争到2020年，我国注册社会服务志愿者占居民总数的比例达到10%。该纲要同时提出，要“采取有力措施，不断提升志愿者的能力素质，不断优化志愿者队伍结构，不断改善志愿者的发展环境，最终使志愿服务在改善社会福利、开展社会救助、完善社会保障、创新社会治理、促进社会文明等方面的服务效益不断增强、服务成效更加明显。”[②] 该纲要的颁布，充分体现了我国党和政府对志愿服务建设发展的重视和支持。而早在2000年年初，江泽民就在杰出青年志愿者的来信上作出重要批示：“青年志愿者行动，是当代社会主义中国一项十分高尚的事业，体现了中华民族助人为乐和扶贫济困的传统美德，是大有希望的事业。努力进行好这项事业，有利于在全社会树立奉献、友爱、互助、进步的时代新风。”2003年6月10日，共青团中央、教育部面向我国当年212万大学毕业生，招募和派出志愿者5000～6000名开展为期1～2年的公共服务，服务的地区主要是我国西部12个省区市的贫困县乡镇，开始实施“志愿服务西部计划”。西部志愿者主要开展教育、卫生、农技、扶贫等方面的服务工作。这个计划颁布后，在“到西部去、到基层去、到祖国最需要的地方去”的号召下，数万名大学生加入志愿服务西部计划，对促进西部贫困地区教育、卫生、农技、扶贫等社会事业的发展发挥了重要的作用和意义。其中，西部计划西藏专项实施11年来，共有1920名志愿者进藏开展志愿服务，有974名志愿者在服务期满以后留在西藏工作。2014年，共有1770名志愿者赴藏开展志愿服务。[③] 2005年，“迎奥运”志愿

① 高嵘：《当代中国志愿服务发展历程与特征》，载《理论学刊》，2013年第5期。

② 民政部关于印发《中国社会服务志愿者队伍建设指导纲要（2013－2020年）》的通知（民发〔2013〕216号），2013年12月27日。

③ 廖云路：《2014年西藏专项大学生志愿者出征》，《西藏日报》，2014年8月6日。

服务在北京奥组委、北京市政府的组织、领导下开始启动。"迎奥运"志愿者深入农村、社区、街道、企业等大力开展科学普及、环境保护、社会公益等方面的服务行动。2008 年 8 月，北京奥运会、残奥会在我国举办，"我参与、我奉献、我快乐"成为 170 万奥运志愿者的时代心声，通过志愿者的热情服务，向全世界展示了中国的良好形象。在"志愿服务西部计划"和"迎奥运志愿服务"项目的影响下，我国各种形式的志愿服务活动发展很快，党员志愿者、社区志愿者、职工志愿者、青年志愿者、大学生志愿者、巾帼志愿者、家庭志愿者、老年志愿者、扶残助残志愿者、红十字志愿者、治安志愿者、科普志愿者等各类志愿服务队伍十分活跃，我国志愿服务事业进入到一个新发展阶段。例如，2019 年是"希望工程"实施 30 周年，截至 2019 年 9 月，累计接收捐款 152.29 亿元，援建希望小学 20195 所，资助家庭经济困难学生 599.42 万名。① 进入新时代，"希望工程"将教育、公益、扶贫紧紧结合在一起，在广大贫困地区播洒新的希望。近年来，我国各类志愿者和志愿组织获得了快速发展。2019 年 8 月，据中国志愿服务网"全国志愿服务信息系统"的统计数据，我国实名志愿者总数已超过 1.22 亿人，志愿团体总数已超过 63.4 万个，实施的志愿服务项目总数已超过 259.43 万个，累计服务时间总数已超过 14.75 亿小时。②

第三节　志愿者的行为动机

一、志愿者行为动机的内涵界定

"动机"一词源于拉丁语 Movere，即"移动""推动"或"引起"的意思。现代心理学将动机界定为推动个体从事某种活动的内在原因。美国心理学家丹尼斯·库恩将动机界定为："行为的动力——我们行为开始、维持、导

① 《架起爱心互助和传递的桥梁——写在希望工程实施 30 周年之际》，《光明日报》，2019 年 11 月 21 日。

② 数据来源：《全国志愿服务信息系统》，数据统计截止时间：2019 年 8 月 20 日。

向和终止的能力。”① 美国学者皮特里指出：“作用于有机体或有机体的内部，发动并指引行为时，我们称之为动机……激活性是动机的特征。”② 从动机的词义界定分析，动机是行为发生的原因、起因，是人的行为发生的推动因素，它体现着客观事物对人的活动的激励作用，把人的活动引向一定的、满足需要的具体目标。动机在人的行为发生、发展过程中发挥着重要作用：一是激活作用，能激发人、推动人开展某项活动；二是指向作用，能将人的行为指向一定的对象或目标；三是维持和调整作用，能激发人产生坚韧的毅力。③ 动机所具有的这些作用，能使人的行为从开始到结束，都伴有一种精神动力在指引、推动和支撑，使人生命不息、奋斗不止。动机有多种类型，比如物质性动机或精神性动机、高尚动机或低级动机、生理性动机或社会性动机、近景性动机或远景性动机、主导动机或辅助动机等。对于具体的行为动机的类型，应依据其所处的环境、所服务的对象的不同给予重点确定。

志愿者的行为动机，简单来说，就是指激励和维持志愿者参与、开展志愿服务，奉献自己的时间、精力、技能或财富的愿望或诱惑因素，是志愿服务的内在机理。志愿者参与的志愿服务行动，都是在一定的行为动机驱使下进行的。美国学者马克·A. 缪其克、约翰·威尔逊指出，志愿服务并不是简单的无偿劳动，而是为了正确的理由而实施的无偿劳动。激发“善行”的是美德，像慷慨、博爱、感恩、忠诚、勇气、同情心和对正义的渴望。真正的志愿者拥有正当的动机且只接受正当的激励。例如，急救小组反对用经济上的激励手段（如税收抵免、保健福利金或者成人教育的资助等），因为他们担心被激励计划吸引来的应招者不会像纯粹的志愿者那样勇于献身。④ 从这种观点可以看出，其一，志愿服务有明确的行为动机；其二，志愿服务的动机是一种“善行”激励，是一种对奉献精神的向往。动机是一种思想意识，是激

---

① ［美］Dennis Coon，John O. Mittere，郑钢译：《心理学导论——思想与行为的认识之路》，中国轻工业出版社 2007 年版，第 436 页。

② ［美］Herbert L. Petri，John M. Govern，郭本禹等译：《动机心理学》，陕西师范大学出版社 2005 年版，第 12－13 页。

③ 张厚粲：《心理学》，南开大学出版社 2002 年版，第 163 页。

④ 马克·A. 缪其克、约翰·威尔逊著，魏娜等译：《志愿者》，中国人民大学出版社 2013 年版，第 15 页。

励和维持人的行动，并将行动导向某一目标，以满足个体某种需要的内部动因，即“意识控制人的行动”。

西方学者对志愿者的行为动机进行了较为深入的研究。概括起来说，西方学者的研究，经历了从“两因素模型”到“多因素模型”的过程。最早的“两因素模型”，主要就是“利他”和“利己”；三因素模型就是“利他”“利己”和“社会责任”或“利他”“社会交往”和“物质利益”；而“多因素模型”认为，人们参与志愿活动的目标不是单一的，而是综合的一系列目标，是一个混合体，是为了达到不同的社会心理目标，如“社会交往”“关心帮助他人”“打发时间”“得到尊重和认可”“满足他人需要”“协助组织达成目标”“个人的充实感”“发展技能”“寻找乐趣”“获得满足感和成就感”“自我的表现以及提升自己的形象”等；或“价值观”（为了表达或实践个人重要的价值观，例如人道主义，利他精神，为了帮助更不幸的人）、“认知”（为了获得新的认识、实践知识、锻炼技能）、“增强”（寻求心理上的成长与发展）、“职业”（希望获得和现在或今后的职业相关的经验）、“社会”（为了加强社会关系）、“保护”（通过志愿工作来缓解消极情绪）等。还有西方学者 Omoto 和 Snyder 提出了志愿者行为动机的“功能理论”，认为志愿者之所以选择志愿行为，是因为志愿服务具有某些功能，这些功能能帮助志愿者实现某些愿望，这些功能主要是“表达个人价值”“增加自我价值感”“增长职业技能”“减轻负罪感”“建立和强化人际关系”及“履行义务”等6个方面的功能。① 国内学者对志愿者行为动机也有相关研究，取得了初步成果。有学者认为，人们参加志愿活动的动机是多种多样的，若以“利他”和“利己”划分，则这两种动机相差无几，比例相当。② 有学者认为，参与志愿服务的价值是多方面的，青年志愿者参与服务可以丰富个人的生活体验，可以扩大自己

① Omoto, A. M., &Snyder, M.. Sustained helping without obligation, motivation, longevity of service, and perceived attitude change among AIDS volunteer. Journal of personality and Social Psychology, 68, P. 671 - 686.

② 陈仕相：《青年志愿者的先进青年选择——大学生“社区助理”调查》，载《青年探索》，2003 年第 1 期。

的生活圈子，可以亲身体验社会生活，加深对社会的认识。[①] 有学者认为，大学生参与志愿服务的动机，有“亲和动机”“结群动机”“荣耀动机”“成就动机”“利他动机”“提升动机”。[②] 大学生参与大型运动会志愿服务动机，主要是“奉献爱心”“帮助社会”“发挥潜能”“提升自我”“扩大交往”“充实生活”等。[③] 还有学者认为，志愿者的行为动机，主要包括“亲和动机”，“利他动机”“结群动机”“荣耀动机”“成就动机”等，也有学者认为，志愿者的行为动机主要表现为“成就”“归属需要”“权力”“自我检验”“自我提高”“娱乐”“交往”等。[④]

国内外学术界尤其是国外学者对志愿者行为动机的研究，应该说是较为全面和深入的，他们的研究结论认为，志愿者的行为动机多种多样、较为复杂。其实，志愿者的行为动机，可以简单地从“社会因素”和“个体因素”来考量，统一归结为“利他”与“利己”两大方面。为促进他人、社会等志愿者本身以外的变化与发展的动机因素，都可以归结为“利他”；而为促进志愿者本身变化、发展的动机因素，都可以归结为“利己”动机。关于这一点，可以用2008年北京奥运会、残奥会的口号：“我参与、我奉献、我快乐”来进行一个简要的分析。这个口号其实就是北京奥运会、残奥会志愿者参与志愿服务行为动机的外在表现。这个动机，也是“利他”和“利己”两个方面，其中，“我奉献”，是一种“利他”动机，就是奉献社会、奉献他人，是一种不求物质回报的付出，“我快乐”，就是一种“利己”动机，通过参与志愿服务，获得他人的赞许、肯定、认可，让自己感受到幸福、快乐、满足、自豪。这是“利他”与“利己”两种动机的一个例证。这于这一点，我国已有学者进行过相关调查。调查数据分析结果表明，志愿服务的动机，也主要

① 北京志愿者协会：《志愿者，你准备好了吗?》，中国国际广播出版社2006年版，第228页。

② 董海军、倪赤丹：《大学生志愿活动的参与动机分析》，载《教育研究理论界》，2003年第6期。

③ 北京奥运会志愿者工作协调小组办公室：《志愿北京2005“志愿服务与人文奥运”国际论坛成果集》，人民出版社2005年版，第181－186页。

④ 吴俊峰、宋继文：《大学生志愿服务动机维度构成实证研究》，载《上海管理科学》，2010年第3期。

表现为“利他”与“利己”两大方面。具体调查数据为：①

表一

观点	人数比例	观点	人数比例
感觉志愿工作有意义	93%	丰富经验，自我成长	88%
帮助有需要的人，回应社会需要	90%	希望发挥自己所长	76%
尽公民的责任，回报社会	83%	感觉自己的存在价值	66%
所在单位领导对志愿服务的支持和肯定	70%	扩大社交圈子	63%
组织的发动	36%	取得社会和组织赞许	61%
善用业余空闲时间	32%	亲戚、朋友的支持和赞赏	60%
培养组织能力及领导才能	26%	寻求新刺激及增加生活体验	46%
为未来工作做准备	19%	学习新的技能	33%
参与改善社会问题	16%	出于对志愿服务的好奇心	6%
出国需要	7%	赶潮流，追时尚	1%

问卷调查显示，一方面，大多数志愿者最主要的动机是感觉志愿工作有意义，帮助有需要的人，回报社会，尽公民的责任，可以说志愿者的主要动机表现为“利他”，体现出志愿者对公益事业、社会和他人的自觉关注。另一方面，丰富经验，自我成长，希望发挥个人所长，感觉自己的存在价值，这些主要表现为“利己”动机，成为志愿服务长久持续的动力来源。

二、志愿者的“利他”行为动机

美国哈佛大学教授 Wilson 用生物学和社会学的方法来研究动物和人类的

① 数据参见“中国志愿者动力机制的理论与实证”，中国文明网，http：//www. zhiyuan-fuwu. com/axxd/201211/t20121120_ 944457. shtml，2011 年 11 月 13 日。

“利他”行为。Wilson 指出：“人的利他行为是通过基因遗传而获得的，是人类的本性，这种利他本性对人类种族的生存和延续有重要意义。”① 认为人的“利他”行为是人的本性，是先天遗传的。赫起逊指出：“仁爱是一种不计利害的天然情感，它施之于人，并不希望回报，一个有德的人，总是‘仁爱’、‘利他’之心居首。”② 赫起逊进一步提出了利他的天然本性问题，认为人天然是“仁爱”“利他”的，是不计利害、不需要回报的奉献和付出。对此，甚至有学者认为，人的“利他”行为不期望得到任何奖赏，甚至是利他而损己的。③ 这些观点在一定程度上为“利他”行为提供了动机根源。志愿服务的“利他”行为，就是这样一种天然的、不计利害的、不为物质回报的无私奉献精神的体现，是人类对爱的执着向往和追求。美国学者马克·A. 缪其克（Marc. A. Music）、约翰·威尔逊（John Wilson）指出：“志愿服务是利他行为的一种形式，目的是为他人、团体、机构、某项事业或整个社会提供帮助而不求物质回报。”④ 比如，大学生参加奥运会志愿服务，这种志愿服务是没有任何物质报酬的，驱动志愿服务行为的，就是一种“利他”动机，是一种个体对社会的责任感和使命感。对于社会困难群体的扶助，其动机也是一种“利他”，一种对社会的责任感驱动：“我觉得帮助遭受不幸的人是一种道德义务”，“为提升他人福利而工作是我力所能及的事”，“如果每个人都义务贡献出时间和精力，贫困和绝望等社会问题就能被克服。”⑤ 有很多的志愿者，将志愿服务当作一项事业去奋斗，将奉献他人作为人生的最大付出和乐趣：“在某种程度上，志愿服务成了一种增加的必不可少的付出。你会很肯定地认为，之所以不能离开志愿服务，是因为有很多任务需要你去完成。”⑥ 这里所说的“付出”“任务”，就是一种对他人、对社会的责任、使命，之所以“不能离

---

① 彭茹静：《利他主义行为的理论发展研究》，载《江西社会科学》，2003 年第 7 期。

② 陶倩：《志愿动机的层次分析》，载《思想理论教育》，2010 年第 6 期。

③ 佘双好：《志愿服务概论》，武汉大学出版社 2013 年版，第 45 页。

④ 马克·A. 缪其克、约翰·威尔逊著，魏娜等译：《志愿者》，中国人民大学出版社 2013 年版，第 2 页。

⑤ 同上，第 47 页。

⑥ Flick, Mardi, Michael Bittman and Jenny Doyle. 2002. The Community’s Most Volubal Asset—Volunteering in Australia. Sydny. University of New South Wales Social Policy Research Centre. P. 56.

开”，是因为“利他”动机在驱使和支撑。

罗尔斯说：“然而，我们必须区别人类之爱与正义感。差别并不在于它们是由不同的原则指导的，因为两者都包含着一种行使正义的欲望。差别在于前者更强烈和更广泛地表现这一欲望，它除了正义的义务之外还准备履行所有的自然义务，甚至要超出它们的要求。人类之爱比正义感更宽广全面，它推动着分外的行为。”① 罗尔斯所指的人类之爱，在一定程度上，是指一种对“他人”、对社会的责任与义务，是一种更广泛意义上的关爱、关心与帮助，旨在推动社会的繁荣发展、人类的文明进步。2001 年，马克·A. 缪其克、约翰·威尔逊在美国伊利诺伊州志愿者当中做过一次调查，有 93% 的志愿者都想他们的社区变得更美好，有超过 69% 的青少年认为自己参与志愿服务是因为“想为别人的幸福贡献自我”“减少世界的饥饿”等。② 志愿者的这种“利他”行为正是源自人类之爱的驱动，外在地表现为“奉献、友爱、互助、进步”的伟大志愿精神。这种精神，正是志愿服务“利他”行为动机的内在驱动：“奉献”是对他人不求回报的付出，是志愿者在不计报酬、不求名利、不要特权的情况下参与推动人类发展、促进社会进步的高尚情操；“友爱”是对他人的与人为善、有爱无碍、平等尊重，这种友爱精神，让他人和社会感到阳光般的温暖；“互助”提倡的是“互相帮助、助人自助”，是志愿者凭借自己的双手、头脑、知识、爱心，对他人、社会开展的各种志愿服务活动，帮助那些处于困难和危机中的人们走出困境，自强自立，重返生活舞台。受助者获得生活的能力后，也会投入到关心他人、帮助他人、为社会作贡献的志愿活动中；“进步”是通过参与志愿服务，使自己的能力得到提高，同时促进他人和社会的进步。在现代社会，出于“社会责任”等“利他”动机的志愿服务都是在志愿精神驱动下的“利他”服务。这种“利他”行为，有利于促进人与人之间、人与社会之间、人与自然之间的和谐。比如，志愿者通过扶助社会困难群体等，架起社会阶层之间沟通的桥梁，发挥社会群体之间的“润滑剂”作用，减少社会矛盾；通过植树造林、保护动物和植物等环保志愿

---

① 任重远：《利他行为的谱系分析》，载《伦理学研究》，2009 年第 2 期。

② 马克·A. 缪其克、约翰·威尔逊著，魏娜等译：《志愿者》，中国人民大学出版社 2013 年版，第 55 页。

服务，缓解人与自然之间关系的恶化，实现生态环境的好转。

三、志愿者的“利己”行为动机

法国启蒙思想家爱尔维修从人性的角度对“利己”观点做过阐述。他说：“自然从幼年起就铭刻在我们心里的唯一情感，是对我们自己的爱，……不管人们的教育多么不同，这种感情在他们身上永远一样：在任何时代，任何国家，人们过去、现在和未来都是爱自己甚于爱别人的。”① 爱尔维修提出了“爱自己甚于爱别人”的观点；亚当·斯密指出，人既有“利己”一面，也有“利他”一面，但“利己”更为根本。斯密分别对人的“同情心”和“自爱心”进行了比较分析，他的结论是，人的本质是“自爱”。当然，自私自利并不属于“自爱心”。② “对自己的爱”与“对他人的爱”同样都是一种大爱，是一种无可厚非的人类本性。合理诉求下的“对自己的爱”与“不择手段”“损人利己”“损公肥私”诉求下的“对自己的爱”是大相径庭的。

伊壁鸠鲁指出：“快乐是幸福生活的开始和目的。因为我们认为幸福生活是我们天生最高的善，我们的一切取舍都从快乐出发，我们的最终目的乃是得到快乐。”③ 伊壁鸠鲁将人生的目的定位于追求快乐，认为快乐就是人生最高的善。而这种快乐，也正是志愿者所追求的。2012 年，时任上海市委书记的俞正声在接见上海志愿服务先进集体和个人时指出：“志愿者们活跃在城市各个角落，把责任当作光荣，开展各种活动，生动诠释着‘让他人高兴，我也高兴’，‘让别人快乐，我也快乐’的志愿服务精神。雷锋精神可以称作志愿者的先驱，他的无私奉献行为深深体现了志愿服务精神，是践行‘他人快乐，自己快乐’精神的典范。”④ 在这个讲话中，提到了“让他人高兴，我也高兴”“让别人快乐，我也快乐”“他人快乐，自己快乐”，这充分说明，志愿服务在服务他人和社会、奉献他人和社会、满足他人和社会的基础上，自己在心理上、情感上也能得到极大的满足和快乐。这种快乐，一方面，是志

---

① 北京大学哲学系：《十八世纪法国哲学》，商务印书馆 1963 年版，第 501 页。

② 陶倩：《志愿动机的层次分析》，载《思想理论教育》，2010 年第 6 期。

③ 北京大学哲学系外国哲学史教研室编译：《古希腊罗马哲学》，三联书店 1957 年版，第 367 页。

④ 陶倩：《当代中国志愿精神的培养研究》，上海人民出版社 2013 年版，第 109 – 110 页。

愿者带给社会和他人的；另一方面，也是志愿者在志愿服务过程中所体验到、感受到的。这种快乐，就是志愿服务的收获和成就，也表现为一种志愿服务的“利己”行为动机。对志愿者而言，他们在服务的过程中，能升华内心的情感体验，感受人生的应有价值，感受奉献带来的内心满足，增强人生的自信。这可以说是志愿服务的回报，这种回报，是志愿者自我感受到的“温暖”或“自豪”，正如一位志愿者所说：“志愿服务的部分动机要追溯到自尊、回顾你所贡献的益处、得到更好的自我感觉……而且可以说‘我已经做了一件有意义的事’……回报就是那样一种感觉，即你为社区做了一些事，不仅仅是为了你自己或你的孩子，而是为了我们的社区。”① 当然，这种“温暖”或“自豪”，很可能不是来自服务对象，而是来自他人对其无私奉献的赞赏和认可，但志愿者仍然感到身心愉悦，“很明显，人们愿意被他人喜欢并被认为是善良的人。人们会说：‘哦，某某小姐，她是一个好人。’当别人这么说你的时候，你会觉得很愉快。”② 很多志愿者的体验证明了这一点。在调查中，有许多的志愿者这样说道：“当我们用心去传递爱的时候，我们心中那股暖流就叫幸福。一声谢谢就像和煦的春风温暖心田，就像明媚的阳光照亮心底，就像甘甜的雨露滋润心头。”③ “当听到游人的感谢，觉得自己做志愿者是值得的，自身价值得到了体现。”④ 志愿者得到的这种幸福、快乐，是一种被需要的快乐、一种理解的快乐，是一种感到生活充实的快乐，这些快乐，都是愉悦的心灵体验，是志愿者孜孜以求的。当然，这种快乐的、幸福的“利己”行为动机的志愿服务，是主观为自己，客观为他人，或者是主观为他人，客观为自己。有调查研究表明，许多女性志愿者的工作被看作是娱乐活动的一部分。这些女性志愿者感觉到，她们开展志愿服务是因为她们很享受，而并不是因为必须这样做。她们把志愿服务活动看作是她们喜欢做的某件事情的

---

① Basok, Tanya, Suzan Ilcan, and Brnak Malesevic. 2002. Social Justic Volunteers: Motivation and Engagement. Toronto: Canadian Centre for Philanthropy. P. 2.

② Campbell, Catherine, and Rachel Wood. 1999. Sacial Captial and Health. London: Health Education Authority. P. 122.

③ 陶倩:《当代中国志愿精神的培养研究》, 上海人民出版社 2013 年版, 第 112 页。

④ 同上, 第 113 页。

一部分，而不是她们必须做的工作的一部分。① 比如，一位在妇女健康诊所从事志愿服务的志愿者说："这是我生活中的一个重要部分。它使得我或是部分的我成为独立的人，有我自己的权利，给予我自强的力量。"② 在她们感兴趣的志愿服务活动中，享受快乐人生，真正体现了"服务他人，快乐自己"的价值理念。但总体来说，不管是何种动机的志愿服务行动，客观上都促进了社会和志愿者个体的文明进步，都是"利他"基础上的"利己"行为，都是"善行"。

志愿者行为的另一动机，就是对这种合理诉求下的"爱自己"的愿望和追求，以促进个体的成长与成才。对此，有学者指出："作为有着独立人格和独特个性的个人，通过志愿服务来满足其社会需要，追求其精神成就。志愿精神'为己'维度所表明的就是一种人性的人文关照，以此为每个志愿者提供一个自我成长、自我挑战和自我完善的社会氛围和精神场域。"③ 这类行为动机主要表现为："社会交往""得到尊重和认可""个人的充实感""发展技能""寻找乐趣""获得满足感和成就感""自我的表现以及提升自己的形象"，以及"成就""归属需要""权力""自我检验""自我提高""娱乐"等，都是"利己"动机的内在驱动力，是在合理诉求基础上的"爱自己"。例如，有些志愿者将参与志愿服务当成是个人需求满足与才能发展的可能性资源，当成是促进"个人发展""兴趣满足"和"利益向往"的途径和手段。他们认为，通过志愿服务，能拓展社交领域、增加人脉资源、丰富人生阅历、增强社会实践能力等。以体育赛事中的志愿服务为例，志愿者在大型体育赛事的服务中，付出了时间、精力、体力、脑力和汗水，但同时也培养了能力，提升了自身综合素质，丰富了社会阅历，还可以近距离接触明星，扩大了人际交往的范围，感受到了奉献的价值和愉悦体验，实现了自我价值，这些都是志愿者参与志愿服务的回报。北京奥运会志愿者当中，有91.6%的志愿者参与志愿奥运服务的动机是"亲身参与奥运，留下宝贵的人生经历"；有

---

① 马克·A. 缪其克、约翰·威尔逊著，魏娜等译：《志愿者》，中国人民大学出版社2013年版，第167页。

② 同上，第182页。

③ 曹刚、任重远：《为己与利他的中道———志愿精神的伦理解读》，载《广西民族大学学报（哲学社会科学版）》，2009年第5期。

80%的志愿者参与奥运志愿服务的动机是“作为一次宝贵的社会实践，锻炼自己”。① 参加世博会的许多志愿者说，志愿服务可以方便看世博会的开、闭幕式及场馆，可以看到一些平时想见但见不到的名人；参与世博会志愿服务可以让我认识更多的人，扩大我的社交圈等。马克·A. 缪其克、约翰·威尔逊认为，志愿服务能让志愿者通过直接的实践经历来学习。比如，一个患有关节炎的妇女如果想更多地了解这种疾病且想学会如何应对这种疾病，她就会去志愿帮助别人克服关节炎的痛苦。一个在不发达国家做志愿者的人，也可以是为了更多地了解他国的文化和人民。马克·A. 缪其克、约翰·威尔逊还认为，志愿服务也能通过体力上和精神上的挑战来增长阅历，如参加搜救活动的惊心动魄、扑灭大火的兴奋、伴随许多抗议活动的恐惧和忧虑等。② 许多志愿成为应急小组技术员、消防员、搜救员的志愿者在参与志愿服务时，会感到非常兴奋和刺激，而这些显然是他们枯燥、无趣的职业无法提供的。这些志愿服务活动，都是在主观服务他人的同时，客观提升自己，亦是一种“利己”的动机驱使。在我国，也有相似的就业制度和措施，“以志愿服务为抓手促进大学生提高就业能力，是当前推动大学生就业的一项新举措。虽然就业能力不能保证现实的就业，但是它可以增加一个人获得工作的可能性”。③ 我国有些大学生志愿者，将参与志愿服务作为“找到好工作”的重要途径和手段，还有些大学生参加志愿服务是因为可以增加学分或可以评优加分。而这些，都可以促进自身的成长与成才。例如，我国2017年颁布实施的《志愿服务条例》规定，高等学校、中等职业学校可以将学生参与志愿服务纳入实践学分管理。该条例还规定，公务员考录、事业单位招聘，可以将志愿服务情况纳入考察内容。

---

① 魏娜 等：《经验·价值·影响——2008 北京奥运会、残奥会志愿者工作成果转化研究》，中国人民大学出版社 2010 年版，第 117 页。

② 马克·A. 缪其克、约翰·威尔逊著，魏娜等译：《志愿者》，中国人民大学出版社 2013 年版，第 55 页。

③ 陶倩、卓凯、裔仕佳：《志愿服务对大学生就业能力提高的作用研究》，载《思想教育研究》，2009 年第 4 期。

第四节 我国志愿服务的主要类型及对象

世界各国的志愿服务受经济、文化、政治等因素的影响而形形色色、千差万别。我国内地的志愿服务，其参与主体、服务类型、领域和对象等，与其他国家及港澳地区都有所区别。目前，我国最为活跃、规模最大、影响最广的社区志愿者和青年志愿者都有自己的组织体系，这些志愿者群体，都有着特定的活动类型、领域和服务对象。

一、志愿服务的主要类型

归纳起来，我国志愿服务的类型或领域，主要有讲文明树新风志愿服务（包括普及文明风尚志愿服务、科技文体法律卫生志愿服务、生态环境保护志愿服务、窗口行业志愿服务）、扶危济困志愿服务、重大活动志愿服务、应急救援志愿服务等。

1. 讲文明树新风志愿服务。第一，普及文明风尚志愿服务。中央精神文明建设指导委员会印发的《关于深入开展志愿服务活动的意见》指出，普及文明风尚服务“主要是传播文明理念，倡导团结互助精神，引导人们知礼仪、重礼节、讲道德”。① 传播文明、倡导互助、引导新风，是志愿服务极为重要的行动目标。志愿组织在这方面开展了较多的服务活动。比如，中央文明办在全国部署开展的以“关爱他人、关爱社会、关爱自然”为主要内容的“三关爱”志愿服务活动，其中一个很重要的内容，就是要不断深化文明礼仪知识宣传普及、文明交通、社区文化、网络文明传播志愿服务活动，促进良好社会风尚和融洽人际关系的进一步形成和发展。2018 年、2019 年在全国农村开展的“新时代文明实践中心建设”以及在广大农村开展的文明实践活动，就是以志愿者为主体开展文明新风宣传教育，在农村形成向上向善的社会风尚。第二，科技、文体、法律、卫生志愿服务。中央精神文明建设指导委员

① 中央精神文明建设指导委员会：《关于深入开展志愿服务活动的意见》（中央文明委〔2008〕6 号），2008 年 10 月 6 日。

会《关于深入开展志愿服务活动的意见》指出，科技、文体、法律、卫生志愿服务“主要是组织志愿者深入城乡基层，普及科学知识、传播先进文化、开展法律援助、提供医疗卫生服务，不断提高广大群众的科学文化素质、健康素质和生活质量”。① 开展这类活动的志愿者或志愿组织，基本上是由一些具有一定专业知识的人士来承担，比如大学生、科技工作者、法律工作者等。这类志愿服务对于推动经济社会发展起着极为重要的推动作用。近年来，由团中央率先发起、中宣部等十部门共同参与组织的全国大中专学生文化、科技、卫生“三下乡”志愿服务活动，主要就是在农村开展扫盲和科技、文化、卫生服务的专业性志愿活动，对我国新农村建设发挥了较大的促进作用，尤其是对农村服贫攻坚发挥了重要推动作用。另外，为解决群众文化需求多样化和国家公共文化供给不足之间的矛盾，2014 年 3 月，文化部和中央文明办共同把 2014 年确定为“文化志愿服务推进年”，一大批文化志愿者，走向偏远的城镇乡村或城市社区，有的表演文艺节目，有的传授技艺，向农民或社区居民传授跳舞、书法、围棋等技艺，对人们多样化的文化需求给予了一定满足。为推动文化志愿服务规范化、制度化，构建参与广泛、内容丰富、形式多样、机制健全的文化志愿服务体系，2016 年 7 月，文化部颁布实施《文化志愿服务管理办法》，对文化志愿服务建立了激励和保障制度。第三，生态环境保护志愿服务。中央文明委《关于深入开展志愿服务活动的意见》指出，生态环境保护志愿服务“主要是宣传生态文明观念和环境保护知识，大力推动义务植树、绿化美化、清理脏乱、整治污染等行动，使天更蓝、水更清、地更绿，逐步形成良好的人居环境和生态环境”。② 志愿组织最先就是从环保领域发起的。保护生态环境，是志愿组织的最为基本的、也是最为常见的行动。这个领域内的志愿服务活动规模大、范围广、参与人员多、影响深远。比如，保护母亲河志愿服务行动，以“劳动、交流、学习”为主题，组织动员包括青少年在内最广大的志愿服务力量，在中华民族的母亲河——长江、黄河等江河湖泊流域植树造林、保持水土、防治污染，倡导和树立绿色文明

---

① 中央精神文明建设指导委员会：《关于深入开展志愿服务活动的意见》（中央文明委〔2008〕6 号），2008 年 10 月 6 日。

② 同上。

意识、生态环境意识和可持续发展意识，为国家生态环境建设作贡献。我国规模较为庞大的环保志愿组织，有“自然之友”“绿色营”“北京地球村”“绿家园志愿者”“绿色北京”“绿色江河”“绿眼睛”“绿驼铃”“绿色流域”“香港地球之友”等。其中，“自然之友”成立于1994年3月31日，是我国最早的环保志愿组织，主要以传播中国特色绿色文化、促进我国环保事业发展为宗旨;①“绿色营”，全称是“大学生绿色营”，成立于1996年，它以自然教育为重点，构建起“参与、分享、成长”开放式学习型平台，培养了一批又一批致力于环保事业的年轻人，被誉为“绿色人才的西点军校”;②“绿眼睛”全称为“绿眼睛环境文化中心”，成立于2000年，它以“野生动物与自然保护”为宗旨，致力于濒危动物保护、自然栖息地保护等，是我国最活跃的民间环保组织之一，曾多次发起环保宣传、野生动物保护、动物领养、“关注鸟类，保护自然”等环保活动。③尤其是我国实施生态文明建设以后，在习近平总书记“绿水青山就是金山银山”绿色发展理念指导下，环保志愿服务活动更是得以蓬勃开展。第四，窗口行业志愿服务。窗口行业主要是一些服务行业，主要包括教育、政法、民政、社会保障、建设、城管、交通、税务、工商、质检、信访、行政服务中心、公交出租、商业零售、医疗、物业、旅游、宾馆、车站等单位及金融、电力、通信、邮政等单位营业网点或分支机构等。中央精神文明建设指导委员会《关于深入开展志愿服务活动的意见》指出，窗口行业志愿服务“主要是公共服务行业和涉外窗口行业的干部职工以志愿服务的形式，为人们提供各种延伸服务和便民服务”。④这个领域内的志愿服务，主要是以行业为主，在本职岗位上开展的一些便民活动。比如，在一些地方广泛开展的创建“学雷锋示范岗”“党员示范岗”“工人先锋号”“青年文明号”“巾帼文明岗”等志愿服务活动，就是一些具有鲜明行业特色的窗口行业品牌志愿服务活动，在各地产生了广泛影响，为服务和改善民生发挥了重要作用。

---

① 刘芳:《中国民间环保组织》，安徽文艺出版社2012年版，第1页。

② 同上，第12页。

③ 同上，第81页。

④ 中央精神文明建设指导委员会:《关于深入开展志愿服务活动的意见》(中央文明委〔2008〕6号)，2008年10月6日。

2. 扶危济困志愿服务。扶危济困是中华民族的传统美德。志愿组织开展扶危济困行动，有利于弘扬传统美德、促进社会文明进步。为此，中央精神文明建设指导委员会《关于深入开展志愿服务活动的意见》指出，扶危济困志愿服务行动“主要是弘扬我国扶危济困、助人为乐的传统美德，把生活困难群众和老年人、残疾人作为重点对象，开展送温暖、献爱心志愿服务活动，为困难群众排忧解难；开展居家养老、扶残助残志愿服务活动，组织志愿者为孤寡老人、空巢老人、残疾人提供生活救助和照料服务，弘扬人道主义精神；以关爱帮困、便民利民为重点，开展社区志愿服务活动，让居民在参与中感受友谊和谐，看到社会美好，享受幸福生活”。① 我国目前比较有代表性的扶危济困志愿服务有“一助一长期结对服务计划”“青年志愿者扶贫接力计划”“卫生志愿者扶贫接力计划”“百万空巢老人关爱志愿服务行动”“关爱农民工志愿服务活动”“志愿者为老服务金晖行动”“青年志愿者助残行动”“爱心助成长”“老人义工临终关怀”“爱心妈妈联盟”等。比如，“百万空巢老人关爱志愿服务行动”，就是由中央文明办、民政部组织志愿者特别是身体健康的低龄老年志愿者，以社区为依托，采取结对帮扶的办法为高龄空巢老人提供生活照料、心理抚慰、应急救助、健康保健、法律援助等服务；“关爱农民工志愿服务活动”，就是由中央文明办、人力资源和社会保障部、全国妇联等八部门联合组织开展的，以技能培训、权益维护、情感关怀、文化服务、素质提升等为重点的关爱农民工志愿服务活动；“中国妈妈爱心联盟”，就是一家以社会困难群体为对象、专门从事慈善救助的公益性机构，主要对贫困的癌症患者、脑瘫患者、植物人患者等从经济上、医疗技术上开展爱心救助活动。另外，扶危济困志愿服务活动，还有心理治疗志愿服务等，它主要是志愿者通过心理咨询、心理辅导等方法，有效地帮助心理疾病人员进行心理调节，塑造健康的心理品质，帮助病人树立生活信心和勇气，以防止发生心理疾病或心理问题。比如，在四川汶川、云南鲁甸发生地震时，就有大量的心理治疗志愿服务队在灾区开展对孤儿的心理救助工作，开展“心理救灾”。湖南株洲醴陵市于2004年4月30日诞生了我国第一个以加强生命教育为主题

---

① 中央精神文明建设指导委员会：《关于深入开展志愿服务活动的意见》（中央文明委〔2008〕6号），2008年10月6日。

的民间公益群体——“关爱生命万里行”活动小组。该小组聚集起海内外2000多名志愿者，为数万人次提供了医疗、心理和社会支持服务，得到了温家宝两次亲笔批示，接受过国内外近百家媒体采访报道。2015年，中共中央、国务院颁布实施《关于打赢脱贫攻坚战的决定》提出，要广泛动员全社会力量，合力推进脱贫攻坚，实施扶贫志愿者行动计划。在脱贫攻坚中，广大志愿者和志愿组织无私奉献，通过多种途径和方式助力脱贫攻坚，成为农村精神扶贫战场中的一道亮丽风景。

3. 重大活动志愿服务。重大活动主要是指大型体育比赛、演唱会、音乐会等文艺演出活动，展览、展销等活动，游园、灯会、庙会、花会、焰火晚会等。对于重大活动志愿服务，中央精神文明建设指导委员会《关于深入开展志愿服务活动的意见》指出，主要就是“动员志愿者参加接待、咨询、联络、秩序维护等方面的工作，为大型社会活动的顺利进行提供有力保障；开展公共秩序志愿服务活动，组织志愿者到公共场所、道路交通和赛会场馆等重点部位，宣传文明行为规范，劝导不文明言行，努力创造规范有序的社会公共秩序”。① 国内开展的影响面较广的重大活动志愿服务有“世界妇女大会志愿服务”“建国六十周年庆典活动志愿服务”“奥运火炬传递志愿服务”“北京奥运会、残运会志愿服务”“上海世博会志愿服务”“广州亚运会志愿服务”等。据统计，北京奥运会正式录用来自98个国家和地区的74615名志愿者，而参与志愿服务的总人数达170万；2010上海世博会期间，园区内的79965名志愿者分批次向游客提供了约1000万小时、约4.6亿人次的服务；广州亚运会有6万名赛会志愿者和50万名城市文明志愿者提供志愿服务。②另据统计，有16万多名志愿者参与庆祝新中国成立70周年志愿服务；有7500名志愿者服务全国第十届残运会；2300余名志愿者为第二届全国青年运动会开幕式提供服务；3700余名志愿者服务亚洲文明对话大会；4300余名志愿者服务于2019年兰州国际马拉松赛。③ 通过这些大规模的志愿服务，一方面，解决了重大活动人力资源不够等问题，维护了重大活动的正常秩序；另

---

① 中央精神文明建设指导委员会：《关于深入开展志愿服务活动的意见》（中央文明委〔2008〕6号），2008年10月6日。

② 王焕清、魏国华：《志愿行动与文明社会建设》，人民出版社2012年版，第35页。

③ 数据来源：中国志愿服务联合会门户网站。

一方面，营造了团结协作、奉献友好的良好氛围，向参会人员、中外游客展示了我国和谐、文明的社会道德风尚。

4. 应急救援志愿服务。当一个国家或地区发生重大公共安全事故或天灾人祸时，需要投入大量的人力、物力、财力。在这样的情况下，需要大量的应急救援力量。其中，志愿者的力量就是其中的一个重要组成部分。对此，中央精神文明建设指导委员会《关于深入开展志愿服务活动的意见》指出，应急救援志愿服务“主要是组织志愿者广泛普及防灾避险、疏散安置、急救技能等应急处置知识，参与重大自然灾害和突发事件的抢险救援、卫生防疫、群众安置、设施抢修和心理安抚等，提高社会和公民的应急处置能力”。① 在紧急情况下，志愿者发扬“一方有难，八方支援”的伟大民族精神，团结协作，无私奉献，用自己的专业技能，或是捐献钱物，或是亲自奔赴救援前线，积极开展应急救援服务。例如，“5·12”四川特大地震后，首都北京广大志愿者积极响应党中央和市委市政府的号召，推出“捐出500小时，北京志愿者志愿灾区接力计划”，踊跃奔赴救灾一线。据不完全统计，当时全市共有近40支志愿服务队、近60支青年突击队、共计1万余名志愿者服务灾区，以实际行动继承和发扬了中华民族患难相恤、守望相助的传统美德。② 2009年5月11日，国务院新闻办发表《中国的减灾行动》白皮书。该资料显示，汶川地震发生后，深入灾区参与紧急救援的国内外志愿者达300万人以上，在后方参与抗震救灾的志愿者人数达1000万以上。③ 这种应急救援志愿服务，有力地支援了抗震救灾和灾后重建工作。2014年8月3日，云南鲁甸县发生6.5级地震，造成大量的人员伤亡和财产损失。地震发生后，中国志愿者联盟向广大志愿者发出倡议，同时组织志愿者奔赴重灾区，以实际行动帮助灾区人民共渡难关，重建家园。另外，影响较大的志愿服务还有“98抗洪抢险”“2008南方抗击暴风雪”等，也是“大灾面前有大爱”应急救援志愿服务的

① 中央精神文明建设指导委员会：《关于深入开展志愿服务活动的意见》（中央文明委〔2008〕6号），2008年10月6日。

② 伍发明、张婷：《打造“志愿北京”新名片——北京市志愿服务工作巡礼》，载《前线》，2010年第11期。

③ 成双凤：《大学生公民意识的形成途径研究——以志愿服务促大学生的公民意识形成》，载《文史博览（理论）》，2011年第9期。

突出表现。尤为突出的是，据全国志愿服务信息系统显示，在2020年新冠肺火疫情防控中，各地开展疫情防控服务项目17.7万个，参与疫情防控的注册志愿者达361万人。

二、志愿服务的主要对象

由于志愿服务的类型多样、领域广泛，志愿服务的对象也多种多样。归纳起来，主要有城镇下岗失业人员、农村特困人口、优抚对象、妇女、未成年人、残疾人、老年人、流动人员等。①

1. 城镇下岗失业人员。城镇下岗失业人员是指有劳动能力和就业愿望的没有合适工作岗位和劳动收入的人员。针对这一群体的特殊困难，社区以及各类志愿组织和志愿者开展了慈善捐助、就业培训、职业介绍和职业指导、政策支持等方面的志愿服务。常见的志愿服务主要有青年志愿者“一助一长期结对服务计划”“青年志愿者扶贫接力计划”、雷锋互助社、红十字会的慈善募捐志愿者等。

2. 农村特困人口。改革开放以来，我国经济发展迅速，农村经济水平也有很大的改观，但农村依然存在一部分特困人口，而特困人口又主要集中在孤老寡残等人员中。为此，志愿者针对农村贫困户、五保户、外出务工人员家庭等贫困人口情况，积极开展敬老扶幼、优抚助残、社会救助等活动，帮助农村特困群体解决生产生活上的问题与困难。比较有代表性的志愿服务活动有“扶贫济困志愿服务”“关爱农民工子女志愿服务”、大中专学生志愿者暑期文化科技卫生“三下乡”活动、“大学生志愿服务西部计划”“青年志愿者扶贫接力计划”等。

3. 优抚对象。优抚工作是国家抚恤和群众优待工作的简称，是指国家和社会按照法律、法规对优抚对象给予物质帮助和精神鼓励的一项特殊的社会保障制度。我国现阶段的优抚对象包括中国人民解放军和中国人民武装警察部队的现役军人、革命伤残军人、复员退伍军人、革命烈士家属、因公牺牲军人家属、病故军人家属、现役军人家属等。改革开放以来，针对优抚对象

---

① 余双好:《志愿服务概论》，武汉大学出版社2013年版，第69－71页。

的具体困难，带有公益性的志愿服务组织和志愿者开展了大量的志愿服务，比如组建“烈军属之家”“创建双拥模范社区”“爱心献功臣”“军民共建志愿者服务队”等。

4. 妇女。随着社会的逐渐发展、社会文明程度的提高，妇女参与社会经济、政治、文化生活的程度越来越高，她们在现代社会和家庭生活中发挥的作用也越来越大。但也有部分女性在家庭和社会生活方面会遇到各种各样的困境，急需社会提供必要的帮助。针对这一状况，志愿服务以“奉献家庭，服务社会”为目的，开展帮扶经济困难的家庭、抚慰离异失婚女性的心理、关心女性身体及生活状况、关注留守儿童的教育及成长、激励女性的就业创业等志愿服务活动，像“巾帼志愿者”“爱心妈妈联盟”等志愿服务，发起者是女性，志愿服务的对象也是遭遇困境的女性等。

5. 未成年人。未成年人是指不满 18 周岁的公民，分为婴儿、幼儿、少年、青年等。由于未成年人身心发育尚未成熟，社会判断力不强，心理承受力较弱，再加上学习任务繁重，急需得到社会、学校和家庭特别的关心和爱护。但是，近年来，农民工子女、单亲家庭子女等家庭教育缺位，导致未成年人自我发展受限。于是，一些针对未成年人的志愿服务也就应运而生。这些志愿服务的内容以未成年人成长教育为主，主要包括人格养成教育服务、文化知识教育服务、身心健康培育服务、不良行为矫治服务等。已经取得卓有成效的志愿服务主要有“关爱农民工子女”志愿服务、“情系农民工子女看世博”“爱心妈妈联盟”“春蕾行动”等。

6. 残疾人。残疾人是特殊的困难人群，“是指在心理、生理、人体结构上，某种组织、功能丧失或者不正常，全部或者部分丧失以正常方式从事某种活动能力的人，包括视力残疾、听力残疾、言语残疾、肢体残疾、智力残疾、精神残疾、多重残疾和其他残疾”。① 为残疾人服务的内容主要涉及康复服务、生活服务和教育服务，比如“红领巾手拉手助残”“志愿助残阳光行动”“用我的声音做你的眼睛”、盲童“看”世博活动等。

7. 老年人。我国老年人具有数量大、老龄化速度快等特征，老年人急需

① 王世伟：《构建信息无障碍的图书馆服务理念和体系》，载《大学图书馆学报》，2003 年第 6 期。

得到社会和家庭的关爱。近年来，针对老年人的各种志愿服务也就越来越多，规模也越来越大，服务的主要内容有生活照料服务、医疗康复服务、精神慰藉服务、法律服务等。具有一定代表性的志愿服务有“志愿者为老年人服务金晖行动”“老人义工临终关怀”志愿服务、“关爱空巢老人暖冬服务行动”“星光老人之家”“情暖空巢——我陪老人过大年”等。

8. 流动人员。流动人员一般是指在特定时间段内离开常住户口所在地、跨越一定的辖区范围、前往异地滞留暂住的人员，或居住地不断变动的人员。目前我国流动人员绝大多数是文化层次较低的农民工，他们工资待遇低，劳动环境差，社会保障普遍缺失，因而各种社会需求高涨，渴望社会提供服务，解决他们生存与发展的需要。这类服务的主要内容包括提供政策法规及心理援助、提供就业服务、提供子女照顾及教育服务、提供学习培训服务，比如红十字会的“慈善募捐志愿者”“关爱农民工子女”“扶贫接力计划”等。

第三章

志愿服务与道德建设的内在关联

我国社会各领域广泛兴起的志愿服务组织，在经济、政治、文化、社会等领域内开展了多种形式的志愿服务行动，如果用伦理学的眼光来审视，它们很多都表现为一种道德实践。中央精神文明建设指导委员会印发的《关于推进志愿服务制度化的意见》明确指出："志愿服务是美好的道德行为和重要的道德实践，是培育奉献精神的重要载体，是新形势下推进精神文明建设的有力抓手。"① 中共中央、国务院在2019年10月颁布的《新时代公民道德建设实施纲要》也明确指出："学雷锋和志愿服务是践行社会主义道德的重要途径。"从志愿组织的宗旨使命、行为动机、组织成员、服务对象、内外管理等方面来看，志愿组织也表现出鲜明的道德属性和强烈的伦理价值诉求，是与"为人民服务"的雷锋精神一脉相承的。志愿服务犹如一支强大的道德力量，在全社会树立道德标杆，成为社会进步的一面道德旗帜，与社会主义道德建设形成了紧密的内在关联。

第一节　志愿服务的道德属性

在我国，"奉献、友爱、互助、进步"是志愿服务的核心理念，也是志愿服务的目标、任务和宗旨，它是我国传统美德、时代精神和人类文明的有机结合，赋予志愿服务鲜明的德性品质，成为志愿服务的一面鲜艳旗帜，突出地体现了我国志愿服务的道德属性。

---

① 中央精神文明建设指导委员会：《关于推进志愿服务制度化的意见》（文明委〔2014〕3号），2014年2月19日。

一、无私奉献

无私奉献是志愿精神的第一要义，是高层次的道德品质和行为规范，正如孔子所曰：“巍巍乎！舜禹之有天下也而不与焉。”认为舜禹虽拥有天下而不为自己，是一种非常崇高的精神，是只有圣人才具备的品德；法国思想家伏尔泰也曾经说过：“无论在何时何地，为公益事业做出最大牺牲的人，从来都被认为是最有道德的人。”① 这种无私奉献是每个社会都需要的崇高道德品质，社会越发展，越需要这种精神。人类历史上许许多多的仁人志士，无私奉献，不为任何个人利益，为人类的进步发展作出了巨大贡献。比如军人为了保家卫国而牺牲生命、医生为救死扶伤不怕被病毒感染、社会公众为了维护社会正义与犯罪分子作殊死搏斗等，都是无私奉献精神的突出表现。志愿服务是一种不以获取物质报酬为目的的非政府性、非营利性、志愿性公益行动，无私奉献是志愿组织、志愿者与生俱来的伦理属性，是志愿服务的精神基础。它强调志愿者对国家、民族、社会及他人的责任和义务，强调志愿者在消解社会矛盾、促进社会和谐过程中的推动作用。志愿组织开展的扶老助残、扶贫济困、抢险救灾、保护生态环境、大型赛事等志愿服务行动，用奉献诠释志愿精神，在社会上树立起无私奉献的道德标杆，是对无私奉献精神的积极倡导和弘扬，也是对雷锋精神的传承和弘扬。2008 年北京奥运会的有些志愿服务岗位的任务是非常繁重的，这就需要强烈的无私奉献精神。比如，在交通服务岗位上，有志愿者从凌晨 5：30 一直工作到次日凌晨 2：00，需要连续工作 20 多个小时；在排球场上，6 名志愿者要在 30 分钟内擦完 162 平方米的赛场；射击馆里，志愿者要在 30 分钟内换 30 个靶位，志愿者的无私奉献精神和吃苦耐劳精神在这些任务繁重且责任重大的岗位得到了充分体现。据统计，2008 年北京奥运会志愿者累计服务超过 2 亿小时，志愿者每日出勤率始终保持在 99.5% 以上。② 我国以青年为主体的志愿服务群体，具有较为

① 转引自陶倩、刘海云：《志愿精神的德性分析》，载《上海大学学报（社会科学版）》，2008 年第 1 期。

② 魏娜 等：《经验 · 价值 · 影响——2008 北京奥运会、残奥会志愿者工作成果转化研究》，中国人民大学出版社 2010 年版，第 43 – 44 页。

突出的奉献精神，与“微笑北京”的志愿服务主题是一致的，体现了志愿者以“微笑”面对“艰辛”的信心和决心。2014 年第二届夏季青年奥林匹克运动会期间，在南京国际博览中心场馆，68 岁的志愿者、老党员陈平每天坚持背英语单词，目的就是为了更好地做好引导和服务；在五台山篮球场馆，中国传媒大学南广学院的女生杨吟之意外骨折，卧床一个月，拆完石膏后执意一瘸一拐地回到服务岗位。① 给予这些志愿者顽强毅力克服困难的动力就是无私奉献精神和志愿精神，是为了推动社会和谐与道德文明提升的价值追求。“中国好人志愿者协会”全国无偿献血总队长、“中国好人志愿者协会”湖南总会会长、湖南省娄底市无偿献血志愿者服务大队大队长李洪华，就是这样一位无私奉献的典型代表。他于 1963 年 10 月出生，从 1997 年开始个人献血量达 60000 毫升，是湖南的“献血大王”。在他的影响和带领下，他妻子献血 5000 多毫升，两个儿子分别献血 5000 和 4000 多毫升。除了献血，李洪华坚持扶危济困，帮助他人。汶川大地震时，李洪华捐出一个月工资作为特殊党费。20 多年来，李洪华捐助的善款达 17 万多元。他无私奉献的优秀事迹先后被《人民日报》《中国青年报》《湖南日报》《湖南工人报》《南方日报》等权威媒体报道，对社会的道德文明风尚发挥了积极的引领作用。还有在生态环境保护领域，志愿者的无私奉献精神表现也尤为突出。一些志愿者为保护珍稀动物不受盗猎，经常会冒着生命危险同不法分子进行斗争。成立于 2000 年的民间环保志愿组织“绿眼睛”长期在保护野生动物方面发挥着重要作用，曾多次冒着危险劝阻捕杀野生动物的盗猎者，并经常跟踪那些贩卖野生动物的不法分子，为执法部门提供线索。②

二、平等友爱

古希腊哲学家亚里士多德指出：“友爱是一种德性或包含一种德性。而且，它是生活中最必需的东西之一。”③ 在他看来，友爱是任何社会或个人都必须具备的重要道德规范或道德品质，它是增强社会凝聚力以及人与人之间

① 戴六华、张璐：《为了总书记的嘱托》，《南京日报》，2014 年 8 月 17 日。
② 刘芳：《中国民间环保组织》，安徽文艺出版社 2012 年版，第 81 - 82 页。
③ 亚里士多德：《尼各马科伦理学》，商务印书馆 2003 年版，第 227 页。

相互友好、信任的重要因素之一。我国有学者指出，友爱是一个人对他人给予的主动的、出于意愿的关爱和照料；友爱是一种基于地缘、学缘等因素而形成的私人之间的伦理关系，是一种被认同为类似血缘、亲情间的伦理关系，是人类基于生存与发展利益诉求而在社会实践和人际交往的基础上不断生成的。友爱是志愿服务的应然属性。[①] 志愿服务是由一些基于共同理想、共同价值追求的志愿者在民主、平等、友善的基础上开展起来的公益性服务行动，志愿组织内部或志愿者之间没有专制或强制现象，平等友爱是志愿服务的精神实质，它体现志愿者所奉行的“以人为本”“公平正义”“人道主义”等道德价值理念，强调志愿者在志愿行动中，诚信友善、平等相处及关心人、尊重人的宗旨。志愿组织通过对困难群体开展扶助等志愿服务活动，大力倡导平等友爱精神、社会主义人道主义精神，调节社会冲突，缓和社会矛盾，在全社会建立起和睦的人际关系与和谐有序的社会环境。

比如，在对待艾滋病人问题上，最初由于在这方面没有足够的教育或宣传，人们对这个疾病不太了解，使得艾滋病病人及病毒感染者普遍受到歧视。近年来，许多志愿组织呼吁人们对这个特殊群体给予更多关注和关爱，同时从心理健康、临终关怀、就业指导及艾滋孤儿的成长与教育等方面对艾滋病人进行关怀。成立于 1988 年的中国预防艾滋病基金会是我国最早的防治艾滋病的非政府组织，其宗旨就是开展对性病、艾滋病的宣传、教育、研究和防治。自成立以来，该基金会拍摄了我国第一部科普教育录像专题片《艾滋病追踪》，设立了“小西防治艾滋病奖励基金”，在多地举办了大型预防艾滋病教育展览，开展了“121 红丝带爱心一元捐”活动等，为保障我国性病、艾滋病人正当权益作出了重要贡献。中华红丝带（CRR）是 2005 年由爱心人士自愿发起成立的一个民间志愿组织，它致力于让更多公众认识、防治及救助艾滋病人，帮助那些处于困难边缘的人们得到平等的权利和幸福，使那些由社会不平衡发展所带来的贫困问题、不公平问题从根本上予以改变。对艾滋病人开展的这些志愿服务，体现了社会对困难群体的关爱与关怀，为他们改变艰难的生存现状、走出生活困境、享受与其他社会成员的平等权益、促进

---

① 安国启、张卫民、张学成：《志愿行动在中国：中国青年志愿者行动研究》，中央文献出版社 2002 年版，第 1－24 页。

社会稳定和谐提供了条件和可能。

又如，“湖南省优秀青年志愿者”和“中国青年志愿者优秀个人奖”等荣誉获得者李小龙，是湖南湘乡市的一名普通英语老师。多年来，他用自己的无私奉献，大力倡导平等友爱的道德价值取向：一是自筹资金创建“叮当网络助学爱心直通车”，利用节假日进行扶贫济困助学活动，接收发放善款物资达55.8万元，帮助325名寒门学子完成学业；二是启动“叮当网络助学乡村支教计划”，相继组织南开大学、上海外国语大学、湘潭大学、北京对外经贸大学等42批次418人次的优秀大学生志愿者到偏远山村学校进行义务支教，还组织网友们给一个特困学生家庭捐款，为这名特困学生家里建起了一栋新房。“让世界充满一样的笑声”是他开展志愿服务唯一心愿，也是他多年从事助学事业的最终目的。湖南省首届“慈善奖”获得者赵继云，是湖南省长沙市芙蓉区的居民，是许多孩子信任的“爱心妈妈”。她发起成立“善行者爱心联盟”和“中国妈妈”志愿服务队，帮助边远山区儿童和问题青少年；她组建“爱心妈妈”志愿服务队，并与民政部门联合设立自闭公益办公室，鼓励自闭青少年走出自我封闭的世界，定期帮教“特殊”青少年。近10年来，她将自己全部的时间和精力投入到草根慈善事业中，帮助了上千名求助者，为贫困生送去30多万元募捐款，募集上百万元善款，组织了上千次志愿服务。她所开展的“以爱换爱”活动，在网络上教育和影响了众多青少年，被授予“湖南慈善奖”“中华慈善奖”“百位慈善明星”。①“让世界充满一样的笑声”“以爱换爱”的志愿服务宗旨，鲜明地体现了平等友爱原则，志愿者在服务过程中，播洒的“笑声”、付出的“关爱”，让处于贫困境地的寒门学子和自闭青少年，平等地享受到了社会的阳光与温暖。

三、互助合作

美国社会学家戴维·波普诺认为：“合作指这样一种互动形式，即由于有共同的利益或目标对于单独的个人或群体来说很难或不可能达到，于是人们或群体就联合起来一致行动。正如功能主义理论所强调的那样，在广义上讲，

---

① 《社区里有位“爱心妈妈”》，载《长沙晚报》，2012年11月28日。

所有社会生活都是以合作为基础的，如果没有合作，社会不可能存在。”① 很显然，集体性或联合性是合作的重要特征之一。同时，作为一种总体意义上的价值取向或价值观而不是指具体操作意义上的某一次或几次合作，这也是戴维·波普诺所重点强调的，也是作为合作的重要特征之一。志愿组织作为一种非政府组织，属于社会组织范畴。在这个组织中，有组织成员、组织结构、组织制度和组织行动的行为模式等。志愿组织在这种组织架构下开展志愿服务行动，表达价值诉求，实现公益目标。可以说，志愿组织是通过合作的形式、集体的方式来实现其宗旨和目标的。

从某种意义上说，所有的志愿组织都是一个合作组织，合作是它们行动的核心，合作意识和合作精神是志愿组织成员必须具备的基本素质之一，对合作精神的培育成为它们非常明显和突出的功能，正如托克维尔所说的，“社团把多数人的精神力量集结在一起，促使他们精神饱满地奔向由它指明的目标”。② 亚当·斯密指出：“人类社会的所有成员都处在一种需要互相帮助的状况之中……所有不同的成员通过爱和感情这种令人愉快的纽带联结在一起，好像被带到一个互相行善的公共中心。”③ 志愿组织可以说就是这种“互相行善的公共中心”，它通过志愿服务行动，一方面，志愿者之间相互帮助、相互支持、相互合作，为实现共同的价值目标一起努力奋斗。2010 年广州亚运会志愿服务主题曲《一起来，更精彩》就体现了志愿服务的这种互助合作、共同努力奋斗的精神：“快快快，快跟上我的节拍，快把你的真诚都献出来，用行动把爱来表白，让微笑露出来；来来来，快秀出你的风采，和谐的世界有你更精彩，用心创造新的生活，让生命舞起来，一起来，更精彩……”。④ “一起来，更精彩”是一种鲜明的合作精神体现，它将分散的资源汇聚起来，以互助合作的组织形式，形成一股强大的道德力量，将“真诚”“爱心”“风采”洒向人间，让生命更“精彩”、社会更和谐、人类更进步。另一方面，志愿者利用自己的真诚和友爱，与其他社会成员开展合作，共同为那些需要帮助的困难群体提供医疗、卫生、就业、咨询等方面的服务，提高他们生活质

① ［美］戴维·波普诺著，李强译：《社会学》，中国人民大学出版社 1999 年版，第 71 页。
② ［法］托克维尔著，董果良译：《论美国的民主（上）》，商务印书馆 1988 年版，第 214 页。
③ ［英］亚当·斯密：《道德情操论》，中国社会科学出版社 2003 年版，第 105 页。
④ 王焕清、魏国华：《志愿行动与文明社会建设》，人民出版社 2012 年版，第 52 页。

量和生存能力，增强人际间的关怀，减少彼此疏远，为社会的和谐有序提供桥梁和纽带。例如，湖南省株洲市女企业家联合会设立慈善专项基金，在“大爱株洲·金秋助学”活动中，累计资助30多名贫困学生上学。该联合会会员及会员企业还积极参加捐建“爱心屋”“为特困群众送年货”，支持汶川、玉树等地震灾区的重建等社会公益活动，捐款捐物累计达1000万元。①这些志愿行动，一方面，是慈善精神的充分体现，是中华民族优良传统的充分体现，是对社会困难群体的关怀。另一方面，是一种互助合作精神的鲜明体现，是社会“爱心资源”的汇聚、强势群体对困难群体的扶助等，突出地展现了社会主义社会人与人之间的互帮互助、团结协作、共建和谐社会的美好景象。

四、文明进步

联合国前秘书长科菲·安南在2001年国际志愿者启动仪式上指出：“志愿精神的核心是服务、团结的理想和共同使这个世界变得更加美好的信念。”② 这其中的“共同使这个世界变得更加美好”就是志愿服务推动人类社会文明进步伦理属性的充分肯定。国际志愿者协会在《全球志愿者宣言》中提出：“志愿者要追求全人类的和平、自由、机会、安全和正义；要消除差别，建设一个健康、持续发展的社会；促进家庭、社会、国家和全球团结；使人们充分享有权利，不断改善生活；解决社会、文化、经济与环境问题等。”③《全球志愿者宣言》提出的这些奋斗目标，其宗旨就是要推动全人类的文明进步，建设一个更加和谐、更加文明、更加进步的世界。美国前总统肯尼迪曾经指出：“不要问你的国家能为你做什么，问你能为你的国家做点什么……志愿工作能够真正照亮世界。”④ 里根也曾说：“志愿工作是美国特征

---

① 熊其雨、龚唯：《巾帼力量再献爱心，株洲市女企业家联合会捐资助学》，《株洲晚报》，2014年7月28日。

② 共青团北京市委员会、北京青年研究会：《志愿者形象及其社会影响》，人民出版社2009年版，第4页。

③ 国际志愿者协会：《全球志愿者宣言》（2001年在第十六届世界志愿者大会上经国际志愿者协会理事会通过）。

④ 王焕清、魏国华：《志愿行动与文明社会》，人民出版社2012年版，第43页。

的一个方面，就像我们的言论、机会和信仰自由一样，对我们的生活具有重大意义。”① 志愿服务在美国蓬勃发展、影响广泛，美国前总统肯尼迪、里根对志愿者和志愿服务作出的“能够真正照亮世界”“对我们的生活具有重大意义”等评价，肯定了志愿工作对于推动人类文明进步的重大意义。在我国，志愿服务同样表现出这方面的鲜明属性。2014 年，第二届夏季青年奥运会在南京开幕前夕，习近平总书记给青奥会志愿者回信，要求志愿者弘扬奥林匹克精神和志愿服务精神，积极传播中华文化、讲好中国故事，用青春的激情打造最美的“中国名片”。习近平的回信，给了志愿者极大鼓励。南京志愿者决心用实际行动传播中华文化、讲好中国故事、打造“中国名片”。志愿者提出的服务口号是“你在哪里，中国就在哪里；你怎样，中国就怎样”，② 努力通过自己的志愿行动，向中外参赛运动员和观众提供周到细致服务，展示中国的良好国际形象。

从上述情况分析，推动个人和社会的文明进步、让世界变得更加美好是志愿服务的价值旨归，推动人的自由而全面发展、实现人与自然的和谐共处是志愿者孜孜以求的奋斗目标：其一，推动人与自然和谐相处。环保领域内的志愿者积极追求“天人合一”的道德境界，通过环保宣传、惩戒污染、植树造林等行动，为推动人和自然的和谐相处作出积极贡献。人类在征服大自然、利用自然资源的过程中，砍伐森林、污染水源、开垦荒地、发掘资源等，造成了生态环境破坏。但是，很长一段时期内，人们对生态失衡的状况没有引起重视，直到 1962 年，美国海洋生物学家出版了《寂静的春天》之后，才引发了人们对环保问题的高度关注。生态环境保护的问题得到越来越多的讨论和重视，民间环保志愿组织纷纷出现，加入到保护环境的队伍中。可以说，在世界各个国家，环保志愿组织是各种志愿组织中数量最多、最为活跃的志愿组织，这些组织在开展环保宣传、参与环保决策、监督环境污染、保护野生动物等方面发挥着重要作用。比如，我国在环保领域内出现的“保护母亲河”“保护藏羚羊”“保护鸟类”等行动及倡导的“无车日”“26 度空调”等活动，都是由环保志愿组织在大力推动，产生了较为广泛的影响，取得了比

① 王焕清、魏国华：《志愿行动与文明社会》，人民出版社 2012 年版，第 43 页。
② 戴六华、张璐：《为了总书记的嘱托》，《南京日报》，2014 年 8 月 17 日。

较好的效果。其二，推动社会的文明进步。我国当前还存在城乡差距、区域差别和贫富差距，志愿组织以满足需求、缩小差距、促进发展为己任，以各种方式积极帮助困难群体、化解社会矛盾、推动相对落后地区经济社会发展。近年来，在我国开展的“关爱农民工志愿服务活动”“百万空巢老人关爱志愿服务行动”等收到了很好的效果。在关爱农民工志愿服务活动中，各地志愿者积极弘扬扶危济困、助人为乐的传统美德，帮助农民工子女解决上学难、就业难等问题，还开展“留守儿童”帮扶行动，构建“七彩课堂”，帮助留守儿童度过愉快假期，解决农民工的后顾之忧，积极构建农民工公共服务体系，推动关爱农民工良好社会氛围的形成。在关爱老年人的志愿行动中，全国各地的志愿者积极开展“敬老月”等活动，广泛走访和慰问空巢老人、高龄老人、特困户等，尤其是农村的困难户和贫困老人，给他们送去了慰问金和生活物资，陪他们聊天，为他们清扫卫生，还建立了长期结对扶助机制，定期或不定期上门服务，给他们送温暖。其三，推动个人文明进步。志愿者以公益服务行动为平台，努力培养利他精神，增强公民主体性和公民意识，促使公民超越“小我”，走向“大我”。在我国发生的一些重大事件中，如北京奥运会和残奥会、上海世博会、广州亚运会、南京青奥会，以及四川、云南发生的大地震、精准扶贫等，都活跃着志愿者的身影。参与服务的志愿者，享受了志愿服务的幸福与快乐，丰富了人生的阅历，增强了志愿者的自信心和社会责任感，也促进了志愿者的职业发展，使志愿者在价值观念、道德品质和专业技能等方面都得到了极大提升。比如，2008 年北京奥运会有一位名叫李菊的志愿者，是北京师范大学 2005 级学生，她以“行胜于言”为座右铭，不辞辛苦、积极主动、热情周到地为奥运会的成功举办开展服务、贡献力量。因其突出表现，获得了“2008 年北京十大志愿者”荣誉称号。志愿服务给她的感受是：“志愿服务虽然辛苦，但我们收获了情谊，珍藏了感动，增长了知识，这将是一生的财富。”① 志愿者获得的这些“情谊”“感动”“知识”，不仅是他们个人的“财富”，也是社会的“财富”，是个体和社会文明进步的价值基础。还有些参与 2008 年北京奥运会服务的志愿者说：“奥运志

① 魏娜 等：《经验·价值·影响——2008 北京奥运会、残奥会志愿者工作成果转化研究》，中国人民大学出版社 2010 年版，第 80 页。

愿者不再是一个抽象的符号，而成为一种具体的行动，我们用自己的行动展示了我们对国家的热爱。"① "带着满满的收获离开，我更加深刻地明白——志愿者因微笑而美丽，志愿者因奉献而快乐。"② 这些志愿者的感受，真实地反映出了他们对于无私奉献精神的认同，对于服务他人、服务社会的孜孜追求。这些经历，是他们人生的重要财富，对于促进个体发展、成长、成才都具有重要价值。

第二节　志愿服务的道德价值目标

志愿服务表现出强烈的价值目标指向，"志愿者都有一个参与志愿服务的兴趣点或利益点，但这不是物质的，而是理想的"，"只有当志愿组织的价值观与信念对志愿者有吸引力的时候，才能招募到志愿者"，"物质激励永远是不够的，因为志愿者主要受其良知、是非观念的指引"。③ 其中的"理想""价值观与信念""良知、是非观念"等就是志愿者、志愿服务、志愿组织追求的道德价值目标。志愿服务的价值目标，正如志愿组织确定的活动宗旨，是极其明确、具体的。例如，中国志愿服务基金会宗旨是关爱他人、奉献社会，提高公民文明素质和社会文明程度；中国青基会发起实施的"希望工程"主要是面向贫困青少年，帮助他们提高能力、改善成长成才环境。国外的父母们志愿为家长教师协会工作，不仅因为他们的孩子能从中获益，还因为他们认同有质量的公立教育；男性家长志愿指导少年棒球队，不仅因为他们的子女打棒球，还因为他们相信有组织的体育运动有助于人格的形成；同性恋者志愿在艾滋病团体服务，不仅因为他们想帮助像他们一样的人，还因为他们认为少数团体的需要不应被忽视；业主们更愿意加入邻里协会，不仅是为

① 魏娜 等：《经验·价值·影响——2008 北京奥运会、残奥会志愿者工作成果转化研究》，中国人民大学出版社 2010 年版，第 11 页。

② 同上。

③ 马克·A. 缪其克、约翰·威尔逊著，魏娜等译：《志愿者》，中国人民大学出版社 2013 年版，第 81 页。

了保护其房产价值，还因为他们关注社区生活质量。① 这里所提到的“教育质量”“人格形成”“尊重”“生活质量”等，都是国外志愿服务的价值目标诉求。我国志愿组织鲜明的道德属性及其明确的宗旨使命外显出来，表现为强烈的人道与公正等道德价值诉求和取向，在全社会树立起崇高的道德价值目标，促进社会和谐发展与道德进步。

一、扶助社会困难群体，推动实现人道与公正

任何一个社会都存在先进与落后、富裕与贫穷、强者与弱者等方面的差别，如果一个社会对于那些挣扎在饥饿、贫困甚至死亡边缘的困难群体不给予救济和扶助，其结果必将造成社会的不和谐、不稳定。作为一种道德义务，人道主义要求我们帮助那些遭受痛苦或需要帮助的困难群体，平等地对待每一个人，消除社会不公正现象。志愿组织作为一种带有强烈正义色彩的社会组织，它代表的是社会公益，它的行为表现的是一种对公众，尤其是对困难群体的关怀、关爱和慈善，以及对社会的责任或是一种信仰的力量、一种特殊的价值观，“他们认识到‘需求’，感觉到‘责任’，决定‘奉献自我’，表达‘关切’”。② 比如中国红十字会的宗旨是弘扬“人道”“博爱”“奉献”，致力于保护人的生命与健康，改善人的生存和发展状况，促进世界和平与进步；中国残联组织开展的“助残阳光行动”，就是动员志愿者通过爱心捐赠、日常照料、支教助学、就业支持等方式和渠道，广泛参与对社会残疾人员的服务活动，体现人文关怀，推动和谐社会建设进程；“关爱农民工子女志愿服务行动”是青年志愿者以农民工子女为主要服务对象、与农民工子女建立结对关系、开展结对的帮扶活动。

同时，志愿组织作为一个非强制性的社团组织，他们组织到一起的初衷，不是为了追求物质利益，而是为了实现自身的社会价值，是一种纯粹道德情感的需要，是人们社会良知的自觉回归，是为了实现一种“利他”的道德目

① 马克·A. 缪其克、约翰·威尔逊著，魏娜等译：《志愿者》，中国人民大学出版社 2013 年版，第 81 页。

② Sills，David. 1957. The Volunteers：Means and Ends in a National Organization. Glencoe，Ill. ：Free. P. 82.

标，“对于捐资者、志愿者，尤其是职员，试图去满足一份社会需求或者为一份事业而奋斗的行为本身就是目的，而不管最终结果是什么。由此行动所产生出的价值可以纯粹是心理上的，也可仅仅是对于尽心、关注与信仰的表达。”① 因而，它的救助行为能够增进人们之间的关爱、团结和信任，能够表达出对困难群体的关心、关注和支持，可以增加社会资本储量，能够及时有效地帮助困难群体实现摆脱困境的愿望。在这个方面，政府与志愿组织扮演着不同角色，起着不同作用。当城市民工在劳动权益、人身安全等方面受到企业主的侵害时，要出面维护民工的利益，就需要与企业主抗衡，需要投入人力物力。当政府部门认为他们的工作超出他们的权限时，他们的维权行为就会终止。但志愿组织不同，志愿组织代表着整个社会中的公正性维护者的产生机制，代表着社会本身。当他们出现时，必然同时伴生为正义而投入的热情与个人牺牲精神，因为他们不是表达着社会少数消费者的特殊偏好，而是表达社会共同的公正愿望，表达着社会向政府的要求或抗争。

在我国多地组建的“巾帼维权志愿者服务队”就是这样一些扶助困难群体的志愿组织。这类维权组织，行动的重要目标就是维护妇女的合法权益，为妇女提供法制宣传、法律咨询、矛盾调处、心理疏导等方面的服务，这些志愿服务队在解决家庭暴力、化解婚姻家庭纠纷、宣传法律法规等方面发挥了重要作用。北京“打工妹之家”，为了维护外来打工妹的合法权益，经常费尽周折为受害者调查证据并与厂方据理力争，直到完全获得她们的合法权益；一些志愿组织每年要向贫困地区引进大量的扶贫资金和技术，要向处于困难处境的人群给予大量的志愿捐赠，如为贫困失学儿童提供助学金帮助他们重返校园、为残疾人提供基本的生活保障、为灾民难民重建家园，以及为农民工子女提供学习、就业机会等，这些活动在客观上调节了社会各阶层的利益分配机制，缩小了贫富差距，弥补了我国在社会保障制度方面的缺陷，有效化解了一些社会矛盾，维护和促进了社会的公平、正义，在我国社会转型期发挥着独特的“稳定器”作用。由中国青基会发起实施的“希望工程”，主要是面向贫困青少年，帮助他们提高能力、改善成长成才环境；由共青团中央发起的、全国各个地方实施的“关爱农民工子女志愿服务行动”，采取“结

---

① Frumkin Peter，Transparent Nonprofit. The Public Interest，2001（42）.

对+接力”方式，广大青年志愿者采取一个帮助一个或多个帮助一个的方式，与农民工子女进行对接，对农民工子女的学习、生活等开展扶助，逐步形成“暑期夏令营”“七彩课堂”“爱心家教”等影响大、成效突出的关爱农民工子女志愿服务品牌项目。湖南长沙有个“十字会”志愿服务队，自成立以来，服务队每位志愿者平均每年向社会困难群体提供的服务时间达200个小时，累计服务帮扶对象3万余人次。该服务队启动“非常帮助爱心之旅公益探访日”活动后，服务队每周六指定专人负责组织社会各界爱心人士，携带米油、水果、衣服等各类物资前往长沙市梅花福利院、长沙市一福利院、岳麓区敬老院等各大福利机构开展爱心探访活动，为孤老残困幼等困难群体送去温暖和关怀。近年来，共组织50批近1500人次志愿者到全市各社会福利院探访、慰问和帮助孤寡残老人和孩子，募集和发放各种生活必需品近10万元。2011年玉树地震发生后，该服务队劝募湖南琴岛演艺中心向玉树灾区捐赠现金25万元，联合长沙市“新世界百货”开展爱心义卖活动，募集善款9522.2元，有力地支援了玉树抗震救灾，努力践行人道与公正的道德价值目标。

二、倡导生态环境保护，推动实现人与自然和谐共生

人类是由自然界分化而来的。人类的生存、发展离不开自然。自然为人类社会提供生存空间和各种各样的资源。然而，由于人类社会的发展，尤其是随着工业革命时代的到来，人类对自然实施恣意的掠夺和开发，不加节制地从自然攫取各种资源，对自然环境、生态平衡造成了严重的污染和破坏，人与自然之间的各种矛盾日益突出。日益恶化的自然环境、日益减少的自然资源，给人类社会的生存发展带来了严重的威胁，给人类社会造成了严重灾难，比如海啸、地震、洪灾、冰灾以及土地沙漠化等严重问题。因而，解决人与自然之间的矛盾、实现人与自然之间和谐共处既具有重大意义，又具有艰巨性和长期性。在这个过程中，志愿组织发挥出了重要的倡议和引导作用。环保领域的民间志愿组织是我国数量最多、最为活跃且力量较为强大的非政府组织之一。

环保志愿组织通过生态环境宣传，增强人们的环保意识，引导人们积极参加生态环境保护；通过监督企业的生产，敦促和监督企业更多地投入环保

事业，同时推动和协助政府实施一系列环境政策；倡导公众绿色消费，实现经济社会可持续发展；维护公众环境权益，实现环境正义等。在湖南，有一条“母亲河”，她的名字叫“湘江”。为了保护“母亲河”免遭污染，湖南有一大批志愿者日夜守护在湘江边，对企业的排污情况进行监督，对湘江边居民的饮用水质开展监测，协助环保部门进行污染数据统计，经常向市民发布污染信息，清理河堤及河床垃圾，成为名副其实的“湘江守望者”。长沙绿色潇湘环保科普中心在湘江流域的8条一级支流、三大污染区建立了12个志愿者监测站点、63个日常监测点，93名核心志愿者定期监测所在流域的生态环境状况。从监测活动开展以来，80多名“湘江守望者”每天坚守在70个污染频发点，平均每个月发布污染源监督信息80条，平均每两周推动并解决1起污染问题。① 环保行动有力地冲击和改变着人与自然的关系，促进了人们价值观念和环境伦理的形成，促进了国际政治经济秩序中环境安全和环境外交的发展，推动着人类社会朝向人与自然和谐共生的目标不断迈进，正如我国著名民间环保组织“自然之友”的创始者、领导者梁从诫先生的两句经典名言：“地球不是我们从先辈那里继承来的，而是我们从后辈那里借来的。”“单独地，我们每个人能做的很少；联合起来，我们却可以拯救世界。”② 这两句富有哲理意义的话语，也就如同“自然之友”等那些千千万万的环保志愿组织，他们的环保行动，他们的抗争与激进，一直在开启着人类环境良知、开发着人类伦理潜能，有效地促进着人与自然和谐共生这个价值目标的最终实现。“地球村”与北京市政府合作，开展绿色社区试点，通过电视节目、学校教育等方式，把节约用水、用电等最基本的环保理念向基层群众普及；“自然之友”从国外引进流动环境教学模式和自然教学法，在全国数百所小学开展“羚羊车”环境宣传教育活动，并以“再生纸兑换”“废电池回收”等具体环保实践影响和改变人们的行为方式，保护自然和生态环境。③ 志愿组织倡导生态环境保护的过程，实质就是在倡导一种人与自然和谐共生的价值理念，是

---

① 黄晓辉、周月桂：《守护湘江，志愿者在行动》，《湖南日报》，2013年11月2日。

② 徐大鹏：《“地球家园”的卫士——中国民间环保组织自然之友访问记》，载《科学课》，1999年第4期。

③ 吴玉章、谢海定、刘培峰：《中国民间组织大事记（1978－2008）》，社会科学文献出版社2010年版，第129页。

对生态文明建设的生动实践。这种价值理念，实质就是一种尊重自然、善待自然之道的伦理态度、一种拜自然为师、循自然之道的理性态度和一种保护自然、拯救自然的实践态度，在这样的伦理、理性、实践等理念和态度的引领下，最终达到人与自然和谐共生的价值取向。

三、加强与政府的良性互动，推动政府实现“善治”

“善治”是使公共利益最大化的社会管理过程。政府与公民对公共生活的合作管理是“善治”的本质特征，国家权力向社会回归是“善治”的最终目标，“善治”的基本要素是“责任”“透明”“合法”和“法治”“回应”“有效”等。① 在市场经济条件下，社会利益分化、价值多元、矛盾复杂、风险加大，政府的社会治理任务繁重。从传统的治理经验来看，单一的治理结构很难长期稳定有效，集中的、刚性的政府力量面对弹性的、分散的、异变的社会利益和社会关系时，很容易出现治理失效，从而激化社会矛盾，破坏社会和谐。

志愿组织作为“第三方力量”和“第三部门”，代表着社会各种利益，通过志愿服务行动，“个人可以有效而富有意义地把自己与政治体系联系在一起。这些社团帮助他避免成为与政治影响隔绝的村民，或者成为受大批政治机构以及政府摆布和调动的孤独无力者这样的困境”。② 引导人们走出私人生活空间，积极参与社会事务的管理和决策，行使国家赋予的权利，同时代表不同利益群众表达不同利益诉求，缓和社会矛盾，改善人与人、人与社会及人与自然的关系，从根本上推动着政府治理理念和治理模式的转变，实现政府“善治”，促进社会和谐：其一，志愿组织通过开展慈善性、公益性活动帮助社会边缘群体，最大限度地减少这类人群对政府权力的责难，同时在政府与社会之间建构良性互动的桥梁和纽带，缓冲政府与社会之间的张力，消除政府合法性危机。比如，志愿组织开展的“关爱农民工子女”“关爱空巢老

---

① 岑乾明、宋卫琴：《“后供给”管理——走出农村公共产品“公地悲剧”宿命的关键》，载《吉首大学学报》，2009 年第 1 期。

② ［美］加布里埃尔·A. 阿尔蒙德、西德尼·维马，徐湘林等译：《公民文化》，华夏出版社 1989 年版，第 331 页。

人”“关爱残障人员”“关爱留守儿童”等，一方面，帮助这些困难群体解决生活、工作上的问题与困难；另一方面，也是替政府分忧、为政府解难，缓解群众与政府之间的矛盾，减轻政府的压力，美化政府在人民群众中的形象。其二，志愿组织在参与和推动民主政治发展过程中，通过将分散的资源和能量聚集成团体的共同呼声和诉求，从而对政府形成压力、监督和制约，使之必须对法律和公众的利益愿望负责。有许多志愿者也是政府的公务员或是离退休领导干部。这些志愿者利用他们拥有的社会资源，通过合适的途径或渠道，向政府输送群众的诉求，实施对政府决策的监督或约束。2004 年，“自然之友”等 6 家民间环保组织发起“26 度空调节能行动”，在活动初期，遭到市民和企业的拒绝和反对，后经“地球村”“自然之友”“绿家园志愿者”等众多志愿组织的呼吁和倡导，最后被国务院法制办编入《民用建筑节能条例(草案)》，2007 年国务院宣布正式启动“节能减排全民行动”。在这个过程中，环保民间志愿组织从专业的角度为政府决策提供了合理的意见、建议。其三，志愿组织还通过参与政府民主治理，在社会福利政策、公共设施建设，以及环保、民生等方面参政议政，推动政府公共服务改革，提高公共服务的质量，实现公共权力的公开、透明、责任、高效。比如，中国国际民间组织合作促进会提出“绿色出行”活动倡议，倡导公众在选择出行方式的时候，优先选择对环境影响最小的方式，以此来减少交通污染、提高空气质量和保障人的健康。北京市在发布《关于优先发展公共交通的意见》时，就吸收了这一活动倡议中的核心内容。① “自然之友”“地球村”等环保志愿组织利用国务院《规划环境影响评价条例（征求意见稿)》向社会公开征求意见的机会，召开专项研讨会，认真向有关专家征询意见，最终在公众参与、审查权、保密制度等几个与公众利益密切相关的问题上向全国法制办提出意见、建议并获得采纳。② 其四，志愿组织通过参政、议政等途径向政府反映、表达、传输公众的各种愿望和需求，然后，通过向政府表达诉求施加影响，推动政府对公众的愿望和需求作出反应和回应，满足公众的正当、合理权益要求。在

① 吴玉章、谢海定、刘培峰：《中国民间组织大事记（1978 - 2008)》，社会科学文献出版社 2010 年版，第 159 页。

② 同上，第 132 页。

这些方面，环保民间组织的表现尤其突出。20 世纪 90 年代，在新疆阿尔金山保护区一带，经常发生藏羚羊被猎杀情况，但这一保护区位于青海、西藏、新疆三省、区交界的无人区，公安人员不能越界执法，盗猎活动得不到有力打击。“自然之友”志愿者得知这一情况之后，通过深入的调查、考察，向国家环保总局和国家林业局提交《关于保护藏羚羊问题的报告和建议》并得到采纳，随后开展了“可可西里一号行动”，对盗猎藏羚羊活动进行联合严厉打击，有效地保护了保护区的珍稀动物。① 2002 年，“绿色江河”志愿者在青藏公路观察和发现了藏羚羊的迁徙情况和规律，发现藏羚羊迁徙受到青藏铁路施工车辆的严重阻挡和影响，“绿色江河”志愿者在咨询有关专家之后，起草了《关于保证藏羚羊顺利迁徙急需采取措施的建议书》并提交给当时的青藏铁路第十二工程局，建议定时、定点停止工程车辆行驶，确保藏羚羊顺利、安全通过公路迁徙。这一建议被铁路局全部采纳，对我国野生动物保护起到了一定的推动作用。② 还有一个典型的案例是“怒江保卫战”。2003 年 7 月，怒江被正式列为世界自然遗产。2003 年 8 月，国家发改委审查通过了《怒江中下游水电规划报告》，计划在怒江下游修建 13 级水电站，这可能对怒江的生态环境造成极大破坏。我国著名的民间环保组织“绿家园”得知这一消息之后，非常震惊，立即组织各方力量通过多种渠道反对建坝：在国家环保总局召开的论证会上提出强烈抗议；发动新闻媒体记者将专家们反对建坝的呼声通过主流媒体传向社会；开展反对建坝联合签名，并将联合签名向联合国教科文组织递交；组织“绿家园”志愿者和新闻记者赴怒江进行实地考察，在此基础上撰写有关怒江的报告文学和通讯报道，开展“情系怒江”摄影展等。通过这些活动，在社会上形成了反对建坝的强大舆论压力。2004 年 1 月，温家宝对此事件作出批示，要求慎重研究，科学决策，使怒江大坝最后被缓建。③“怒江保卫战”之后，我国其他的一些民间环保组织相继对金沙江虎跳峡电站的质疑、对北京动物园搬迁决策的争议，以及参与圆明园防渗膜工程和厦门 PX 项目搬迁的评议等，都表现出环保民间组织对政府决策的重要影响

---

① 刘芳：《中国民间环保组织》，安徽文艺出版社 2012 年版，第 6 页。
② 同上，第 67 页。
③ 同上，第 53 – 55 页。

力，推动了国家环保总局制定《环境影响评价公众参与暂行办法》，建立健全了对环境工程的有效监督、建议机制，成为民间志愿组织推动政府“善治”的突出表现。

四、增加社会资本，提升社会核心竞争力

美国学者普拉哈拉德（C. K. Prahalad）、哈默尔（G. Hamel）最早提出“核心竞争力”概念。核心竞争力，即“核心竞争优势”或“核心（竞争）能力”，是国家、社会或企业在实现可持续发展和进行竞争中体现出来的持续的、独有的、核心的、以获取最佳的经济和社会效益的最重要的资源和能力，在一定时期内，核心竞争力能够使国家、社会或企业保持现实或潜在的竞争优势。除经济、科技、管理水平之外，社会核心竞争力还取决于公民的文明素养和社会的信用状况。因而，文化、文明、道德、信用等是社会核心竞争力的基本要素。从社会核心竞争力的内涵和基本要素来看，社会资本的要义直接指向和体现着社会核心竞争力。社会资本作为人与人之间社会关系的一种体现，以信任、合作、互惠、规范、网络等作为现实的伦理关系和状态。作为社会资本的信任、合作、互惠等的不断积累和增加，是社会核心竞争力增强的重要途径。社会核心竞争力迫切需要社会资本的注入。对此，英国学者肯尼斯·纽顿指出：“社会资本着重于那些文化价值和态度，这使得公民有合作、信任、理解和彼此产生共鸣的倾向——互相以公民而不是陌生人、竞争者或潜在的敌人来对待。所以，社会资本非常重要，因为它组成了一种力量，这种力量能提高社会的凝聚力，把人们从缺少社会道德心或共同责任感的利己主义者和以自我为中心的算计者转变为利益共享、责任共担和有社会公益感的社会成员。”① 从纽顿的阐述来看，作为社会资本，信任、理解、合作等是一种重要的文化价值和态度，这些文化价值和态度，能使社会公众在交往中产生协作与共鸣，减少人们之间的摩擦与冲突，提高社会的凝聚力，培养公民的道德品质和责任感，从而实现利益共享、责任共担、公益鲜明的文明、诚信的社会状态，达到增强社会核心竞争力之目的。然而，信任、理

---

① ［英］肯尼斯·纽顿，杨松译：《社会资本与民主》，载《马克思主义与现实》，2000 年第 2 期。

解、合作等社会资本，是我们当今社会的稀缺资本，人与人之间、人与社会之间、人与自然之间，缺乏沟通、协调和理解，从而导致相互之间的不信任、不合作，社会的和谐局面和氛围受到严重影响。

在现代社会，志愿组织通过弘扬和践行“奉献、友爱、互助、进步”的志愿精神，在创造信任、合作、社会关系网络等社会资本方面发挥着重要作用，其价值指向就是增加社会资本储量，减少人与人、人与社会、人与自然之间的矛盾与冲突，减少社会上的不和谐、不稳定、不团结等因素，提高公民的文明素养和社会的诚信程度，增强社会的核心竞争力：其一，志愿组织作为公民合作的基本形式，合作是它们组织的核心、行动的核心，它的志愿服务也就是一个相互协作、团结的过程，它展现出来的就是一个公民合作的良好形象。比如，中国青年志愿者协会是一个全国性社会团体，其成员是一些志愿从事社会公益事业和社会保障事业的热血青年，其目标、宗旨就是组织和指导全国青年志愿者开展各种形式的志愿服务活动，提高青年志愿者的文明素养和社会行动能力，促进经济社会的协调发展和道德文明提升。近年来，青年志愿者在支援我国偏远地区的基础教育发展方面作出了较为突出的贡献。师资力量薄弱、优质师资短缺、教师流失数量多等是我国农村基础教育普遍存在的问题，有些偏远地区的农村学校还存在一名教师包干几个年级所有课程的现象，这在一定程度上制约了农村基础教育的健康发展。为解决基础教育师资短缺的问题，共青团中央、教育部于 1998 年开始每年派出中国青年志愿者研究生支教团，分赴我国中西部贫困地区的中小学开展为期一年的支教活动，为农村基础教育增添了新鲜血液、注入了强劲动力，在一定程度上缓解教师短缺、优质师资不足的问题，有效促进了农村义务教育均衡发展和教育公平。其二，志愿组织承担着社会信任关系的“润滑剂”作用，它的志愿服务活动向人们昭示了一种“利他”的价值理念，增强人们对社会的信心、人与人之间的友好和信任，使人际关系变得轻松、纯洁、牢固。比如，志愿者对农民工、留守儿童、残障人士等社会困难群体的扶助服务，就展现了社会主义社会团结互助、关爱友善等社会文明风尚，使人们看到和谐的人际关系，同时，也让社会困难群体感受到了社会的温暖和关怀，增强困难群体对生活、对社会的勇气和信心。其中，2010 年启动实施的“关爱农民工子女”志愿服务行动，取得了较好的效果：一是形成了“结对 + 接力”工作机制，全国已有3.2万所结对农民工子女学校，有730万结对的农民工子女；二是推行“七彩课堂”，分别确保已结对的随迁农民工子女每人每年接受不低于50小时、已结对的农村留守农民工子女每人每年接受不低于30小时以上的志愿服务。① 其三，志愿组织通过组建社团开展服务活动，扩大了人际交往范围和空间，发挥了社会关系网络缔结的“粘合剂”作用，使社会处于一个彼此联络、沟通的和谐、有序的状态之中。尤为突出的是，志愿服务的人数多、领域广、范围宽、影响大，志愿者形象对其他社会公众是一个良好的榜样和示范，志愿服务行动在社会就犹如一道亮丽风景线，吸引着其他社会公众参与到志愿服务团体当中，将“奉献、友爱、互助、进步”的志愿精神发扬光大，人人参与志愿服务，个个是社会文明进步的推动者，将社会各阶层紧紧“粘合”在一起，进而在全社会营造团结协作、和谐友好、奋发向上的良好氛围，大大增强社会的道德资本，真正实现社会和谐，提高社会核心竞争力。2006年成立的“爱心传递”慈善基金会，其宗旨是为贫困地区的孩子提供更好、更优越的学习条件和资源。该基金会所开展的“爱心传递工程”等公益项目，以“爱心的传递”为理念，通过广泛的志愿行动，支持和鼓励人人拿出行动去爱，支持和鼓励人人在“受爱”的同时学会“施爱”。该基金会正是以“爱心的传递”为纽带和桥梁，让“爱之心”“爱之情”充满社会的各个角落，在全社会形成互帮互助、互敬互爱的和谐氛围，使和谐社会、和谐世界不再是遥远的梦想。

第三节　志愿服务与道德建设的内在关联

志愿服务虽然是西方的舶来品，但是，我国对志愿服务产生的社会作用和影响也极为重视。在近年来党和国家的一些重要文献中，都对“深入开展群众性精神文明创建活动”“完善志愿服务体系”等提出了明确要求。党的十九届四中全会明确提出“健全志愿服务体系”。并且，都与社会主义和谐社会建设、社会主义道德建设等内容联系在一起进行阐述，这在一定程度上表明

① 《共青团关爱农民工子女志愿服务行动》，中国青年志愿者网，http://www.zgzyz.org.cn，2012年1月12日。

了志愿服务与道德建设的某种关联。例如，2019 年，我国先后颁布实施的《新时代公民道德建设实施纲要》和《新时代爱国主义教育实施纲要》，都明确提出要通过开展志愿服务推进公民道德建设，要将爱国主义教育融入志愿服务。从现实性上来说，它们两者相辅相成，相互促进，确实存在着密切的相互关系，其中，志愿服务是道德建设的有效载体，而道德建设为志愿服务提供目标和动力。

一、党和国家的重要文献将志愿服务与道德建设联系在一起的有关阐述

近年来，随着志愿服务的蓬勃兴起，其产生的社会影响越来越受到人们的关注和重视。在党和国家的一些重要文献中，也专门将志愿服务与道德建设联系在一起进行阐述。

1. 《公民道德建设实施纲要》。2001 年，中共中央颁布的《公民道德建设实施纲要》指出："公民道德建设的过程，是教育和实践相结合的过程。以活动为载体，吸引群众普遍参与，是新形势下加强公民道德建设的重要途径。每个公民既是道德建设过程的参与者，也是道德建设成果的受益者，要坚持在各种类型的群众性精神文明创建活动中突出思想内涵，强化道德要求，使人们在自觉参与中思想感情得到熏陶，精神生活得到充实，道德境界得到升华。"① 以活动为载体、群众普遍参与，这是志愿服务的典型特征和行为方式，已成为公民道德建设的重要途径之一。通过广泛开展群众性精神文明创建活动和志愿服务活动，使人民群众明确道德规范、充实道德生活、受到道德熏陶、提升道德境界。"以'讲文明树新风'为主题的创建文明城市、文明村镇、文明行业活动，各级党政机关开展的创先争优、依法行政、公正执法、做人民满意公务员活动，以及社会各界组织的'希望工程'、'送温暖'、'志愿者'、'手拉手'、'幸福工程'、'春蕾计划'、'扶残助残'等公益活动，覆盖面广、参与人数多，对公民道德建设有着深刻的影响"。② 《纲要》中提到的"希望工程""送温暖""手拉手""幸福工程""春蕾计划""扶残助

① 中共中央关于印发《公民道德建设实施纲要》的通知（中发〔2001〕15 号），2001 年 9 月 20 日。

② 同上。

残”等公益活动，其实质就是志愿服务或志愿活动项目，肯定了它们“对公民道德建设有着深刻的影响”。并且，志愿服务是一种以“活动为载体”的“群众性精神文明创建活动”，是新形势下加强公民道德建设的重要途径。2019 年，中共中央、国务院印发的《新时代公民道德建设实施纲要》提出，要深入推进学雷锋志愿服务，大力弘扬雷锋精神和志愿精神，引导人们把学雷锋和志愿服务活动作为生活方式，使“我为人人，人人为我”蔚然成风。

2. 党的十七大报告。十七大报告指出，要“建设和谐文化，培育文明风尚。和谐文化是全体人民团结进步的重要精神支撑。……大力弘扬爱国主义、集体主义、社会主义思想，以增强诚信意识为重点，加强社会公德、职业道德、家庭美德、个人品德建设，发挥道德模范榜样作用，引导人民自觉履行法定义务、社会责任、家庭责任。……深入开展群众性精神文明创建活动，完善社会志愿服务体系，形成男女平等、尊老爱幼、互爱互助、见义勇为的社会风尚”。① 十七大报告将志愿服务提升到“建设和谐文化，形成文明风尚”的高度，要求在完善志愿服务体系、深入开展志愿服务行动的基础上，推动男女平等、尊老爱幼、互爱互助、见义勇为良好社会风尚形成。为深入贯彻落实党的十七大精神，进一步完善社会志愿服务体系，积极培育文明风尚，不断提高公民文明素质、社会文明程度，2008 年 10 月 6 日，中央精神文明建设指导委员会专门颁发了《关于深入开展志愿服务的意见》，对我国志愿服务活动的开展进行了安排部署。《意见》指出：“我国的志愿服务作为伴随改革开放出现的新生事物，是长期开展的学雷锋活动的发展和延续，有着广泛群众基础和独特优势。近年来各种形式的志愿服务活动发展很快，党员志愿者、社区志愿者、职工志愿者、青年志愿者、大学生志愿者、巾帼志愿者、家庭志愿者、老年志愿者、扶残助残志愿者、红十字志愿者、治安志愿者、科普志愿者等各类志愿服务队伍比较活跃，成为社会主义精神文明建设的重要力量。在迎接和举办北京奥运会残奥会、四川汶川抗震救灾等重大活动和重大事件中，志愿服务都发挥了突出作用。”② 《意见》对我国志愿服务的重

① 胡锦涛：《高举中国特色社会主义伟大旗帜 为夺取全面建设小康社会新胜利而奋斗——在中国共产党第十七次全国代表大会上的报告》，2007 年 10 月 15 日。

② 中央文明委：《关于深入开展志愿服务的意见》（中央文明委〔2008〕6 号），2008 年 10 月 6 日。

要作用和影响给予了充分肯定，将其作为“培育文明风尚，不断提高公民文明素质、社会文明程度”的一条重要途径和措施，通过“组织开展普及文明风尚志愿服务，更好地传播文明理念，倡导团结互助精神，引导人们知礼仪、重礼节、讲道德”。同时，为深入贯彻落实党的十七大和中央精神文明建设指导委员会《关于深入开展志愿服务活动的意见》等文件精神，把志愿精神作为进一步加强和改进大学生思想政治教育和未成年人思想道德建设的重要内容，充分发挥志愿服务活动的育人作用，2009 年 7 月，教育部印发《关于深入推进学生志愿服务活动的意见》（教思政〔2009〕9 号），要求高校切实加强对学生志愿服务活动的领导，把志愿精神作为进一步加强和改进大学生思想政治教育的重要内容，纳入思想政治理论课教育教学，建立健全学生志愿服务活动长效机制，深入推进学生志愿服务活动。

3. 十七届五中全会公报。2010 年 10 月 18 日，中国共产党第十七届中央委员会第五次全体会议通过的《中共中央关于制定国民经济和社会发展第十二个五年规划的建议》提出，要“提高全民族文明素质。建设社会主义核心价值体系，加强走中国特色社会主义道路和实现中华民族伟大复兴的理想信念教育，倡导爱国守法和敬业诚信，构建传承中华传统美德、符合社会主义精神文明要求、适应社会主义市场经济的道德和行为规范。深入推进社会公德、职业道德、家庭美德、个人品德建设，不断拓展群众性精神文明创建活动，广泛开展志愿服务”。① 公报将志愿服务与提高全民族文明素质联系起来，将志愿服务作为广泛开展群众性精神文明创建活动和推进社会公德、职业道德、家庭美德、个人品德建设的重要途径。

4. 十七届六中全会公报。2011 年 10 月 18 日，中国共产党第十七届中央委员会第六次全体会议通过的《中共中央关于深化文化体制改革　推动社会主义文化大发展大繁荣若干重大问题的决定》指出：“要深入开展社会主义荣辱观宣传教育，弘扬中华传统美德，推进公民道德建设工程，加强社会公德、职业道德、家庭美德、个人品德教育，评选表彰道德模范，学习宣传先进典型，引导人民增强道德判断力和道德荣誉感，自觉履行法定义务、社会责任、

① 《中共中央关于制定国民经济和社会发展第十二个五年规划的建议》（2010 年 10 月 18 日中国共产党第十七届中央委员会第五次全体会议通过）。

家庭责任，在全社会形成知荣辱、讲正气、作奉献、促和谐的良好风尚。深化群众性精神文明创建活动，广泛开展志愿服务，拓展各类道德实践活动，倡导爱国、敬业、诚信、友善等道德规范，形成男女平等、尊老爱幼、扶贫济困、扶弱助残、礼让宽容的人际关系。”① 公报明确地将志愿服务界定为道德实践活动，要求通过开展广泛的志愿服务，倡导良好的道德规范，形成和谐的人际关系。

5. 党的十八大报告。十八大报告指出，要“全面提高公民道德素质。这是社会主义道德建设的基本任务。要坚持依法治国和以德治国相结合，加强社会公德、职业道德、家庭美德、个人品德教育，弘扬中华传统美德，弘扬时代新风。推进公民道德建设工程，弘扬真善美、贬斥假恶丑，引导人们自觉履行法定义务、社会责任、家庭责任，营造劳动光荣、创造伟大的社会氛围，培育知荣辱、讲正气、作奉献、促和谐的良好风尚。深入开展道德领域突出问题专项教育和治理，加强政务诚信、商务诚信、社会诚信和司法公信建设。加强和改进思想政治工作，注重人文关怀和心理疏导，培育自尊自信、理性平和、积极向上的社会心态。深化群众性精神文明创建活动，广泛开展志愿服务，推动学雷锋活动、学习宣传道德模范常态化”。② 十八大报告提出要深入开展道德领域突出问题专项教育和治理，将志愿服务作为加强专项治理和教育的重要途径、方式，并积极推进志愿服务、学雷锋活动等常态化，构建道德建设的长效体制机制。

6. 十八届三中全会公报。2013 年 11 月 12 日，中国共产党第十八届中央委员会第三次全体会议通过的《中共中央关于全面深化改革若干重大问题的决定》指出，要“改进社会治理方式。坚持系统治理，加强党委领导，发挥政府主导作用，鼓励和支持社会各方面参与，实现政府治理和社会自我调节、居民自治良性互动。……坚持综合治理，强化道德约束，规范社会行为，调节利益关系，协调社会关系，解决社会问题。……激发社会组织活力。正确处理政府和社会关系，加快实施政社分开，推进社会组织明确权责、依法自

---

① 《中共中央关于深化文化体制改革　推动社会主义文化大发展大繁荣若干重大问题的决定》（2011 年 10 月 18 日中国共产党第十七届中央委员会第六次全体会议通过）。

② 胡锦涛：《坚定不移沿着中国特色社会主义道路前进 为全面建成小康社会而奋斗——在中国共产党第十八次全国代表大会上的报告》，2012 年 11 月 8 日。

治、发挥作用。适合由社会组织提供的公共服务和解决的事项，交由社会组织承担。支持和发展志愿服务组织”。① 该文件重点强调两方面的内容：一是要改进社会治理方式，强化道德约束，规范社会行为，形成以党委和政府为主导、社会组织（包括志愿服务组织）为补充和辅助的治理方式；二是要激发包括志愿服务组织在内的社会组织的活力，支持志愿服务组织健康发展，推动政府与社会组织分开，实现政府治理和社会自我调节、居民自治良性互动。十八届三中全会提出的社会治理理念和方式，一方面，有利于推动志愿服务组织等社会组织的健康发展；另一方面，也有利于推动政府、社会共同参与社会治理，尤其是对道德领域内突出问题的专项治理模式的形成。为贯彻落实十八届三中全会的这些精神、理念，2013 年 12 月 27 日，民政部印发了《中国社会服务志愿者队伍建设指导纲要（2013 – 2020 年）》（民发〔2013〕216 号），进一步明确了我国志愿者队伍建设的指导思想、基本原则、总体目标及强化志愿者队伍建设的主要任务和保障措施，为推进我国志愿服务规范化、制度化、常态化发展提供了规范依据；2014 年 2 月 19 日，中央精神文明建设指导委员会印发《关于推进志愿服务制度化的意见》指出：“志愿服务是美好的道德行为和重要的道德实践……志愿服务活动已经成为培育奉献精神的重要载体，成为新形势下推进精神文明建设的有力抓手……大力弘扬‘奉献、友爱、互助、进步’的志愿精神，广泛普及服务他人、奉献社会的志愿服务理念，培育全社会志愿服务文化自觉，使讲道德、尊道德、守道德成为人们基本生活方式。”②《意见》明确了志愿服务是道德行为和道德实践，是培育奉献精神的载体、推进精神文明建设的抓手，是人们养成讲道德、尊道德、守道德良好习惯的重要途径。在此基础上，《意见》要求建立健全志愿服务制度，进一步壮大志愿者队伍，完善社会志愿服务体系，推动志愿服务活动经常化制度化，促进社会文明进步。

7. 党的十九大报告。在党的十九大上，习近平总书记对如何加强思想道德建设进行了阐述。习近平在十九大报告中指出，要提高人民思想觉悟、道

---

① 《中共中央关于全面深化改革若干重大问题的决定》（2013 年 11 月 12 日中国共产党第十八届中央委员会第三次全体会议通过）。

② 中央精神文明建设指导委员会：《关于推进志愿服务制度化的意见》（文明委〔2014〕3 号），2014 年 2 月 19 日。

德水准、文明素养，提高全社会文明程度。广泛开展理想信念教育，深化中国特色社会主义和中国梦宣传教育，弘扬民族精神和时代精神，加强爱国主义、集体主义、社会主义教育，引导人们树立正确的历史观、民族观、国家观、文化观。深入实施公民道德建设工程，推进社会公德、职业道德、家庭美德、个人品德建设，激励人们向上向善、孝老爱亲，忠于祖国、忠于人民。加强和改进思想政治工作，深化群众性精神文明创建活动。推进诚信建设和志愿服务制度化，强化社会责任意识、规则意识、奉献意识。习近平总书记重点强调“推进诚信建设和志愿服务制度化”，通过志愿服务，大力增强公民的责任意识、规则意识、奉献意识，在全社会营造诚信的浓厚氛围。习近平总书记十分关注志愿服务的发展及其发挥的作用与影响，2019 年 1 月 17 日，习近平总书记乘车来到天津市和平区新兴街朝阳里社区，走进社区志愿服务展馆。这里是全国第一个社区志愿服务组织。社区志愿者们见到总书记十分激动，纷纷讲述自己的“志愿故事”。习近平为社区志愿者们点赞，称赞他们是为社会作出贡献的前行者、引领者。习近平强调，志愿者事业要同“两个一百年”奋斗目标、同建设社会主义现代化国家同行，“志愿服务是社会文明进步的重要标志，是广大志愿者奉献爱心的重要渠道”。① 2019 年 7 月 23 日，在中国志愿服务联合会第二届会员代表大会召开之际，习近平总书记发来贺信。习近平总书记在贺信中指出，志愿服务是社会文明进步的重要标志。党的十八大以来，广大志愿者、志愿服务组织、志愿服务工作者积极响应党和人民号召，弘扬和践行社会主义核心价值观，走进社区、走进乡村、走进基层，为他人送温暖、为社会作贡献，充分彰显了理想信念、爱心善意、责任担当，成为人民有信仰、国家有力量、民族有希望的生动体现。希望广大志愿者、志愿服务组织、志愿服务工作者立足新时代、展现新作为，弘扬奉献、友爱、互助、进步的志愿精神，继续以实际行动书写新时代的雷锋故事。习近平强调，中国志愿服务联合会要认真履行引领、联合、服务、促进的职责，为广大志愿者、志愿服务组织服务他人、奉献社会创造条件。习近平总书记要求各级党委和政府要为志愿服务搭建更多平台，给予更多支持，推进志愿

---

① 《习近平为志愿者点赞：你们所做的事业会载入史册》，新华网，http://www.xinhuanet.com/politics/leaders/2019-01/18/c_1124009449.htm，2019 年 1 月 18 日。

服务制度化常态化，凝聚广大人民群众共同为实现“两个一百年”奋斗目标、实现中华民族伟大复兴的中国梦贡献力量。①

在党和国家的上述重要文献或领导人讲话中，均提出要推进道德建设工程，加强社会公德、职业道德、家庭美德、个人品德建设和教育，深化群众性精神文明创建活动，广泛开展志愿服务，拓展各类道德实践活动，倡导爱国、敬业、诚信、友善等道德规范，培育知荣辱、讲正气、作奉献、促和谐的良好风尚，将志愿服务与道德建设紧密联系起来，把志愿服务作为道德建设的一条重要途径和方式，进一步突显了志愿服务在道德建设进程中的意义和价值。

二、志愿服务与道德建设的相互关系

具有鲜明伦理道德属性的志愿服务与道德建设有着密切的内在关联，它们相辅相成，相互促进，共同致力于社会的和谐发展与文明进步。

1. 志愿服务为道德建设提供物质载体及途径、方式。“道德建设是发展先进文化的重要内容。我们开展道德建设，主要是通过道德文化传承、道德舆论营造、道德教化和个体道德修养等方法，实现对现实社会道德状况的改善和提高”。② 道德建设的重要途径和方式是道德文化传承、道德舆论营造、道德教化和个体道德修养等。我国社会的一些领域还存在道德失范现象，是非、善恶、美丑界限混淆，见利忘义、损公肥私行为时有发生，不讲信用、欺骗欺诈成为社会公害。这些问题如果得不到及时有效解决，必然损害正常的经济和社会秩序，影响改革发展稳定的大局。因而，道德建设是一项长期而紧迫的任务，是一项艰巨的系统工程，家庭、学校、机关、企事业单位和社会在道德建设中要紧密结合，相互配合，相互促进，其中，社会是进行公民道德教育的大课堂，有着义不容辞的责任，“只有让广大人民群众成为道德建设的真正主角，由被动的受教育者变为主动的建设者，道德建设才会生机

---

① 《习近平致信祝贺中国志愿服务联合会第二届会员代表大会召开》，新华网，https：//china. huanqiu. com/article/9CaKrnKlK4j，2019 年 7 月 24 日。

② 杜灵来：《当代中国道德建设实效性研究》，中国社会科学出版社 2008 年版，第 34－35 页。

勃勃”①。

作为社会“第三部门”的志愿组织，是由那些具有无私奉献精神、热衷社会公益事业的志愿者组成的，是一种群众性自治组织，其开展的志愿服务活动，能够为道德建设提供物质载体。通过举办各种形式的群众性创建活动，我国道德建设取得了很大的成效，比如“希望工程”“送温暖”“助残阳光行动”“幸福工程”“春蕾计划”“七彩课堂”等公益活动，还有利用“五四”“七一”“八一”“十一”“三八”“五一”“六一”等节日，以及民间传统节日和重大历史事件、历史人物纪念日等，举行形式多样的群众性庆祝、纪念活动或“公民道德论坛”等。这些活动的举办在宣传道德风尚、树立道德榜样、唤醒道德自觉、落实道德行为等方面发挥了很好的激发和推动作用。《公民道德建设实施纲要》明确指出，我国道德建设的主要内容是，坚持以为人民服务为核心，以集体主义为原则，以爱祖国、爱人民、爱劳动、爱科学、爱社会主义为基本要求，以社会公德、职业道德、家庭美德为着力点，使之成为全体公民普遍认同和自觉遵守的行为准则。“希望工程”“幸福工程”“春蕾计划”“扶残助残”“送温暖”“手拉手”等公益服务行动是对集体主义和为人民服务的彰显和弘扬，是对社会公德、职业道德、家庭美德的倡导和践行，扮演着道德建设物质载体的角色，推动着道德建设内容的具体化、规范化、生活化。同时，志愿服务作为一种社会活动、社会服务形式，也是我国社会主义道德建设的重要途径和方式。中央颁布的《公民道德建设实施纲要》明确指出，公民道德建设的过程，是教育和实践相结合的过程。以活动为载体，吸引群众普遍参与，是新形势下加强公民道德建设的重要途径。十八大报告也指出，要深化群众性精神文明创建活动，广泛开展志愿服务，推动学雷锋活动、学习宣传道德模范常态化。在这里，志愿服务活动、学雷锋活动等，都是以活动为载体的群众性精神文明创建活动、社会主义道德建设和道德实践活动，是一种生活性道德，对于志愿者及服务对象，都具有强烈的道德教育意义。比如，活跃在抗震救灾、抗洪抢险及奥运会、亚运会等现场的各类志愿者，他们的志愿服务行动，帮助了他人，快乐了自己，净化了

① 张文彬：《十四大以来社会主义道德建设的历程与基本经验》（安徽师范大学学位论文），2004 年 5 月。

心灵，美化了社会，弘扬了正气，提升了文明，具有突出的道德建设实效。

2. 道德建设为志愿服务提供活动内容及目标、任务。我国具有慈善互助的传统美德，传统社会中亲友、邻里之间互相关心、互相帮助就是一种志愿精神的体现。改革开放初期，为扭转社会风气，倡导社会文明，我国重新掀起“学雷锋、做好事”的热潮，广泛动员干部群众特别是青少年向雷锋同志学习；20 世纪 90 年代，深圳特区首先诞生中国第一个志愿组织，他们一方面继承“学雷锋、做好事”的优良传统；一方面借鉴国外志愿服务的成功经验，积极探索中国特色志愿服务的发展道路。深圳特区的做法很快得到全国各地效仿和借鉴，各种形式的志愿服务团队纷纷建立起来，开展救助、环保、抗灾、捐赠等活动，并逐渐从零星探索到全面发展，受到全社会的普遍关注和支持，成为社会主义精神文明建设的一道亮丽风景。

从我国计划经济体制下发展起来的志愿服务，以政府为主导，密切配合国家的路线、方针、政策，发挥了服务经济、政治、文化的重要作用，带有鲜明的政治动员色彩，对社会意识形态有着突出的导向作用。在我党提出道德建设的目标、任务以后，大力彰显和弘扬集体主义原则和为人民服务思想，积极开展“五爱”教育和传播，努力推进社会公德、职业道德和家庭美德建设，成为志愿服务的主要内容和行动指南。2001 年 1 月 14 日至 18 日，国际志愿者协会（IAVE）在荷兰阿姆斯特丹召开了第十六届世界年会，通过了《全球志愿者宣言》（*The Universal Declaration on Volunteering*）。宣言中列举了全球志愿服务要达到的一些主要目标：“追求全人类的和平、自由、机会、安全和正义；维护及强化社区、关怀及服务等各种人道价值观念；消除差别，加强沟通，使我们得以生活在一个健康、持续发展的社会中，齐心协力，开拓创新，迎接我们共同面对的挑战，塑造我们共同的未来；发现并解决全社会共同面临的问题；促进家庭、社会、国家和全球团结；建立一个健康、持续发展的社区，尊重人类价值；使人们充分享有权利，不断改善生活；解决社会、文化、经济与环境问题，并通过加强全球合作，建设一个更加人道、更加公正的社会。”① 从宣言中列举的这些活动目标来看，国际志愿者协会开

① 国际志愿者协会：《全球志愿者宣言》（2001 年第十六届世界志愿者大会上经国际志愿者协会理事会通过）。

展志愿服务，将“人道”“公正”“合作”“团结”“权利”“人类价值”“健康”“持续发展”等作为志愿服务的重要内容和追求的价值目标，也体现了服务内容的道德性。从我国有关志愿服务的情况来看，也体现出道德建设为志愿服务提供目标、内容这一特性。教育部《关于深入推进学生志愿服务活动的意见》列举了学生志愿服务的对象和内容，都比较鲜明地体现了与道德建设目标、内容的紧密关联。意见要求，高校要组织开展普及文明风尚志愿服务，更好地传播文明理念，倡导团结互助精神，引导人们知礼仪、重礼节、讲道德；组织学生参加科技、文体、法律、卫生、社会治安、保护生态环境等志愿服务，为普及科学知识、传播先进文化、营造和谐环境服务；组织开展送温暖、献爱心活动，大力弘扬我国扶危济困、助人为乐的传统美德，把生活困难群众和老年人、残疾人作为重点对象，努力为困难群众排忧解难；开展公共秩序和赛会保障等志愿服务活动，动员学生志愿者到公共场所、道路交通和赛会场馆等重点地方，宣传文明行为规范，参加接待、咨询、联络、秩序维护等方面的工作，努力创造规范有序的社会公共秩序；积极倡导毕业生参加“三支一扶”计划和大学生志愿西部服务计划等项目，鼓励和引导毕业生志愿者到西部、到基层、到祖国最需要的地方去等，① 都具有鲜明的“德性”目标和内容。

在志愿服务活动中，志愿者就是依据这些目标和内容开展志愿行动的。湖南株洲于2005年12月5日注册成立的株洲市首家义工组织——株洲晚报义工联合会，吸纳个人会员400多人，团队会员20多个，总人数达5000多人。经过多年来的发展，株洲晚报义工联合会秉持“服务社会，传播文明”的宗旨，大力弘扬“奉献、友爱、互助、进步”的志愿精神和“参与、互助、奉献、进步”的义工精神，大力开展公益活动，涌现了一大批有口皆碑的优秀义工，同时也感染和带动了越来越多的市民加入义工行列，促进了城市的文明与和谐，已成为株洲的文明“名片”，成为株洲市民心目中真正的“爱心之家”。该联合会确定了一批固定的长期帮扶点，如市儿童福利院、四区敬老院、市劳教所、白马垅女子劳教所、市特殊学校、市残疾人康复医院等，定期组织义工上门慰问、帮扶；成立了帮教、文艺、敬老、助困、助残、助学、

① 《教育部关于深入推进学生志愿服务活动的意见》（教思政〔2009〕9号）。

交通劝导、环保等不同类别的活动小组，以小组为单位，定期开展各种类型活动，覆盖面广，形式多样。围绕全市创建文明城市、创建环保模范城市、创建交通模范城市等活动，开展了“文明乘车、文明出行”“绿色无烟医院”“共植义工林”“洁净母亲河”“为特困低保户送年货”“百名孤老游新城”等特色活动。从2008年开始，以环保、助学为主题，实施一年一度的“徒步湘江环保行”，2009年又启动实施“萤火虫公益助学行”，通过网络和平面媒体，在贫困学童、农村学校和社会各界爱心人士、企业之间搭建了一个长期的公开、透明的助学平台，重点扶助株洲地区6至14岁贫困学生以及条件恶劣的山区小学。到目前为止，已募集资金60余万元，受助学生遍及城市四区和五县（市）。“敬老”“助困”“助残”“助学”“环保”等，都是道德建设的重要内容和目标，而志愿服务正是以此为目标、任务而开展的社会公益活动。2019年颁布实施的《新时代公民道德建设实施纲要》提出，新时代志愿服务要围绕重大活动、扶贫救灾、文化支教、环境保护、健康指导等领域展开；《新时代爱国主义实施纲要》提出，要结合人们生产生活，把爱国主义教育融入到学雷锋志愿服务当中。《新时代公民道德建设实施纲要》和《新时代爱国主义教育实施纲要》的颁布实施，极大地丰富和拓展了新时代志愿服务的领域和内容。

第四章

志愿服务推进道德建设的具体表现

第十六届世界志愿者大会上审议通过的《全球志愿者宣言》中，国际志愿者协会向全世界志愿者发出呼吁，“所有志愿者都应坚信并表明，志愿者行动是一种具有非凡创造性的力量，它有助于建立一个健康、持续发展的社区，尊重人类价值；使人们充分享有权利，不断改善生活；解决社会、文化、经济与环境问题，并通过加强全球合作，建设一个更加人道、更加公正的社会。”①宣言向全球表明了志愿者行动的决心与力量，是要“建立一个健康、持续发展的社区”“建设一个更加人道、更加公正的社会”等，鲜明地展现了国际志愿者协会所追求的崇高的道德价值目标。对我国志愿者及其组织来说，其志愿服务表现出来的鲜明的道德属性，也体现出高尚的道德价值目标追求，志愿服务对“为人民服务”道德核心与“集体主义”道德原则的大力彰显与弘扬，对社会公德、职业道德、家庭美德和个人品德建设的倡导和促进，揭示了其较强的“道德力量”。我们要开展道德领域内突出问题的专项治理，加强社会主义道德建设，其重要途径和手段之一，就是发挥志愿服务在道德建设中的作用，以志愿服务助推道德建设，使我国道德建设取得实效，促使社会道德文明取得进步。

第一节　志愿服务彰显与弘扬“为人民服务”道德核心

为人民服务是社会主义道德的核心。服务社会和谐、服务民主政治、服

① 仪名海：《国际年》，清华大学出版社 2008 年版，第 96 页。

务文化发展、服务人民生活是为人民服务的时代内涵。志愿服务以志愿精神为价值取向和动力源泉，它与为人民服务有紧密的内在关联和一致性。促进社会和谐、推进民主政治、建设先进文化、改善人民生活是志愿服务对为人民服务时代内涵的有力彰显和弘扬。

一、道德核心的确立

中共中央十四届六中全会《关于加强社会主义精神文明建设若干重要问题的决议》提出："为人民服务是社会主义道德的集中体现"，"社会主义道德建设要以为人民服务为核心"。为人民服务道德核心的确立，标志着我们党对道德建设理论认识的进一步成熟，对加强道德建设具有深远意义。然而，作为道德核心的为人民服务思想，在无产阶级夺取政权以前，它固然是对共产党人的道德要求，但主要是作为党的政治宗旨和无产阶级的科学世界观。马克思、恩格斯在《共产党宣言》中指出："过去的一切运动都是少数人的或者为少数人谋利益的运动。无产阶级运动是绝大多数人的，为绝大多数人谋利益的独立的运动。"①列宁对马克思、恩格斯的这一思想给予了进一步的丰富和发展。1905 年，列宁在谈到文学为谁服务时指出："它不是为饱食终日的贵妇人服务，不是为百无聊赖、胖得发愁的'几万上等人'服务，而是为千千万万劳动人民，为这些国家的精华、国家的力量、国家的未来服务。"②1920 年，列宁又在《从莫斯科—喀山铁路星期六义务劳动》一文中提出"人人为我，我为人人"③ 的原则；1944 年，毛泽东为纪念张思德，作了《为人民服务》的著名演讲。毛泽东从辩证唯物主义和历史唯物主义出发，精辟地概括了为人民服务的光辉思想。以后，毛泽东又多次阐述这一思想。邓小平进一步发展了毛泽东为人民服务的思想，他更明确地指出："人民满意不满

---

① 中共中央党校教材审定委员会编：《马列著作选编（修订本）》，中共中央党校出版社 2011 年版，第 219 页。

② 列宁：《党的组织与党的文学》，载王钦韶等编著：《马列文论选读》，河南人民出版社 1993 年版，第 386 页。

③ 中共中央党校经典著作选编组编：《列宁论科学社会主义》，中共中央党校出版社 1987 年版，第 163 页。

意、人民高兴不高兴、人民赞成不赞成，应当成为检验我们一切工作的标准。”① 为人民服务体现了社会主义道德的根本要求，是社会主义经济基础的客观需要，是建立和发展社会主义市场经济的要求，是履行职业职责的精神动力和衡量职业行为是非善恶的最高标准。为人民服务或全心全意为人民服务后来成为中国共产党立党宗旨的高度概括。中华人民共和国成立后，将全心全意为人民服务作为党的政治宗旨写进《中国共产党章程》总纲，同时逐渐发展为道德核心。党的十四届六中全会决议明确提出道德建设要以为人民服务为核心，它突出体现了道德建设的根本要求，适应了社会主义经济基础和基本政治制度的本质要求，是党的政治宗旨在道德观上的集中反映，是共产党人崇高的道德境界。

二、道德核心的时代内涵

作为道德核心，为人民服务的内涵也是与时俱进的。在不同的历史条件下，服务的对象和内容都会有所不同。习近平总书记在党的十九大报告中指出：“坚持以人民为中心。人民是历史的创造者，是决定党和国家前途命运的根本力量。必须坚持人民主体地位，坚持立党为公、执政为民，践行全心全意为人民服务的根本宗旨，把党的群众路线贯彻到治国理政全部活动之中，把人民对美好生活的向往作为奋斗目标，依靠人民创造历史伟业。”“以人民为中心”发展思想是“为人民服务”道德核心的进一步丰富和发展。在习近平总书记“以人民为中心”发展思想的指导下，作为道德核心的“为人民服务”，有着鲜明的时代内涵。

1. 服务和谐社会。实现社会和谐是人类孜孜以求的美好理想。中外历史上有不少关于社会和谐的思想。进入 21 世纪以后，党的十六大和十六届三中全会、四中全会，从全面建设小康社会、开创中国特色社会主义事业新局面的全局出发，明确提出构建社会主义和谐社会的战略任务，并将其作为加强党的执政能力建设的重要内容。党的十六大报告第一次将“社会更加和谐”作为重要目标提出，十六届六中全会进一步明确提出构建社会主义和谐社会

① 穆阿妮：《论毛泽东群众路线思想的形成及当代启示》，载《佳木斯大学社会科学学报》，2013 年第 6 期。

的任务。十六届六中全会通过的《中共中央关于构建社会主义和谐社会若干重大问题的决定》指出："社会和谐是中国特色社会主义的本质属性，是国家富强、民族振兴、人民幸福的重要保证。"① 我国社会总体上是和谐的。但是，也存在不少影响社会和谐的矛盾和问题，比如城乡、区域经济社会发展很不平衡，人口资源环境压力加大；就业、社会保障、收入分配、教育、医疗、住房、安全生产、社会治安等方面关系群众切身利益的问题比较突出；体制机制尚不完善，民主法制还不健全；一些社会成员诚信缺失、道德失范，一些领域的腐败现象仍然比较严重等。党的十九大报告指出，中国特色社会主义进入新时代。新时代社会主要矛盾是人民日益增长的美好生活需要与发展不平衡不充分之间的矛盾。发展不平衡、不充分也表现为一种不和谐状态。为解决这些不和谐问题，我们要按照民主法治、公平正义、诚信友爱、充满活力、安定有序、人与自然和谐相处的总要求，以解决人民群众最关心、最直接、最现实的利益问题为重点，着力发展社会事业、促进社会公平正义、建设和谐文化、完善社会管理、增强社会创造活力，走共同富裕道路，推动社会建设与经济建设、政治建设、文化建设生态文明建设协调发展。我国和谐社会建设的重大战略，与习近平总书记提出的"中国梦"有着内在的一致性。"中国梦"的内涵之一就是"社会和谐"。所以，要践行"为人民服务"的宗旨，就必须为社会主义和谐社会作贡献，在处理个人利益与他人利益、社会利益的关系时，首先要维护他人和社会利益，以"他人和社会利益第一"为基本行为准则，通过对人与人以及人与社会之间关系的调整，建立和谐、稳定的社会秩序。在这个过程中，每个人既是服务的给予者，又是服务的接受者，社会正是在这种服务与被服务的过程中不停运转，通过提倡为人民服务的道德规范促进个人与社会有机统一、和谐发展。

2. 服务民主政治。民主政治一词源于希腊文"Kratos"，它的词义是权力（"Power"）或统治（"Rule"）等，民主政治的简单含义是指为人民所统治（"Rule of the Demos"，"Demos"是指人民）。② 美国政治学家伯恩斯（E. M.

---

① 中共中央文献研究室编：《十六大以来重要文献选编》（下），中央文献出版社 2011 年版，第 648 页。

② A. Heywood, *Political Ideology: An Introduction*, Basingstoke: D. C, Macmillian, 1993, p. 10 – 56.

Burns）从人的平等、自由之间密切关联的角度分析了民主政治的含义：“实际上，政治民主在整个历史上获得了两重主要含义。一方面，它主要意味着一套以多数统治原则为依据的政府制度。在这个意义上，它和人民的声音即上帝的声音这一观念一直是同义语。在表达这一声音时，多数的意志是至高无上的，而且是分辨政治是非的最高裁判者。少数总是错误的……但是，民主还有一个较广义的意义。这个意义最初是由斯多亚派提出来的，经过约翰·洛克的阐释更加明确和具体。在这个广义的意义上，民主几乎与一些作家所说的自由主义等同起来。这就是说，它是基于确信这一点：一切权力都有危险性，因此，唯一公道的政府只能是一个权力有限的政府。……为了使少数人和个人得到保护，一切政府都必须受到制约和限制……大凡属于这种类型的民主，关切较多的是自由而不是秩序；它关切个人尊严的程度至少和它关切社会公益的程度一样。”① 从伯恩斯的这个论述可以看出，民主政治的第一个含义是指多数统治原则，实际上就是指平等，它一方面是指公共权力要平等地体现全体人民的意志和利益，另一方面是指人民应该平等地参与对国家的管理；民主政治的第二个含义是指要保护尊重少数人，实际上就是指自由，是平等地体现全体人民的意志和利益，平等地参与国家管理；另外一个含义就是指尊重和保护少数人，尊重和保护少数人的利益和意志，不干涉非公共领域、私人领域的事务。归纳这两方面含义，就是既要尊重大多数人的、又保护少数人的意志和利益，才是真正的民主政治。在我国，有学者认为民主政治是“人民统治的政府，在此种政府中，人民能够获得最大可能的自由、平等与博爱，并且透过共同问题或利益之自由与充分讨论方式，人类能力可以发展到极致”。② 这个界定与上述提到的大致相同。综合起来，民主政治是一种政治制度和政治生活，它不仅体现和代表着人民的意志和利益，而且要使人民广泛地参与选举、监督和罢免、创制和复决等各项公共政治活动，使人民的意志和利益得以平等而自由地实现。

民主政治已成为当今世界政治文明的理想和追求。邓小平曾经指出：“没有民主就没有社会主义，就没社会主义的现代化。”③ 他认为，社会主义民主

① ［美］爱·麦·伯恩斯著：《当代世界政治理论》，商务印书馆 1983 年版，第 6 页。

② 张明贵著：《当代政治思潮》，风云论坛出版社（台湾）1998 年版，第 95 页。

③ 中共中央文献编辑委员会编：《邓小平文选》第 2 卷，人民出版社 1994 年版，第 168 页。

是社会主义优越性的重要标志，是为人民服务的制度保证。因而，他要求在政治上充分发扬民主，保证全体人民真正享有管理国家，特别是管理基层地方政权和各项企业事业的权力，享有各项公民权利。江泽民早在1996年中央经济工作会议上就曾经指出："从根本上说，政治问题主要是对人民群众的态度问题，同人民群众的关系问题。"① 并多次强调指出："维护和发展人民群众的利益，始终是我们最大最重要的政治。"② 2012年12月25日，习近平总书记走访了各民主党派中央和全国工商联。座谈会上，习近平强调："中共中央将坚定不移坚持和完善中国共产党领导的多党合作和政治协商制度，坚定不移贯彻长期共存、互相监督、肝胆相照、荣辱与共的方针，加强同民主党派合作共事，支持民主党派更好履行参政议政、民主监督职能。"③这表明，实行民主政治，维护和发展人民群众的根本利益是中国共产党的核心政治问题。只有民主政治，才能从制度和机制上保证人民群众的根本利益得到尊重和维护。作为社会主义道德核心的"为人民服务"，必须在发展民主政治、推进政治民主方面作出努力。

3. 服务文化发展。文化是民族的血脉，是人民的精神家园。在我国五千多年文明发展历程中，各族人民紧密团结、自强不息，共同创造出源远流长、博大精深的中华文化，为中华民族发展壮大提供了强大精神力量，为人类文明进步作出了不可磨灭的重大贡献。习近平指出："我们要坚持道路自信、理论自信、制度自信，最根本的还有一个文化自信。""文化自信，是更基础、更广泛、更深厚的自信。"党的十八大以来，习近平总书记在多个场合谈到中国传统文化，表达对传统文化、传统思想价值体系的认同与尊崇。2015年5月4日，他与北京大学学子座谈，也多次提到文化自信。习近平在国际场合的活动与讲话中，展现了中国政府与中国人民的精神志气，提振了中华民族的文化自信。改革开放特别是党的十六大以来，我们党始终把文化建设放在党和国家全局工作重要战略地位，坚持物质文明和精神文明两手抓，实行依

---

① 中共中央文献研究室编：《十四大以来重要文献选编》（中），中央文献出版社1999年版，第746页。

② 郑万通主编：《中国人民政治协商会议年鉴（1999）》，人民出版社2000年版，第19页。

③ 《习近平在走访各民主党派中央和全国工商联时强调 坚持和发展中国共产党领导的多党合作 为实现中共十八大确定的目标任务而奋斗》，载《人民日报》，2012年12月26日。

法治国和以德治国相结合，促进文化事业和文化产业共同发展，推动文化建设不断取得新成就，走出了中国特色社会主义文化发展道路。党的十七届六中全会通过的《中共中央关于深化文化体制改革 推动社会主义文化大发展大繁荣若干重大问题的决定》指出，我国文化领域正在发生广泛而深刻的变革，推动文化大发展大繁荣既具备许多有利条件，也面临一系列新情况新问题。我国文化发展同经济社会发展和人民日益增长的精神文化需求还不完全适应，突出矛盾和问题主要是：文化在推动全民族文明素质提高中的作用亟待加强；一些领域道德失范、诚信缺失，一些社会成员人生观、价值观扭曲，用社会主义核心价值体系引领社会思潮更为紧迫，巩固全党全国各族人民团结奋斗的共同思想道德基础任务繁重；舆论引导能力需要提高，网络建设和管理亟待加强和改进；有影响的精品力作还不够多，文化产品创作生产引导力度需要加大；公共文化服务体系不健全，城乡、区域文化发展不平衡；文化产业规模不大、结构不合理，束缚文化生产力发展的体制机制问题尚未根本解决等。为切实解决这些矛盾和问题，必须推进文化改革发展，建设中国特色社会主义先进文化。中国特色先进文化是发展社会生产力的文化条件、精神动力和智力支持，是实现人民根本利益的精神力量，也是为人民服务思想的时代内涵。为人民服务作为道德核心，它要求通过发展教育、科学、文学艺术、体育卫生等各项文化事业，用反映时代精神的文学艺术提高人民群众的知识文化水平和思想道德素质，用生动活泼的群众文化活动来陶冶人民群众的道德情操，丰富人民群众的精神生活，培养有理想、有道德、有文化、有纪律的合格人才，促进人的全面发展，更好满足人民精神需求、丰富人民精神世界、增强人民精神力量，培养高度的文化自觉和文化自信，提高全民族文明素质，增强国家文化软实力，弘扬中华文化，建设社会主义文化强国。

4. 服务人民生活。习近平总书记提出的“五大发展理念”当中的共享发展理念，就是要求坚持发展为了人民，发展依靠人民，发展成果人民共享，体现了中国特色社会主义的本质要求。当前，我国社会的主要矛盾是人民日益增长的生活需要与发展不平衡不充分之间的矛盾。为满足人民不断增长的、多样化的美好生活需求，我们必须通过多种方式和渠道，加大供给侧结构性改革，不断提高人民群众的生活水平，全面建成小康社会，使广大人民群众能够充分体会到社会主义的优越性，这也是为人民服务的核心内容。在毛泽东为人民服务思想中，有着丰富的“关心劳动者的物质利益、不断改善和提高人民群众的生活水平”等内容；邓小平也曾明确指出：发展生产力，逐步提高人民的物质文化生活水平，是社会主义首要的和根本的任务。他把“三个有利于”标准和“人民拥护不拥护、赞成不赞成、高兴不高兴、答应不答应”原则等作为新时期全心全意为人民服务思想的新内容；党的十六大以后，新一届中央领导集体先后提出“群众利益无小事”的群众观、“以人为本”的科学发展观和全面建设小康社会、构建社会主义和谐社会等重要思想，体现了党对民生问题的高度关注，体现了为人民服务思想的与时俱进新内涵。党的十八大报告首次提出“推进绿色发展、循环发展、低碳发展”和“建设美丽中国”，把生态文明建设放在突出位置，融入经济建设、政治建设、文化建设、社会建设各方面和全过程，实现中华民族永续发展。这是从战略高度扭转生态环境恶化趋势，为人民创造良好生产生活环境。此后，习近平总书记又提出要实现中华民族伟大复兴的“中国梦”，其本质内涵，就是要实现国家富强、民族复兴、人民幸福、社会和谐。习近平指出，“中国梦”归根到底是人民的梦，必须紧紧依靠人民来实现，必须不断为人民造福，让每个中国人都享有人生出彩的机会。所以，要提倡和践行为人民服务的宗旨，必须要大力开展服务人民生活、推进人民幸福的各项工作，坚持做到习近平总书记提出的“凡是群众反映强烈的问题都要严肃认真对待，凡是损害人民群众利益的行为都要坚决纠正”。只有人民生活幸福、安康，为人民服务才算是真正有意义和有价值的。

三、志愿服务与道德核心的一致性

志愿服务是志愿者利用自己的知识、技能、体能和财富，自愿贡献个人时间和精力，通过各种服务性的行动去实现对社会事业的支持，以及对有困难的社会群体和个人的帮助，在不图物质报酬的前提下，为推动人类发展、社会进步和社会福利事业而提供的服务。它具有志愿性、公益性、独立性、非营利性和非政府性等基本特征。志愿服务活动高举志愿精神的旗帜，以“奉献、友爱、互助、进步”为价值取向和动力源泉，推动志愿服务轰轰烈烈开展。联合国前秘书长科菲·安南曾说过，志愿精神的核心，是服务和团结的理想，是共同使这个世界变得更加美好的信念。从志愿精神的核心和基本内涵分析，它与为人民服务道德核心一脉相承，相互关联，具有内在一致性："奉献"作为志愿服务的精神基础，强调人们对国家、民族、社会以及他人的责任和义务，强调人们在消解社会矛盾、促进社会和谐中的推动作用；"友爱"是志愿服务的精神实质，它要求人们树立"以人为本"的道德价值理念，学会在社会生活中关心人、爱护人，与人友善，相互团结，共同致力于社会的文明进步与发展；"互助"是志愿服务的具体体现，它继承了我国助人为乐、扶贫济困的传统美德，倡导"人人为我，我为人人"的道德理念，促进经济发展、社会和谐与人们物质文化生活水平的提高；"进步"是志愿服务的价值旨归，它追求人的全面、协调、可持续发展、政府"善治"的实现和人与自然的和谐友好共处。从志愿精神的内涵分析，志愿服务具有服务他人、奉献社会的简明价值取向，与作为道德核心的为人民服务思想具有高度的一致性和完全的统一性，相辅相成、相互促进。

四、志愿服务对道德核心的彰显与弘扬

志愿服务是一项崇高的社会公益事业。在人类志愿精神和美好社会愿望的推动下，参与的志愿者越来越多，服务的领域越来越广泛，已逐步发展成为一股强大的民间道德力量，推动着社会的良性发展与道德进步，有力彰显和弘扬为人民服务的道德核心，正如《公民道德建设纲要》所指出的，"社会各界组织的'希望工程'、'送温暖'、'志愿者'、'手拉手'、'幸福工程'、'春蕾计划'、'扶残助残'等公益活动，覆盖面广、参与人数多，对公民道德建设有着深刻的影响。"① 具体来说，志愿服务对为人民服务时代内涵的彰显与弘扬，主要表现在以下几方面：

1. 促进社会和谐。社会主义和谐社会是民主法治、公平正义、诚信友爱、充满活力、安定有序、人与自然和谐发展的社会，是人与人和谐、人与社会和谐、人与自然和谐的社会。然而，我国社会仍有很多不和谐的因素和状态，比如现阶段大量存在的困难群体、边缘群体等就是其中最主要的不和谐状态

---

① 中共中央文献研究室编：《十五大以来重要文献选编》（下），中央文献出版社 2011 年版，第 227 页。

之一。如果困难群体的利益得不到重视和保障，他们享受不到经济社会发展成果，那么我国社会就会存在不稳定因素，影响到社会的和谐、有序发展。目前，我国社会保障机制还不能完全解决困难群体的所有问题，还存在政府和市场“失灵”问题。在这种情况下，作为社会“第三部门”的志愿组织所开展的志愿服务所发挥的功能和作用就显得尤为突出。志愿服务将“社会和谐”作为其价值追求与行动目标，努力构建“社会和谐人人有责、和谐社会人人共享”的社会生活环境。在这个过程中，志愿组织以孤寡老人、残疾人、生活困难的离退休人员和下岗职工、特困学生、国家优抚对象、农民工等困难群众为主要服务对象，为他们提供卫生、医疗、教育、就业，以及信息咨询、转岗培训等方面的服务，比如志愿组织开展的“扶贫接力计划”“一助一”结对服务、学生“三下乡”活动、“希望工程”、关爱农民工等，以这些方式来倡导“人人为我、我为人人”的道德理念，推进利益协调，缓和社会矛盾，弥补政府和市场不足，保障社会健康运行和协调发展，促进人与人、人与社会的相互融合、和谐发展，达到服务社会和谐之目的。我国从 20 世纪 80 年代以来，大量的农村劳力涌入城市，加入城市产业大军的队伍。这些农民工在为城市建设发展作出重大贡献的同时，自身的合法权益未能得到充分保障。而农民工的数量多、规模庞大，权益得不到基本保障的农民工群体对社会稳定、团结局面是一个巨大的影响，是一个严重的不和谐因素。志愿组织在消除这个不和谐因素中，发挥了较为重要的作用。比如，北京“农友之家”的宗旨就是提倡互助合作、团结友爱，维护农民工的合法权益，促进和改善农民工的生活状况。这个志愿组织经常以“打工青年艺术团”的形式为农民工演出，以文化艺术的方式教育和启发农民工，增强农民工的权益自我保护意识和能力。同时，通过向政府提出意见、建议，推动政府和社会公众关注、关心农民工的合法权益。还有比如西安市的“进城务工人员劳动权益服务站”、深圳市的“爱心职安信息咨询部”等，这些公益机构的目的就是丰富进城务工人员的精神文化生活，为进城务工人员提供法律援助、政策咨询、技能培训和困难农民工救助，同时引导工友发扬爱心、互相帮助、增强自信。这些民间志愿组织给予农民工等社会困难群体的无私帮助和关怀，在一定程度上化解了人们心中的一些积怨，缓和了社会矛盾，促进了社会和谐。另外，在大型赛事中，参与赛场内外服务工作的志愿者，对于推动社会和谐、促进社会文明进步也发挥了重要作用。奥运志愿者分为城市志愿者和社会志愿者两种类型。其中，城市志愿者有近 40 万人，社会志愿者有近 100 万人。① 奥运会期间，这些志愿者在秩序维护、扶危助困、文明倡导、信息咨询、环境美化、社区巡逻等方面开展服务，取得了比较好的效果。“奥运志愿服务对中国社会影响”问卷调查显示，有 83.3% 的人认为奥运志愿服务有利于增强社会信任感，有 73.9% 的人认为奥运志愿服务有利于缓解社会群体矛盾，有 83.6% 的人认为奥运志愿服务是构建和谐社会的重要契机。② 奥运志愿服务的开展，有效地增强了社会信任、减少了社会矛盾，为实现平安奥运、社会和谐的目标作出了重要贡献。另据报道，在新中国成立 70 周年重大庆祝活动中，有 16 万余名志愿者参与服务。据统计，有 1 万余人直接服务庆祝大会和联欢活动，有 15 万余人服务城市运行和保障，有 4000 余人服务大型成就展和国庆游园活动。志愿者用他们的实际行动为“国庆”作出了重要贡献。③

2. 推进政治民主。洛克、伯克、托克维尔和达尔、帕南特等西方政治学界的一些主流政治思想家认为，公民社会的组织化形式是现代民主政治的必要前提和重要支柱，发达的志愿组织有助于推进政治的民主化进程。托克维尔认为，社团是民主国家不可或缺并且是最为重要的构成和法则；达尔则明确揭示了社团组织在现代民主政治中的重要意义，认为独立的社会组织在一个民主制中是非常值得需要的东西，至少在大型的民主制中是如此。其功能在于使政府强制最小化，保障政治自由，改善人的生活。具体来说，在推进民主政治方面，志愿服务的主要功能表现为：一是培育公民民主观念。志愿组织及其开展的志愿服务是免费的“民主大学校”和“民主大课堂”，志愿者可以从中学到团体生活理论并获得实践经验，被服务对象可以受到团体合作精神的教育和熏陶，他们都在“参与中学会参与”“在民主中学会民主”，逐步培养出民主意识和观念，为政治体制的民主化奠定基础。北京奥运会志愿者在服务期间，都要求接受专门的技能培训，北京奥组委有时还会邀请悉尼、雅典奥运会志愿者项目专家和联合国志愿人员组织专家到北京开展志愿

---

① 魏娜 等：《经验·价值·影响——2008 北京奥运会、残奥会志愿者工作成果转化研究》，中国人民大学出版社 2010 年版，第 75 页。

② 同上，第 76 页。

③ 中国志愿服务联合会网站：《16 万余志原者服务国庆活动》，2019 年 9 月 27 日。

者培训，北京奥组委还会组织骨干志愿者到国外志愿服务机构学习和锻炼，以提升志愿服务的理论水平和实践经验。二是创建公民多元利益表达渠道。托克维尔有著名的“以社会制约权力”主张。在现代公民社会，由于志愿服务的多元性，他们有多种机会和渠道与政治利益及观点不同的人建立联系和合作，帮助持不同政见者之间的相互宽容、让步和妥协，以一种非暴力的有序机制和渠道来进行公民诉求，形成公民与政府之间良性互动关系。同时，志愿组织将来自民间的单个资源与能量汇集成团体诉求形成对政府权力的强大社会制约和监督，促使政府精干、高效、廉洁，达到“以社会制约权力”的目标。在我国环保领域发生的“北京顺义湿地保护”“杨柳湖工程被停”“怒江建坝”“北京动物园搬迁”“金光集团遭遇环保抵制”“圆明园防渗膜”等七大事件中，“自然之友”“地球村”“绿家园”等十几家环保民间组织，为了保护自然环境免遭破坏和维护生态平衡，多次联合起来影响社会舆论，推动社会公众积极参与民主决策，用理性的方式协调政府与民众之间的矛盾，在一定程度上推进了我国的政治民主进程。在“圆明园防渗膜”事件中，对于圆明园在湖底、河道大规模铺设防渗膜的做法，著名的民间环保组织“自然之友”与博客中国合作，组织召开了由专家学者、政府官员、市民参加的“圆明园生态与遗址保护研讨会”，并与几十家民间环保组织一起向环保部门提交听证会声明，呼吁全社会关注圆明园事件；在“厦门 PX 项目”事件中，厦门市最大的环保民间组织——“厦门绿十字”的志愿者多次通过召集市民参与和召开环评咨询会，就“PX 项目”问题进行分析、指导，并引导市民如何正确将自己的意见、建议反馈给政府部门。① 由于社会公众的普遍反对，厦门市政府通过组织开展环境评价，最后决定停建这个对环保有重大影响的危险化工项目。

3. 推进先进文化建设。党的十九大报告指出：“文化自信是一个国家、一个民族发展中更基本、更深沉、更持久的力量。必须坚持马克思主义，牢固树立共产主义远大理想和中国特色社会主义共同理想，培育和践行社会主义核心价值观，不断增强意识形态领域主导权和话语权，推动中华优秀传统

---

① 吴玉章、谢海定、刘培峰：《中国民间组织大事记（1978－2008）》，社会科学文献出版社 2010 年版，第 144 页、148 页。

文化创造性转化、创新性发展，继承革命文化，发展社会主义先进文化，不忘本来、吸收外来、面向未来，更好构筑中国精神、中国价值、中国力量，为人民提供精神指引。”十九大进一步强调了文化建设、文化自信在中国特色社会主义现代化建设中的重要作用和意义。在此之前，党的十六届六中全会指出，“社会主义核心价值体系是建设和谐文化的根本”，它是社会主义思想道德建设的思想理论基础，对于建设社会主义先进文化，引领全体社会成员在思想上、道德上共同进步，具有不可替代的重要作用；党的十七大进一步指出，“切实把社会主义核心价值体系融入国民教育和精神文明建设全过程，转化为人民的自觉追求”，要求大力推进社会主义核心价值体系内化为人民群众的价值理念和能力素质，外化为人民群众的自觉追求和现实行动，实现社会主义核心价值体系的通俗化、普及化、生活化，为社会提供统一的指导思想、共同的理想信念、强大的精神支柱和优良的道德行为规范。

志愿服务作为社会主义精神文明建设的有效载体和社会化动员机制，奉行“奉献、友爱、互助、进步”的志愿精神，“反映了马克思主义的内在要求，促进了中国特色社会主义共同理想的形成，是民族精神、时代精神的价值体现和社会主义荣辱观的有机构成”，① 为推进社会主义核心价值体系大众化提供强大动力：志愿服务通过对共同价值目标的孜孜追求，实现对人们多样化思想观念、价值理念的整合和主流社会意识形态的引领，在一定程度上消解人们的马克思主义信仰危机，推进马克思主义广泛传播；志愿服务以社会发展进步为宗旨，通过助老扶幼、扶贫开发、抢险救灾、社区建设、大型活动、环境保护等方式和渠道开展服务行动，推进社会经济发展和文明进步，为顺利实现中国特色社会主义共同理想发挥重要作用；志愿组织倡导互助合作、自立自强、团结友爱的价值理念及志愿服务展现的志愿性、组织性和独立性价值属性，大力彰显和弘扬了民族精神和时代精神；志愿组织大力倡导“奉献、友爱、互助、进步”的志愿精神及其开展的公益性服务行动，是对社会主义荣辱观的最好诠释。近年来，我国还大力推进文化扶贫志愿服务活动，大力推进农村或城镇社区的文化建设。据新华社报道，2012 年 5 月，中国文

① 蔡婷玉：《中国志愿精神与社会主义核心价值体系的关系辨析》，载《探求》，2010 年第 2 期。

联通过“送欢乐下基层”慰问演出、文艺支教、文艺培训、展览展示等形式，启动文艺志愿服务活动。2012 年底至 2014 年 7 月，数百名艺术家在青海等 10 多个省市边区、新疆生产建设兵团及部队边防哨所和驻地等，为 60 余万军民开展“送欢乐下基层”活动。2013 年 3 月至 2014 年 8 月，以“文艺惠民、文艺为民、文艺乐民”为主题，中国文联又启动了文艺支教试点，选派具有文艺专长的文艺工作者和艺术院校师生，赴甘肃、贵州、河北、贵州等 9 个省市边区的 10 个贫困县 32 个乡镇贫困县学校，开展文艺支教志愿服务，90 余名文艺支教志愿者在各服务地开设音乐、美术、舞蹈、民间工艺等艺术课程，授课超过 15000 课时，直接受益学生超过 32000 人，① 有力地支援了中西部地区文化艺术教育，极大地满足了人民群众对多元精神文化的需求。2014 年 8 月，重庆市面向市内高校文学、艺术等专业招募了 240 名文化志愿者到重庆东南、东北部边远贫困地区和革命老区的乡镇（街道）文化站开展志愿服务工作，② 以繁荣边远贫困地区群众的文化生活；北京市东城区南锣鼓巷社区有一个“月圆古巷志愿放映服务队”，为丰富社区居民的文化生活，自 2006 年成立以来，为社区志愿放映露天电影 50 多场，观众累计达 1.5 万人次，有效地满足了居民多样文化需求，也增进了居民间的沟通与交流，推动了文明、和谐社区建设。③ 2015 年，大连市成立“群文志愿者艺术团”。艺术团成立后，在福利院、军休系统以及社区、村镇举办多场惠民巡演活动，受益人数达到了 1 万余人次。现在这个志愿服务艺术团已经有了 22 支演出团队，志愿者人数达到了 1300 人左右。“群文志愿者艺术团”团长郑晓丽说：“文化志愿服务是城市文化高度发展的重要标志，我们成立大连市群文志愿者艺术团，也是传递正能量、弘扬社会主义核心价值观的重要体现。志愿者艺术团创办的宗旨是文化惠民、文化乐民，同时培养文艺人才，推动大连群众文化发展繁荣。”郑晓丽表示，今后他们每一场演出都将根据群众需求，精心设计，遴

---

① 姜潇：《中国文联推动文艺志愿服务常态化：送进万家欢乐 种下文化之根》，中国志愿服务联合会官网，http：//www. cvf. org. cn/show/1987. html，2014 年 8 月 19 日。

② 《渝选派文化志愿者赴边远地区服务》，《中国文化报》，2014 年 8 月 13 日。

③ 魏娜 等：《经验 · 价值 · 影响——2008 北京奥运会、残奥会志愿者工作成果转化研究》，中国人民大学出版社 2010 年版，第 100 页。

选更加优秀的节目，力求真正满足群众精神文化需求，把快乐送到基层。① 文艺志愿服务活动在湖湘文化发源地的湖南长沙也获得了蓬勃发展。据统计，湖南省有文化志愿服务支队 17 个、分队 123 个、服务团队 700 多支。② 其中，长沙市有文化志愿服务支队 1 个、分队 15 支、示范点 20 个，注册会员已达到 3 万多人，有超过 20 万志愿者开展各类文化服务活动，如“精彩生活幸福使者”文化馆志愿服务、“文化惠民为您服务”惠民工程志愿服务、“欢乐节日爱我中华”传统节日志愿服务、“传递书香见证成长”图书馆志愿服务、“共享历史感受快乐”博物馆志愿服务、“文化暖心点亮生活”关爱特殊群体志愿服务等，③ 这些具有鲜明特色的文化志愿服务活动，极大地丰富了人民群众的业余文化生活。

4. 促进人民生活改善。社会主义道德建设的重要目标之一是改善人民群众生活，提高人们的物质文化生活水平。在这个目标的实现过程中，志愿服务奉行“奉献、友爱、互助、进步”的价值取向，在改善民生、提高人民物质文化生活水平的过程中扮演着十分重要的角色。首先，从本质上来说，利他精神作为志愿服务的外在体现，是社会责任感、使命感的突出表现，志愿服务正是社会责任感、使命感焕发出来的行动热情，它促使志愿者服务社会，服务人民群众物质文化生活水平的提升；其次，从实践上来说，在现实生活中，志愿服务的内容和项目十分丰富，从环境美化到扶贫帮困，从心理咨询到文化娱乐，从维护社会治安到改善群众生活条件，都极大地满足了人们从物质到精神文化的各方面需求，尤其是在推动生产发展、生活富裕、生态良好三者共同发展方面取得了突出成效。如中国青年志愿者协会长期致力于开展环保志愿服务活动，推出了“保护母亲河”等青年志愿者绿色行动营计划。多年来，志愿者的身影活跃在植树造林、环保宣传、湿地保护、藏羚羊保护等领域，为推动人和自然和谐共生作出了积极贡献。另外，我国社会正加速向信息化、网络化社会迈进，这个时期，一方面，社会成员从过去的“单位人”逐渐成为“社会人”，很多人整天沉浸于网络虚拟世界，人们生活和情感

---

① 《让文化志愿服务春风吹遍大连的山山水水》，《大连日报》，2015 年 4 月 29 日。

② 张涛、田芳：《长沙市 20 万文化志愿者在行动 志愿服务已成新时尚》，长沙文明网，http：//www. cvf. org. cn/show/1096. html，2014 年 5 月 23 日。

③ 同上。

的归属感逐渐淡化，心理上的失落感、盲目性有所增加；另一方面，政府追求的是公民普遍的权利保证，不能照顾和解决所有公民的问题或困难。① 要解决或者缓解这些问题，志愿服务是一种有效且必要的途径。志愿组织通过自愿和力所能及的互助与合作，激发社会成员及不同群体的内在自觉，通过提供咨询、反映诉求、规范行为，或扶老助残、助医助学、扶贫济困，或护绿环保、抢险救灾、应对公众性突发事件等行动，为人民群众提供实实在在的支持和帮助，在一定程度上满足了人民群众日益增长的美好生活需求。比如，北京市育仁里社区有一个“绿色银行环保志愿服务小组”，它通过回收废品积累活动资金，在此基础上开展义务植树、美化环境活动。由于长年坚持，育仁里小区风景如画，环境优美，居住在小区里的居民感到优雅、舒适、自然，生活和谐、温馨；这个小区还有一个爱心志愿组织，这个组织的成员都签署了一份爱心协议，签订协议的成员每年都交纳一定的爱心基金，累积起来的爱心基金“救急不救穷”，专门对那些突发的紧急事件给予救济，确保了社区的安定团结和社区居民的生活幸福、稳定。② 另外，在我国各行各业出现的各种产业联盟、商会、协会、同业公会等互益性行业组织、中国红十字基金会、中国青少年发展基金会等各种形式的基金会组织、“自然之友”“地球村”“绿家园”等环保志愿组织，以及劳工维权领域、妇女保护领域的民间志愿组织，都是以改善人民生活、服务社会公益为目标，通过募捐等手段，广泛利用各种社会资源开展志愿服务，推动人们生活条件改善、生活水平提高。比如，环保领域的志愿组织，通过环境教育、环保宣传、节能减排、监督企业污染环境等活动，使环保理念深入人心，人们的日常行为方式和生活习惯得以优化，生活环境得到改善；劳工领域内的志愿组织，通过为外来务工人员提供法律援助及生活、医疗、就业、卫生等方面的扶助，改善了这些社会困难群体的生活条件和状况；妇女维权领域内的志愿组织，通过反对家庭暴力、倡导男女平等、救助困难妇女等，妇女的合法权益得到保护，提高了妇女在社会生活中的地位。

---

① 王志军：《论志愿精神之于和谐社会》，载《当代青年研究》，2006 年第 5 期。

② 魏娜 等：《经验·价值·影响——2008 北京奥运会、残奥会志愿者工作成果转化研究》，中国人民大学出版社 2010 年版，第 99 页。

另据中国志愿服务联合会报道，中国志愿服务联合会积极开展农村脱贫攻坚，发挥志愿服务在精准扶贫、精准脱贫中的优势，为全面建成小康社会贡献力量。2017 年，中国志愿服务联合会组织部分志愿医生赴云南芒市、梁河县等国家级贫困县开展义诊活动，诊疗 5000 多人次；2018 年，在江西农村实施多个扶贫重点工程，帮助贫困地区建设基础设施，并开展产业扶贫，帮助贫困村民提高“造血”功能，助力贫困村民走出贫困。

第二节 志愿服务彰显与弘扬“集体主义”道德原则

集体主义是我国道德建设的基本原则，以人为本、公平正义、互助合作和无私奉献是集体主义道德原则的当代阐释。志愿服务与集体主义道德原则内在统一、相互契合，志愿服务是对集体主义道德原则的彰显与弘扬。

一、集体主义道德原则的历史演进及其当代阐释

集体主义作为一种系统的理论，产生于近代西方资本主义社会。近代西方资本主义社会一直存在着个人主义和集体主义两种思想理论体系。个人主义强调“个人是中心”“利己即美德”；集体主义则强调“一种唯一的对‘共同体’的‘公共利益’具有无私或匿名奉献的权利和义务”，“每个人都不应将自己视为追求自己个人目的，并对他人承担义务的个体，而是一个‘公共人’，是‘共同利益’的一个仆人——在‘共同体’中，个人野心、私人财产、个人选择都被认为是罪恶的，‘真正’平等是‘有道德的’生活的一种必要条件”。①马克思、恩格斯对个人与社会的关系、“真实集体”与“虚构集体”的区别进行了阐述。马克思指出，“既然正确理解的利益是整个道德的基础，那就必须使个别人的私人利益符合于全人类的利益”，② 并认为以私有制为基础的资本主义制度条件下的集体是“虚幻的集体”，“是一个阶级反对另一个阶级的联合，因此对于被支配的阶级来说，它不仅是完全虚幻的集体，

① ［美］迈克尔·奥克肖特：《哈佛演讲录——近代欧洲的道德与政治》，顾枚译，方刚校，上海文艺出版社 2003 年版，第 98 页。

② 《马克思恩格斯全》（第 2 卷），人民出版社 1957 年版，第 167 页。

而且是新的桎梏",① 只有"在真实的集体的条件下，各个个人在自己的联合中并通过这种联合获得自由",②"在这个集体中，个人是作为个人参加的，它是个人的这样一种联合（自然是以当时的已经发达的生产力为基础的），这种联合把个人的自由和条件置于他们的控制之下。"③马克思虽然未对集体主义的内涵加以具体界定，但对其总的轮廓和原则进行了阐释。

第一次将集体主义与社会主义联系起来并创建了社会主义集体主义思想理论体系的是斯大林。1934 年 7 月，斯大林在同英国作家威尔斯的谈话中明确提出集体主义。他说："个人和集体之间、个人利益和集体利益之间没有而且也不应当有不可调和的对立。不应当有这种对立，是因为集体主义、社会主义并不否认个人利益，而是把个人利益和集体利益结合起来。社会主义是不能撇开个人利益的。只有社会主义社会才能给个人利益以最充分的满足。此外，社会主义社会是保护个人利益的唯一牢固的保证。"④ 在这里，斯大林对个人和集体、个人利益与集体利益的辩证关系作了具体阐述，进一步明确了社会主义集体主义道德原则的内涵。

中国共产党在新民主主义革命的实践中，将集体主义作为无产阶级价值观的核心，要求个人利益必须服从集体利益。中华人民共和国成立后，随着高度集中的计划经济体制和高度集权的政治体制的逐步建立，集体主义道德原则得到前所未有的强化和巩固。改革开放以来，为了与社会主义市场经济体制相适应，中国共产党对集体主义的内涵进行了重新阐释和完善，并明确提出社会主义集体道德建设要"以集体主义为原则"。⑤

在新民主主义革命和社会主义建设时期形成的社会主义集体主义道德原则，是马克思主义伦理学中国化的重要组成部分。这一原则曾经是我国计划经济时代唯一的道德和道德教育原则，在调节当时的社会道德生活方面发挥了积极的作用。随着我国社会生活不断变化，经济体制改革不断深入和完善，

---

① 《马克思恩格斯选集》（第 1 卷），人民出版社 1972 年版，第 82 页。
② 同上。
③ 同上，第 83 页。
④ 《斯大林选集（下卷）》，人民出版社 1979 年版，第 354 – 355 页。
⑤ 《中共中央关于加强社会主义精神文明建设若干重要问题的决议》，人民出版社 1996 年版，第 13 页。

多种所有制经济快速发展，社会的伦理关系日益丰富，集体主义道德原则的内涵也随着时代的发展而不断丰富和完善，志愿服务的以人为本、公平正义、互助合作、无私奉献等价值理念与集体主义道德原则有着逻辑上的必然联系，均可以从集体主义的价值内涵中推演出来。

1. 以人为本。“以人为本”是古已有之的哲学命题，马克思主义扬弃了以往“以人为本”的命题，赋予它多方面的内涵。“以人为本”是科学发展观的灵魂和核心，是建立在马克思主义哲学的坚实基础之上的，体现了马克思主义“实现人的自由全面发展”的最高价值目标。其基本内涵，简单来说，就是要以“人”为中心，以“人”为目的，以“人”为依托。具体来说，首先，“以人为本”作为原则，强调的是对作为主体的人在社会发展中的主观能动作用与所处地位，正如马克思所说，“人是人的最高本质”；其次，“以人为本”作为一种价值取向，强调以人为目的，对人的尊重，对人的解放，对人的依靠，对人的塑造；最后，“以人为本”作为一种思维方式，我们在面对外部客观世界、处理人与人之间的关系时，必须“以人为目的，并树立起人的自主意识同时承担责任”。① 这三个方面的落脚点，还是“人”，还是要以“人”为主体、以“人”为依靠、以“人”为目的，关心人、尊重人、塑造人。作为党的执政理念，胡锦涛在党的十七大报告中指出，科学发展观第一要义是发展，核心是“以人为本”，基本要求是全面协调可持续，根本方法是统筹兼顾。胡锦涛强调，“坚持以人为本，就是要以实现人的全面发展为目标，从人民群众的根本利益出发谋发展、促发展，不断满足人民群众日益增长的物质文化需要，切实保障人民群众经济、政治和文化权益，让发展的成果惠及全体人民”，② 这种“以人为本”中的“人”，主要是指人民群众，是指人民群众这个集体，它既高扬人民群众的主体性，重视人民群众在社会发展中的主体作用，又强调人民群众的发展是社会发展的终极目标，突出了人民群众的主体地位，将人民群众的根本利益作为中国共产党一切工作的出发点和最终归宿。在十八届中央政治局常委同中外记者见面会上，习近平总书

---

① 杨伊：《论马克思主义“以人为本”理念的理论价值和实践意义》，载《华中师范大学学报（人文社会科学版）》，2013 年第 2 期。

② 《保持共产党员先进性教育读本》，党建读物出版社 2005 年版，第 281 页。

记指出："人民对美好生活的向往，就是我们的奋斗目标。"党的十八届三中全会指出："坚持以人为本，尊重人民主体地位，发挥群众首创精神，紧紧依靠人民推动改革，促进人的全面发展。"作为我党在新时期的执政理念，坚持"以人为本"，就是要坚持人民在建设中国特色社会主义事业中的主体地位，不断实现好、维护好、发展好最广大人民的根本利益；就是要正确反映和兼顾不同地区、不同部门、不同阶层群众的利益，妥善协调好各方面的利益关系；就是要在坚持全国人民根本利益一致的基础上关心每个人的利益要求，体现社会主义的人道主义和人文关怀，满足人们的发展愿望和多样性的需求，尊重和保障人权；就是要关注人的价值、权益和自由，关注人的生活质量、发展潜能和幸福指数，最终实现人的全面发展。这种"以人为本"中的"人"既是一个个体概念，也是一个集体概念，作为集体概念的人民群众的利益，也就是集体利益，它与集体主义道德原则的内涵是一致的，与其道德价值取向也是一致的。

2. 公平正义。作为人类最古老的道德原则之一，公平正义是几千年来人类孜孜以求的道德价值目标，是社会稳定有序的重要基础。在西方文化中，公平正义不仅是人们最为看重的道德品质或德性之一，而且是社会赖以维系秩序和稳定的根本道德规范，是整个社会政治法律制度的伦理基础。① 西方哲学家对公平正义给予了阐释。其中，正义的基本含义就是"每个人都得到其应得的"或"不侵害任何人的正当权益"，公平的基本含义就是"平等待人"或"一视同仁"；无论是"正义"还是"公平"，它们的宗旨都是"个人得其应得"；"正义"强调的是"应得"或"正当所得"的标准和结果，而"公平"强调的是达到"应得"或"正当所得"的途径或程序。② 罗尔斯的"公平的正义"理论，就是这样来使用"正义"和"公平"这两个概念的。在罗尔斯的用法中，"正义"是指衡量每个人正当所得的原则，而"公平"是指人们协商正义原则时所处的相互平等地位和一致同意。在中国特色社会主义事业建设过程中，坚持维护社会公平正义，是我党十八大提出的夺取中国特色社会主义新胜利必须牢牢把握的八个基本要求之一，也是中国特色社会主

① 徐大建：《西方公平正义思想的演变及启示》，载《上海财经大学学报》，2012 年第 3 期。
② 同上。

义的价值目标和实践追求。党的十八大指出："必须坚持维护社会公平正义。公平正义是中国特色社会主义的内在要求。要在全体人民共同奋斗、经济社会发展的基础上，加紧建设对保障社会公平正义具有重大作用的制度，逐步建立以权利公平、机会公平、规则公平为主要内容的社会公平保障体系，努力营造公平的社会环境，保证人民平等参与、平等发展权利。"① 习近平总书记曾经深刻指出："全面深化改革必须以促进社会公平正义、增进人民福祉为出发点和落脚点"，"如果不能给老百姓带来实实在在的利益，如果不能创造更加公平的社会环境，甚至导致更多不公平，改革就失去意义，也不可能持续。"② 改革开放以来，我国在经济、政治、文化和社会领域内取得了巨大成就，人民群众的生活水平得到了较大提升。但是，伴随经济社会发展，近年来，各种社会问题和矛盾纠纷大量出现，贫富分化、道德滑坡、利益失衡、分配不公、政治腐败等有失公平正义的情况不断发生，推动社会公平正义已成为我国社会发展的重大任务。所以，习近平在十九大报告中提出，中国特色社会主义进入新时代，社会主要矛盾已发生深刻变化。我国将持续发展经济、不断改善民生、促进社会公正等列为政府要重点解决的任务，持续推进社会的平衡发展和充分发展。其中，对于促进社会公正这一重大任务，李克强总理指出："公正是社会创造活力的源泉，也是提高人民满意度的一杆秤，政府理应是社会公正的守护者。我们要努力使人人享有平等的机会，不论是来自城市还是农村，不论是来自怎样的家庭，只要通过自身的努力，就可以取得应有的回报。不论是怎样的财富创造者，是国企、民企还是个体经营者，只要靠诚信公平竞争，都可以获得应有的成功。"③ 这种社会公正思想，与集体主义道德原则具有内在一致性，是其与时俱进的基本内涵之一。集体主义作为社会主义道德的基本原则，其基本内涵之一，就是在一个相对理想的社

① 胡锦涛：《高举中国特色社会主义伟大旗帜 为夺取全面建设小康社会新胜利而奋斗——在中国共产党第十七次全国代表大会上的报告》（2007 年 10 月 15 日），载《人民日报》，2007 年 10 月 25 日。

② 《习近平总书记论公平正义》，求是网，http：//www. qstheory. cn/laigao/2017 –04/06/c_1120761428. htm，2017 年 4 月 6 日。

③ 《李克强总理等会见采访两会的中外记者并回答提问》，载《北京日报》，2013 年 3 月 18 日。

会里，应当最大可能地满足社会全体成员（当然包括自身）的正当利益，最大可能地使社会共同利益得到最大限度的发展，这种“利社会、利他人和利自己的行为显然符合道德的终极目的和终极标准‘增进全社会和每个人利益’，因而是善的”,① 同时也是集体主义道德原则的价值追求。

3. 互助合作。互助合作是指在生产、生活中，在人与人之间的相互交往中，为了完成共同的任务，达成一致的利益，实现同样的目标，人与人之间互相提供支持、帮助，形成浓厚的团结协作、相互支撑的环境和氛围，以提高完成任务的效率和质量。这种人与人之间互相团结、互相关心、互相帮助的关心，是人类历史上一种进步和高尚的道德关系。互助合作的目的，就是要把各种力量组织起来，拧成一股绳，战胜各种困难，实现共同目标和任务。曾经听说过一个“天堂与地狱”的故事，生动形象地向我们展示了互助合作的力量：团结协作、互相帮助，就能渡过难关、共享美好生活；而单靠个人的力量，在某种特定的情景和条件下，将一事无成、无法实现预定的奋斗目标。这种互助合作，也是集体主义道德原则的基本内涵。早在 18 世纪，法国启蒙思想家卢梭就阐述过集体主义思想。他认为，在自然状态中，人是自由、平等的，是私有制促使人类不平等的出现，自然状态中人类生存会遇到种种困难和障碍，人类必须相互团结和协作以形成一种“力量的总和”来对它加以克服。② 卢梭所言“力量的总和”即今天我们所说的“集体”，是通过契约和协作的方式建立起来的，它内在地包含了互助合作的价值原则。在我国，随着社会主义市场经济体制的建立健全和社会主义现代化强国建设的不断推进，互助合作已渗透到社会生活的方方面面，它是个人力量的丰富和扩大，是个人和集体财富的生长和增加，是当代道德建设的主题和集体主义道德原则的新形式。

4. 无私奉献。“奉献”，其含义就是“恭敬地交付、呈献”。“奉献”中的“奉”，即“捧”，意思是“给、献给（多指对上级或长辈）”；③ “献”，原意

---

① 王海明：《论道德总原则》，载《吉首大学学报（社会科学版）》，2008 年第 3 期。

② 卢梭：《社会契约论》，何兆武译，商务印书馆 1980 年版，第 24 页。

③ 中国社会科学院语言研究所词典编辑室编：《现代汉语小词典》（1983 年修订本），商务印书馆 1988 年版，第 155 页。

为“献祭”，指“把实物或意见等恭敬庄严地送给集体或尊敬的人”。① 从一般意义上说，奉献就是满怀感情地为社会和他人服务，心甘情愿为社会和他人默默付出，是对社会和他人不图回报的无偿服务；是不计报酬的给予，是“有一分热发一分光”，是“我为人人”；奉献是一种态度，是一种行动，也是一种信念。“赠人玫瑰，手有余香”，奉献者收获的是一种幸福，一种崇高的情感，是他人的尊敬与爱戴。因为奉献，社会的物质财富和精神财富才会不断增加，人类才会不断前进。奉献即是一种无私奉献，无私奉献就是毛泽东所说的“毫不利己，专门利人”。毛泽东在为纪念张思德而写的《为人民服务》中指出：“中国人民正在受难，我们有责任解救他们，我们要努力奋斗。要奋斗就会有牺牲，死人的事是经常发生的。但是我们想到人民的利益，想到大多数人民的痛苦，我们为人民而死，就是死得其所。”② 毛泽东所说的“解救”“奋斗”“牺牲”“死”就是一种奉献，一种无私奉献。在我国的革命年代，有许许多多的仁人志士，为了心中的崇高信仰，为了共产主义的崇高事业，前赴后继，抛头颅洒热血。在中国革命斗争中，无论是二万五千里长征中爬雪山、过草地，还是在抗日战争中与日本侵略者奋力拼杀，都彰显了仁人志士无私无畏的英勇品格和伟大的献身精神。正是由于他们的无私奉献精神，中国革命才从胜利走向胜利，最后取得了中华民族的独立与解放。无私奉献精神与集体主义道德原则是一脉相承的。“利他”作为集体主义道德原则的根本特征，同样是一种无私的奉献精神和高尚的道德情操，是人类价值和人类尊严的体现。集体主义道德原则强调集体利益高于个人利益，个人利益应当服从集体利益。为了保证集体利益的实现，在必要的时候要牺牲个人利益，维护集体的利益，因为“只有公共的善，而不是个体权利，才是人类最高的价值”。③ 这种在必要时牺牲个人利益以维护集体利益的道德原则，就是一种利他主义和无私奉献精神的具体体现。

---

① 中国社会科学院语言研究所词典编辑室编：《现代汉语小词典》（1983 年修订本），商务印书馆 1988 年版，第 609 页。

② 《毛泽东选集》第三卷，人民出版社，1991 年版，第 1005 页。

③ 王洪波：《善优于权利？——社群主义道德观评析》，载《吉首大学学报（社会科学版）》，2008 年第 1 期。

二、志愿服务与集体主义道德原则的内在关联

志愿服务与集体主义道德原则有着紧密的相互关联，这从志愿服务的内涵及其行动的核心理念等可以看出。联合国前秘书长科菲·安南曾对志愿服务的内涵作过界定，即利用自己的时间、自己的技能、自己的资源、自己的善心为邻居、社区、社会提供非营利、非职业化援助的行为。①《中国注册志愿者管理办法》对志愿服务的界定为：志愿者组织、志愿者服务社会公众生产、生活和促进社会发展进步的行为。从这些界定分析，志愿服务主要就是指遵从个人意愿、不以经济报酬为目的、旨在提高公共事务效能和推动人类社会进步而开展的志愿性、公益性、非营利性服务活动。志愿服务的行为主体是志愿者。而志愿者是在不为物质报酬的情况下，基于道义、信念、良知、同情心和责任，为改进社会而提供服务，贡献个人的时间和精力的人或人群。②对志愿者来说，内在驱动他们开展志愿服务的，既不是利润动机，也不是权力诱惑，而是一种强烈的关爱、同情心和对正义追求的志愿精神。科菲·安南在2001年国际志愿者启动仪式上指出：志愿精神的核心是服务团结的理想和共同使这个世界变得更加美好的信念。③ 在我国，志愿精神的表述是“奉献、友爱、互助、进步”。其中，奉献、利他是核心和价值导向，互助、友爱是行动导向，个人和社会的进步是目标导向。从伦理学意义看，志愿精神是一种由己及人、由家庭及社会的普遍伦理精神，是志愿服务的核心行动理念，与集体主义道德原则有着内在一致性。集体主义作为我国道德建设的基本原则，是确证集体与个人关系应该如何的伦理道德原则，它的本质内容，一方面，集体利益高于个人利益，个人利益服从集体利益，必要时应牺牲个人利益维护集体利益；另一方面，通过集体利益的不断实现来最大限度地满足个人利益，最终实现每个人的自由而全面发展。集体主义道德原则在当今时代的价值取向，就是以人为本、社会公正、互助合作和无私奉献，它深刻

---

① 共青团北京市委员会、北京青年研究会：《志愿者形象及其社会影响》，人民出版社2009年版，第4页。
② 同上。
③ 同上。

地反映了集体主义对社会公正、稳定、有序及每个人自由而全面发展的执着追求。由此看来，志愿服务及志愿精神的本质、功能和价值与集体主义道德原则是相互契合、内在一致的，是集体主义道德原则的外在形式和实践方式，而集体主义道德原则是志愿服务的内在动力和行为目标，志愿者和志愿组织以“奉献、友爱、互助、进步”为动力开展志愿服务行动，在全社会大力彰显和弘扬以人为本、社会公正的价值理念和互助合作、无私奉献精神，为集体主义道德原则提供可持续的合理的人文支持和行动机制。

三、志愿服务对集体主义道德原则的彰显与弘扬

志愿服务通过积极倡导以人为本、公平正义的价值理念和互助合作、无私奉献的伦理精神，实现对集体主义道德原则的彰显与弘扬。

1. 积极倡导“以人为本”的价值理念。马克思强调要把人民群众的幸福和利益看得比什么都重要。马克思指出：“人是全部人类活动和全部人类关系的本质和基础”,①“人永远是一切社会组织的本质”,②集体主义道德原则也强调，个人利益和社会利益是一致的，在保证集体根本利益的前提下，集体利益应最终服务于个人的自由而全面发展。这种“以人为本”的价值理念，是社会和谐的基本准则，在志愿服务活动中不断得到彰显和弘扬。20 世纪 90 年代开始兴起到今天蓬勃发展的志愿服务，在服务领域方面，已从最初的为军烈属和孤寡老人等提供生活性服务领域，逐步扩展到社会保障、社区服务、抢险救灾、扶贫开发、环境保护等多种社会公共生活领域；从服务内容来说，已从最初简单的生活关怀发展为物质资助、心理调适以及情感支持；就服务对象而言，从最初的满足特殊群体的需要发展为既满足特殊群体又满足一般群体需要的多元化服务，这一过程中始终贯穿着关爱困难群体或社会公共利益的以人为本、推动人的全面发展的伦理动机和价值取向，它始终恪守尊重人、关心人的道德原则，信奉人的价值和尊严，提倡人文关怀、人性关怀，倡导人们要关怀他人、体贴他人，建立一个平等、正义、互爱的社会，帮助所有人获得均等的发展机会，以实现人的自由而全面发展。“人文奥运”是北

① 《马克思恩格斯全集》（第 2 卷），人民出版社 1957 年版，第 118 页。
② 《马克思恩格斯全集》（第 1 卷），人民出版社 1957 年版，第 293 页。

京奥运会的核心理念之一。而“人文”的基本内涵就是“以人为本”。“服务”“尊重”“发展”是奥运志愿者的工作理念，这个理念鲜明地体现了“以人为本”的价值理念。这种“以人为本”的工作理念，被贯穿于奥运志愿服务的各个领域：一是对志愿者本身体现以人为本。奥运志愿者的参与意愿、参与热情得到认可和尊重，奥运志愿者的志愿精神得到激励，奥运志愿者的工作条件得到全面保障；二是对志愿服务对象体现以人为本。尊重每一位需要帮助的人，用最礼貌的方式接受服务对象的问询，对他们的服务需求在最短的时间内给予响应，用最负责的态度解决服务对象的问题与困难，用最优质的服务使每一个服务对象满意。① 中国扶贫基金会于 2000 年 10 月启动的“母婴平安 120 行动”，其宗旨就是消除贫困地区孕妇生育过程中母婴平安的脆弱性、低保障性问题，提升贫困人口母婴生命保健水平；② 2004 年 6 月 15 日，我国成立“中华红丝带”基金会。该基金会旨在动员全社会力量积极参与艾滋病防控、艾滋病宣传教育、艾滋病人和艾滋病感染者的人道关怀和治疗，以及艾滋病孤儿救助等。③ 2005 年 8 月，中国红十字会实施“红十字天使计划”，对患有重大疾病的贫困农民和儿童开展医疗救助。④ 2005 年 12 月 26 日，中国老龄事业发展基金会设立“爱心护理”基金，实施“爱心护理工程”，对孤寡老人开展专门的资助、关爱和扶助活动，以实现“帮天下儿女尽孝，给世上父母解难，为党和政府分忧”的慈善目标。⑤ 2006 年 5 月 21 日，中国残疾人福利基金会与世界轮椅基金会共同发起“阳光伴我行”轮椅捐赠活动，解决残疾人生活中的困难，使残疾人能够“走”出家门，享受阳光，与阳光同行。⑥ 在“百万空巢老人关爱”志愿服务行动中，志愿者到孤寡老人、空巢老人家中，帮助清洁室内卫生，陪老人谈心聊天；开展节日慰问，为老人送去节日食品；开展医疗义诊，为老人提供健康体检、保健咨询；开

---

① 魏娜 等：《经验·价值·影响——2008 北京奥运会、残奥会志愿者工作成果转化研究》，中国人民大学出版社 2010 年版，第 76 页。

② 吴玉章、谢海定、刘培峰：《中国民间组织大事记（1978－2008）》，社会科学文献出版社 2010 年版，第 65 页。

③ 同上，第 58 页。

④ 同上，第 67 页。

⑤ 同上，第 68 页。

⑥ 同上，第 69 页。

展户外健身，陪伴老年人观景赏花、登山健身；开展节日民俗活动和文化娱乐活动，活跃老年人的节日生活等，体贴老人、关爱老人、服务老人，类似于这样的服务活动，不仅改善了他人和社会的生存环境，而且提升了每个人的精神和道德境界，以人为本的价值理念在全社会得到倡导和弘扬。自2010年7月以来，共青团四川省委、中国青年报社、四川青年志愿者协会、中国高校传媒联盟五度联手，打造了专门关爱农民工子女的“快乐学校”志愿服务行动。“快乐学校”没有固定的教室和教师，而是依靠大学生志愿者在各地的留守学生之家、农村中小学校等，围绕学业辅导、亲情陪伴、感受城市、自护教育、爱心捐赠等内容，陪伴农民工子女度过一个安全、快乐、有意义的假期。青年志愿者结合各自的专业和特长，开展体育、书法、音乐、舞蹈、手工、课业辅导等形式多样、寓教于乐的课程，让农民工子女在轻松愉快的学习中感受亲情和快乐。“快乐学校”在每个寒暑假实施，已有来自全国19个省（自治区、直辖市）、75所高校的近千名大学生志愿者成为“快乐学校”志愿者，服务农民工子女上万人次。① 据“中青在线”报道，2018年9月30日，福建启动“敬老月”活动暨“青春之光”助老志愿服务活动。据悉，福建省“青春之光”注册志愿者70377名，已结对老人人数5838名，累计开展活动19621场次。“青春之光”爱老志愿服务活动在增进老年福祉、助力社会和谐和促进养老孝老敬老等方面，发挥了积极的作用。② 据央视网消息，2019年暑假，全国妇联联合教育部、民政部、团中央等部门共同启动“关爱儿童服务社会——‘守护童年’大学生暑期牵手共成长行动”，大学生志愿者们奔赴各地，开展暑期志愿服务工作，为留守儿童和困境儿童送去温暖。该项活动启动以来，全国妇联组建了31支暑期家庭教育大学生志愿服务队，联合全国410多所高校的3800多名大学生志愿者，分别在浙江、四川、甘肃、广西等地，开展女童青春期自我保护、心理疏导、家庭教育等形式多样的关爱服

---

① 《在一起，我快乐——56所高校大学生志愿者关爱服务四川留守学生》，《中国青年报》，2012年8月3日。

② 《福建启动“敬老月”活动暨“青春之光”助老志愿服务活动》，中国志愿服务联合会网，https：//www. cvf. org. cn/show/8247. html，2018年10月3日。

务，惠及超过1.2万名农村留守儿童，① 对救助社会困难群体、倡导以人为本的价值理念起到了积极的推动作用。

2. 积极倡导“公平正义”的价值理念。公平正义的实现程度是一个社会和谐程度的重要标志。社会公正理论包含三个方面的内容：第一，平等原则，即“同样的情况应当同样对待”；第二，得所当得的原则，即付出和获得相对等；第三，补偿原则，即“损有余而补不足”。②在社会主义市场经济条件下，每一个社会成员都应当具有社会公正理论所包含的权利。并且，在社会主义社会，社会公正要依靠集体主义道德原则来进行价值定位和价值定向，要通过弘扬集体主义精神来获得价值实现的动力。然而，由于市场经济的快速发展而带来的社会贫富分化，导致了社会公正缺失，社会对正义组织和正义力量提出迫切要求。同时，由于种种原因，我国现有的社会保障能力和社会服务体系还不很完善，迫切需要大力动员和利用社会力量来扶助困难群体，消除贫富分化，实现社会公正。在现代公民社会蓬勃兴起的志愿组织，代表着社会公正性维护者的产生机制，他们的出现伴随着为正义而投入的热情与个人牺牲精神，表达了社会共同的公正愿望，彰显出一种扶弱济贫、坚守正义的志愿精神和集体主义精神。例如，优质教育资源不足、教育机会不均等等问题是我国和谐社会中的“不合谐”因素。在这些方面，志愿服务对促进教育公平发挥了一定促进作用。近年来，志愿者一方面通过下乡支教的途径，深入偏远农村，支援落后乡镇中小学的教育和教学管理，推动我国贫困农村地区教育教学落后状况得以改善。另一方面，通过对农民工、下岗职工等困难群体子女的教育扶持，使他们获得均等的受教育机会和权力。改革开放以来，我国大部分地区的经济得到快速发展，但由于受历史、自然、地理等因素制约，中西部地区的发展相对滞后，逐步呈现出经济发展的区域性差异，这在一定程度上影响了社会的公平正义。为帮助实现贫困、落后地区脱贫致富，我国实施了大学生志愿服务西部计划和青年志愿者扶贫接力计划，有效弥补了政府、市场的不足，推动了贫困地区科技、教育、文化、卫生事业的

---

① 《全国妇联等部门开展暑期志愿服务 关爱留守儿童》，中国志愿服务联合会网，https://www.cvf.org.cn/show/8827.html，2019年8月15日。

② 唐凯麟：《集体主义与社会公正论纲》，载《道德与文明》，2004年第4期。

健康发展。例如，报名参与2014年大学生志愿服务西部计划的，有来自全国1737所高校的60818名应届毕业生，其中，8968人申请去西藏，7925人申请去新疆。① 2018年是我国实施西部计划15周年。15年来，共有27万余名西部计划大学生志愿者到中西部2100多个县市区旗基层服务。2018年西部计划实施规模继续保持为18300人，分基础教育、服务三农、医疗卫生、基层青年工作、基层社会管理、服务新疆、服务西藏7个专项。② 那些被选中的大学生，将在这些贫困地区从事为期一至两年的教育、卫生、农技、扶贫等方面的志愿服务，帮助这些贫困地区脱贫致富。还有比如20个世纪八九十年代开展的“希望工程”“幸福工程”“春蕾计划”等志愿服务活动，都是推进社会公平、公正实现的社会公益行动。其中，“希望工程”由中国青少年发展基金会发起，其宗旨是资助贫困地区失学儿童完成学业、改善贫困地区的办学条件、促进贫困地区基础教育发展；“幸福工程”由中国人口福利基金发起，其主要任务就是救助贫困地区的贫困母亲，为贫困母亲治穷、治愚、治病；“春蕾计划”由中国儿童少年基金会发起，主要是利用社会力量和社会资源解决女童失学问题，帮助贫困地区的失学女童重返校园。孟子“老吾老，以及人之老；幼吾幼，以及人之幼”的博爱思想、孔子“博施济众”的仁爱观念和中国历代的“义仓”“义米”“义学”等慈善活动，无不体现出志愿服务对社会正义的维护和捍卫。对老年人尤其是孤寡老人、空巢老人、残疾人，以及留守儿童、农民工子女、智障儿童等社会困难群体的帮扶，是志愿服务的又一项重要内容。2013年12月19日，中国志愿服务联合会向全国志愿者和志愿服务组织发出《关于开展“邻里守望”志愿服务活动的倡议书》，倡议书要求汇集一切志愿力量，大力关爱空巢老人、留守儿童、农民工和残障人士，当他们遇到困难时，搭上一把手、贡献一份力，以综合包户、结对帮扶、亲情陪伴等形式，“让空巢老人身边有儿女般的关怀，让农民工身边有朋友般的关照，让留守儿童身边有父母般的关心，让残疾人身边有亲人般的体贴”，③

① 全国大学生志愿服务西部计划项目管理办公室编：《大学生志愿服务西部计划简报》，2014年第5期，2014年6月5日，大学生服务西部计划官网，http：//xibu. youth. cn/。

② 《2018年大学生志愿服务西部计划启动》，《中国青年报》，2018年4月24日。

③ 中国志愿服务联合会官网，http：//www. cvf. org. cn/show/119. html，2013年12月19日。

让他们感到社会的温暖亲情和公平正义。在维护困难群体的合法权益方面，也有大量的志愿者给予他们无私的援助。“北京打工妹之家”志愿组织，为维护受到侵害的外来打工妹的合法权益，常常费尽周折为受害人调查取据，并与厂家、企业据理力争，极力维护她们的合法权益，努力弘扬社会正气。2003 年 8 月，中国法律援助基金会与中国工商银行启动大型公益活动“为实现公平和正义——法律援助中国”，这项活动的宗旨就是动员和鼓励全社会力量支持和参与法律援助事业，为社会困难群体提供法律援助；2004 年 11 月，中国法律援助基金会启动实施“592 法律援助项目”，向中西部 592 个国家级扶贫开发工作重点县的法律援助机构进行资助，在一定程度上改变了这些贫困地区的社会困难群体“请不起律师，打不起官司”的状况。① 2005 年 9 月 8 日，经北京市司法局批准，我国成立了专门为农民工提供法律援助的公益机构——北京市农民工法律援助工作站。这是我国第一家专门为农民工提供法律援助的机构。工作站已经基本构建起以免费法律咨询、法律援助、法律研究和普法宣传为主要内容的帮助农民工依法维权的综合服务平台，取得了突出的“维权”成效：共接待法律咨询案件 3972 件，涉及农民工 1981 人，涉及金额为 1061 万余元②。2006 年 1 月 19 日，中国法律援助基金会启动“农民工法律援助”专项基金，在省、自治区、直辖市建立农民工律师服务机构，为维护农民工合法权益提供法律保障服务。③ 另据《经济日报》报道，2018 年以来，清宁市法律援助中心积极推动法律志愿服务队向规范化、常态化方向发展，通过各种形式定期在各社区开展法律宣传、法律咨询、法律援助等志愿服务。2018 年 1 月 16 日，清宁市法律援助中心志愿律师走进运河音乐厅附近社区开展农民工“讨薪维权”法律援助专项活动，积极为农民工提供法律服务，对农民工讨薪法律援助案件，积极开展诉前调解工作，及时化解矛

---

① 吴玉章、谢海定、刘培峰：《中国民间组织大事记（1978 - 2008）》，社会科学文献出版社 2010 年版，第 66 页。

② 百度文库，http：//baike. baidu. com/view/1035035. htm。

③ 吴玉章、谢海定、刘培峰：《中国民间组织大事记（1978 - 2008）》，社会科学文献出版社 2010 年版，第 68 页。

盾纠纷,① 为构建社会主义和谐社会夯实基础，维护社会的稳定和公平正义。

3. 大力弘扬“互助合作”的伦理精神。亚当·斯密认为：“人类社会的所有成员都处在一种需要互相帮助的状况之中……所有不同的成员通过爱和感情这种令人愉快的纽带联结在一起，好像被带到一个互相行善的公共中心。”②伦理学家王海明也认为：“人是个社会动物，他的生活完全依靠社会和他人，他的一切都是社会和他人给的。”③ 为此，我们需要大力倡导互助合作的集体主义道德原则。志愿服务弘扬的“奉献、友爱、互助、进步”理念是集体主义原则的具体体现和实践阐释。作为志愿者必备的美德，互助合作精神是对社会和他人的一种积极态度。正因为如此，在志愿服务中，志愿者才能对“人字结构是互相支撑”形成深刻认识，才能始终遵从和奉行“我为人人，人人为我”的互助合作理念，以各自特有的真诚、友爱和无私奉献精神，倡导全社会为那些需要救助的困难群体提供援助。在汶川大地震中，无数的志愿者通过个人或社会力量向灾区群众伸出援助之手，帮助受灾群众灾后重建、发展生产。这种“雪中送炭”式的志愿服务在我国社会利益格局剧烈变革时期具有深刻的道德价值，它充分显示了在社会主义大家庭中，志愿服务在帮助困难群体排忧解难、消除彼此间的疏离和隔阂、加强人际间的沟通与关怀、建立社会主义和谐社会中发挥着重要的桥梁和纽带作用。据资料统计，过去几年，我国每年有7500多万农村贫困人口和低收入人群还需要政府的救助，有2200多万城市低收入人口亟待帮助，有近200万流动儿童面临失学辍学的需要援助，还有6000多万残疾人需要提供资助，更有每年发生各类自然灾害受灾地区群众需要救援。④因此，采取有效措施协调和化解这些社会矛盾和冲突，事关经济的健康发展与社会的和谐稳定。然而，仅仅凭借政府的力量去解决日益复杂的社会利益和矛盾，无疑是难以实现的，还必须同时发挥

---

① 《2018年市法律援助中心志愿服务队进社区开展志愿服务活动》，《经济日报》，2018年8月10日。

② 亚当·斯密：《道德情操论》，蒋自强等译，商务印书馆2003年版，第105页。

③ 王海明：《关于道德的起源和目的四种理论》，载《吉首大学学报（社会科学版）》，2009年第2期。

④ 张勤、赵德胜：《论社会建设进程中志愿服务新的定位》，载《中国行政管理》，2013年第3期。

好社会组织和民间力量的作用，使其成为不同社会利益群体的利益表达、利益协调和利益均衡的有效途径。国际经验表明，只有通过国家、社会、企业与个人的相互协调与合作，才能有效地化解经济社会发展中出现的各种社会问题和矛盾。志愿组织和志愿者开展的志愿服务就是社会组织参与这种矛盾化解和社会援助的重要方式和有效途径。我国在志愿服务领域开展的“扶贫接力计划”“邻里相望”“一对一”结对等，很鲜明地体现了这种互助、合作的机制，成为救助困难群体、化解社会矛盾、促进人际和谐的重要方式和渠道。其中，我国每年实施的“扶贫接力计划”，通过公开招募的青年志愿者，奔赴贫困地区开展教育、医疗、卫生、农技等方面的志愿服务，服务期限是半年至两年，一批期满后，由下一批接替，形成扶贫轮换和接力机制。“邻里守望”是中国志愿服务联合会成立后发出的第一倡议活动。2013 年 12 月 19 日，中国志愿服务联合会向全国志愿者和志愿组织发出“邻里守望”志愿服务活动倡议，要求全国志愿者通过“综合包户”“结对帮扶”“亲情陪伴”等方式，共同编织社区爱心网络，使每一个遇到困难、渴望帮助的空巢老人、留守儿童、农民工等社会困难群体得到社会的扶助和关爱。据甘肃妇女网报道，2015 年，甘肃省妇联在 12 月 5 日第 30 个“国际志愿者日”到来之际，全面启动实施“邻里守望·姐妹相助”巾帼主题志愿服务活动。该活动以动员引领广大妇女和家庭参加巾帼志愿服务队伍为宗旨，以城乡“妇女之家”为基本依托，以解决妇女和家庭特别是困难妇女、儿童和家庭日常生活领域所需所盼为主要任务，充分发挥巾帼志愿者在家庭文明建设中的作用，营造携手互助、传递大爱的社会文明环境。① 根据国家卫计委曾经发布的《中国家庭发展报告》，目前我国空巢老人已占老年人总数的一半，其中独居老人占老年人总数的近 10%。伴随着近年来社会老龄化的加剧，社区里越来越多的高龄空巢独居老人正在成为最需要关心与帮助的一个特殊群体。关注空巢老人，定期敲门问候，从 2018 年开始，北京不少街道社区志愿者正在积极探索通过邻里与社会志愿者的各种互助帮扶活动，通过“敲门”探访了解老人的近况，陪老人聊天、帮老人买菜、老人生病时帮着联系医院，用“敲门”走

---

① 《省妇联关于全面启动实施“邻里守望·姐妹相助”巾帼主题志愿服务活动的通知》（甘妇发〔2015〕75 号）。

访唠家常的方式为老人送上一份特殊的温暖，让老人在爱心与暖意中度过踏实而有安全感的晚年。①

4. 大力弘扬“无私奉献”的伦理精神。作为志愿服务的精神基础和集体主义道德原则的核心内涵，无私奉献强调人们对国家、民族、社会以及他人的责任和义务。无私奉献更是志愿组织和志愿者服务社会、奉献他人的动力源泉，这种精神不但为提高全民族的社会责任感和提升社会文明风尚树立了楷模，而且有利于化解社会矛盾，促进社会和谐。在志愿服务活动中，志愿者以自己的劳动和专业技能服务社会和他人，是一种非政府性、非营利性的公益行动，是有组织、有目标地针对特定社会群体或社会问题所进行的社会服务，其所追求的是社会公共福利和公民道德素养的提升、社会困难群体的救助等一系列与社会整体利益和社会文明进步相关的宏观目标。这种以经济利益让渡或奉献来实现社会效益增长，或者以自身利益的自觉放弃或转移来实现社会或他人利益的提升，表现出来的就是一种普遍意义上的利他和无私奉献精神，反映了现代公民社会公民与社会间的唇齿关系，反映了集体主义道德原则要求，凸显了公民对社会的责任意识和主人翁精神。以服务于各类大型运动赛会为例，多年来，我国有成千上万的青年志愿者为昆明世界园艺博览会、世界大学生运动会、奥运会、亚运会等国际国内大型活动无私地提供优质高效志愿服务，尤其是在2008年奥运会和2010年亚运会沸腾的赛场内外，活跃着无数志愿者，他们用真挚与热情、奉献与爱心感动中国、影响全世界。2019年，服务于新中国成立70周年庆典的志愿者达16万多人。据《珠江时报》报道，广东省中西医结合医院沙头分院医护人员罗家仪，担任护士两年，积极参加医院的志愿服务活动，用自己的行动践行志愿者的无私奉献精神。在卫校读书时，罗家仪就经常和同学利用休息时间到附近的社区里开展志愿服务，看望当地的孤寡老人，老人生病住院时她又跑到医院探望他们。从2011年开始，她进入广东省中西医结合医院沙头分院实习，一年之后成为一名护士。每逢医院开展志愿活动，她都踊跃参加，医院大堂里需要志愿者导诊，解答居民的咨询。休息时间，罗家仪就穿上“黄马甲”到大堂里做志愿者，热情回应患者的咨询，她经常利用午休、下班等休息时间，为住

① 《敲门问一问　暖心空巢人》，《北京晚报》，2018年9月20日。

院老人喂饭、剪指甲、聊天、玩游戏。81 岁的葵婆婆中风之后一直住在医院，接受康复治疗，性情变得急躁，经常发脾气。罗家仪每天到病房跟葵婆婆聊天，有时趁着午休给婆婆喂饭，帮她做按摩。后来，罗家仪的热情打动了葵婆婆，两人关系非常融洽。葵婆婆虽然已经失去言语能力，但是每次见到家仪都格外高兴，拉着她的手轻轻摇着。“其实，做好身边的小事也是一种服务。”罗家仪说，喂饭、捶背等其实都是微不足道的小事，但坚持做好这些小事，就能帮助到别人，亦感受到他人的快乐。“志愿工作最重要的是坚持，要从小事做起。”虽然做护士才两年，但是罗家仪认为，细心对待病人不是为了完成任务，而是要付出很多心思，关注他们的需要，细心地为他们排忧解难。医院里还住有一位 70 多岁的患有肺癌的老伯伯，每次值夜班的时候，罗家仪都听到他咳嗽，每到这个时候她都会过去给他按摩背部，陪他聊天，临走时帮他盖好被子。“往往前一天才上了夜班，第二天她还去参加志愿服务活动。”医院护理部主任何云仙说，“家仪经常参加志愿活动，是个非常有爱心的年轻人。”在健康咨询台轮岗中，罗家仪的站台时间是最多的。何云仙印象最深刻的是，每逢医院通知有志愿服务活动，罗家仪总是积极报名。“做一件好事不难，难的是一辈子做好事，但是我对自己有信心。”① 罗家仪经常用这样的语言激励自己，并用实际行动努力践行志愿者的无私奉献精神和高尚情操。

第三节　志愿服务倡导和推进社会公德建设

社会公德，就是社会生活的公共道德，或者说是公共生活道德，就是为了维护社会公共生活秩序而要求人们必须遵守的最简单、最起码的公共生活准则，是社会道德体系的基础层次。社会公德涉及的范围最广，约束的人数最多，社会文明程度的基本衡量标准是公民的社会公德水平。同时，社会公德水平的高低，反映出公民的文明素养高低与好坏。随着生产现代化程度和集体化程度的日益提高，人与人的交往更加频繁，人与社会的关系更加紧密，人与自然之间的相互影响更加突出。然而，与日新月异的社会变革相比，社

① 周金满：《医护人员无私奉献 午休时间给病人喂饭捶背》，载《珠江时报》，2013 年 8 月 6 日。

会公德建设的速度明显滞后，社会公德缺失现象严重。作为一种具有强烈表率和示范作用的道德实践形式，志愿服务为社会公德建设提供了良好平台和渠道，有效地推进着社会公德建设，彰显和弘扬了公德规范。俗话说，“言传不如身教”，这是强调榜样在道德教育中的作用。知识靠教育，道德品质却是在很大程度上靠培养，通过潜移默化的榜样和表率示范作用来提升人们的道德品质。志愿服务就是通过志愿者自身的言传身教和亲力亲为来为社会公德建设作出表率的。可以说，志愿服务是一本非常好的社会公德教科书，是一堂非常生动的社会公德教育课。

一、倡导文明礼貌、助人为乐

中华民族是礼仪之邦。儒家主张以礼乐治天下，孔子曰：“不知礼，无以立”,①把“礼”提到了修身、齐家、治国、平天下的高度。春秋时期晏子说道：“凡人之所以贵于禽兽者，以有礼也”,② 他把是否有“礼”作为人与禽兽的根本区别。因此，加强道德实践，注意礼仪，告别不文明的言行，在“敬人、自律、适度、真诚”的原则上进行人际交往。在这个方面，很多的志愿者或志愿组织以“做文明有礼的市民”为主题，进机关、进企业、进社区、进学校、进家庭，开展文明礼仪知识宣传，引导人们革除陋习，养成文明的行为习惯。2010 年广州亚运会策划和实施的“大拇指行动”对于倡导和激励文明行为、推动社会文明风气的形成具有重要的示范作用。“大拇指行动”要求志愿者向文明行为者伸出大拇指说：“您最棒”“您最好”“您真行”，并建立了“大拇指爱心岗”“大拇指示范窗口”“大拇指快乐传递”等一系列志愿服务项目，吸引了大量社会公众参与其中。在实施这些项目的过程中，将劝阻变为鼓励，将语言变为行动。比如，对于在公交上为老人让座的行为，大家就会竖起拇指：“你让座，你真棒”“我礼让，我真棒”，对其他任何文明行为，也都竖起大拇指进行表扬和鼓励。“大拇指行动”在一定程度上营造了健康向上的文明氛围，为亚运会营造了文明的社会环境。据中国文明网报道，2015 年 7 月 10 日，重庆 300 名志愿者参与“大拇指行动”，积极传播文明正

---

① 程昌明译注：《论语》，山西古籍出版社 2000 年版，第 259 页。

② 陈涛译注：《晏子春秋译注》，天津古籍出版社 1996 年版，第 3 页。

能量。当天上午，300 名来自全市的徒步爱好者来到全国文明城区——南岸区，发起了一场徒步 8 千米行动，旨在引导广大机动车驾驶人和行人争做“礼让斑马线，文明我点赞”的倡导者和实践者，打造“车让人、人让车”的文明风景线，提升广大市民文明出行意识，营造和谐有序的交通环境，不断塑造良好城市形象。① 据廊坊文明网报道，2019 年 3 月 16 日，廊坊市志愿服务队持续深入开展以“访千楼万家 创文明城市”为主题的“星期六文明行动”志愿服务活动，大力弘扬“奉献、友爱、互助、进步”志愿精神，走进社区、街道、乡村，深化文明城市创建活动。该活动重点围绕文明城市创建的工作任务，从社区居民的实际需求和社区实际情况出发，采取符合群众意愿、便于群众参与的形式，把志愿服务工作做到千家万户，做到城市的每个角落，推动市民群众文明行为、文明习惯养成。其中，廊坊市委网信办志愿服务队来到新春社区，清理社区小广告和垃圾，发放创城资料，践行文明志愿行动；市委老干部局志愿者深入南苑社区，对社区的路面及草坪进行了认真清扫，对乱堆乱放及小广告进行清理；市统计局志愿者服务队来到空中花园社区，向小区居民普及创建文明城市应知应会及文明礼仪知识，开展清理垃圾、清除小广告、清除乱堆乱放等活动，营造整洁优美的社区环境；市发改委志愿服务队深入瑞华里社区，向社区居民发放市民文明手册等创城宣传材料，引导社区居民知礼仪、重礼节、讲道德，提升社区居民素质和城区文明程度，传播热情友善、文明礼貌的良好风尚。②

古人云：“与人以兰，手有余香。”乐善好施、扶贫济困、互帮互助、助人为乐是中国人民的传统美德。在这方面，志愿者或志愿组织以多种形式开展倡议、教育活动：一是开展敬老爱老为老志愿服务行动。志愿者通过结对帮扶方式，为儿女不在身边的老人提供生活照料、心理抚慰、应急救助等志愿服务，为老人“送温暖、送服务、送健康”。同时，开展“走进福利院”“团员青年进社区”等志愿服务活动，除每周双休日提供清洁卫生、谈心陪聊、生活照料等服务外，结合春节、重阳节、中秋节等传统节假日，有些志

① 《重庆 300 名志愿者参与“大拇指行动”》，中国文明网，http://www.wenming.cn/syjj/dfcz/zq/201507/t20150713_2726367.shtml，2015 年 7 月 13 日。

② 《弘扬志愿服务精神　浇灌文明城市之花》，廊坊文明网，http://lf.wenming.cn/zyfw/201903/t20190320_5752275.shtml，2019 年 3 月 20 日。

愿者还与敬老院里的老人开展联欢文体活动，给他们带来精神上的愉悦。二是开展关爱农民工志愿服务行动。通过服务春运、公益夏令营，“文化、科技、卫生”进工地、进企业，“送清凉、送安全、送培训”，“公民爱心日”等志愿服务活动，为农民工群体提供就业培训、法律咨询、权益保护、心理辅导、文化生活等方面的志愿服务。以关爱农民工子女为重点，围绕学业辅导、心理关爱、爱心捐赠等内容，开展关爱“小蒲公英”“快乐女孩”乡村女孩生理健康教育、留守儿童夏令营、农民工子女夏令营等志愿服务活动。三是开展关爱残疾人志愿服务行动。以残运会的举办等大型活动为契机，开展“七彩助残计划”，依托残疾人康复中心及助学机构，开展助教、助学志愿服务。实施“展我一技之能，帮助残疾人创业”活动，鼓励残疾人自立自强，走出家门，融入社会。组织开展残疾人文体活动，丰富残疾人业余生活。结合残疾人节日策划主题助残服务，营造全社会“人人关心残疾人、帮助残疾人”的良好氛围。四是开展社区民生和谐志愿服务行动。围绕“安全、便捷、文明、和谐”主题，志愿者深入社区，以困难家庭、老年人、残疾人、优抚对象、社区矫正人员为重点服务对象，以统一服务日、爱心超市、上门帮扶等形式，开展就业咨询、家电维修、保健讲座、义务医疗、爱心陪护、亲情沟通等社区志愿服务活动。湖南省长沙市雨花区廖家湾社区“学雷锋”志愿服务队有注册志愿者5000余名，洪战辉、文花枝、任菲莉、吕曦东等一批社会知名爱心人士都是其中的一员。长期以来，他们组织开展“雨花润青苗”关爱青少年、“真情系夕阳”敬老爱老、“爱心暖冬日”扶贫帮困等志愿服务行动，为社区群众提供健康普查、知识讲座、义务家教等专业志愿者服务，每位志愿者平均每年参加服务的时间120小时，最长的每年达到3000小时，受益者达40000多人次，营造了“人人都是义工、处处都有岗位、时时都讲奉献”的志愿工作氛围，有效地倡导了文明礼貌、助人为乐的良好社会风气。五是开展艾滋病防治志愿服务行动。我国有大量的艾滋病防治志愿组织。北京市防艾志愿服务组织达到了100多家，志愿者有5万余人。据了解，此类防艾志愿者来自各行各业，像北京地坛医院青年志愿者协会中的志愿者成员当中就有医务人员、社工、心理医生、大中小学生、退休人员，并且还有艾滋病感染者参与。① 六是支援灾区，开展救灾抗灾行动，为灾区群众送去帮助和温暖。四川汶川地震发生后，全国有 10 多万志愿者直接深入到灾区参与抗震救灾行动，有 1000 多万志愿者通过多种形式和途径参与救灾，四川省有 100 余万志愿者直接在灾区参与抗震救灾服务。② 很多志愿者在抗震救灾时不顾疲劳，不怕危险，与专业救灾队员一起抢救人民财产物资、挽救伤病员，开展灾后重建及对民众进行心理障碍疏导，他们的热情之高、爱心之浓，得到了社会各界的充分肯定，鲜明地体现了“团结友爱”“助人为乐”“一方有难、八方支援”的社会公德精神。

二、倡导爱护公物、保护环境

爱护公物、保护环境，这种道理人人都懂，可未必都能做得到。在现实生活中，只要不是自己的财物，有些人不会太爱惜，对自然环境，有些人也是肆意破坏，造成生态失衡。志愿者们以他们的公德心，认真履行社会公益使命，从身边做起，从小事做起，以实际行动作出表率，真心爱护“一花一草”“一树一木”，维护美好舒适的生活环境，保障生态平衡，为社会公众树立良好的榜样示范，以他们的服务行动，倡导和教育人们爱护公物、保护环境。

其一，在倡导爱护公物方面，到处都可以看到志愿者的身影。这些志愿者犹如一道道亮丽的风景线，忙碌在城市的街道社区，使城市的面貌焕然一新，也带动了许多的社区居民纷纷加入。据报道，2010 年 12 月 4 日，广州番禺东环街东环社区组织了社区志愿者、文明督导员在映月翠庭、番艺花园、鸣翠苑、彩晴轩小区内开展了一次“爱护公物”志愿服务活动，对各小区内的公共设施进行检查和维修。活动中，志愿者、文明督导员等 10 多人，对映月翠庭、番艺花园、鸣翠苑、彩晴轩小区内的公用设施、公共设备小区门锁、邮箱、电表箱、水管、垃圾桶等进行全面的“大检查”行动，做好公物数量、种类的摸查登记。志愿者们还主动对破损的公物进行维修，活动得到了住户居民的一致好评。据濉溪县人民政府网报道，为给广大居民提供一个休闲、

---

① 《本市防艾志愿者数量已超 5 万人》，《北京青年报》，2012 年 12 月 1 日。

② 谭建光：《汶川大地震灾区志愿服务调查分析》，载《中国党政干部论坛》，2008 年第 7 期。

健身、娱乐、舒适优美的环境，提高他们的生活质量，2019 年 8 月 16 日，濉溪县刘桥镇新时代文明实践所志愿者服务队在体育公园开展爱护公物宣传活动。活动现场，20 多名新时代文明实践所的志愿者在刘桥镇体育公园健身步道、健身广场播放《爱护公物倡议书》，同时发放《爱护公物倡议书》2000 多份，接受群众咨询 200 多起。此次志愿者活动旨在倡导广大居民从我做起，从现在做起，坚决抵制破坏公物的陋习，形成以“爱护公物为荣，破坏公物为耻”的良好风尚。①

其二，在倡导环境保护方面，有很多的志愿组织或志愿者，以“节能减排、低碳生活、你我同行”为主题广泛宣传绿色环保知识，倡导和开展绿化美化、整治污染、环境督查等环保志愿服务行动，以实际行动保护自然，维护生态平衡。这些环保志愿者经常会身体力行地开展环保活动，或者向人们介绍环保知识等。他们的环保行动，主要表现为：一是开展环保宣传，比如宣传节约水资源、少开一小时电灯、垃圾分类，废物回收再利用，少开一天车等；二是开展环保活动，组织志愿者去种树、撒草籽、捡垃圾、回收废旧电池、放生动物，保护野生动植物等；三是举报污染源，对污染环境的企业依法进行举报，保护身边的环境；四是开展环保观测调查，比如对某一区域环境或者鸟类等动物进行调查，获得观测数据等。中华环保基金会发起的“节能减排，全民行动”系列志愿服务行动，旨在倡导社区居民“每个家庭每天节省一度电”“每人每天节约一升水”“每个家庭每天少扔一个废塑料袋”,② 创造绿色生活，保护我们赖以生存的自然环境。还有一些志愿者积极参与打造“国内最清洁城市”“清洁乡村”“庭院整治”“百万市民清洁大行动”“洁美家园”等活动，深入背街小巷、社区楼道、城郊接合部等，清除卫生死角，整治“脏乱差”现象，共同营造秩序井然、整洁优美的城乡生产生活环境。2012 年 6 月 10 日，长沙市望城区举行“绿色乡村卫士情”——湖南省大学生志愿者环保社会实践活动启动仪式，近千名大学生环保志愿者积极参与此次志愿服务活动，影响人群超过 10 万。实践活动分两个阶段开展：第

① 《刘桥镇志愿者开展爱护公物宣传活动》，濉溪县人民政府网，http：//www. sxx. gov. cn/DocHtml/1/99/12/00068433. html，2019 年 8 月 19 日。

② 吴玉章、谢海定、刘培峰：《中国民间组织大事记（1978 – 2008）》，社会科学文献出版社 2010 年版，第 73 页。

一阶段是从6月10日启动仪式开始，在长株潭核心区域及周边城市群，组织大学生环保志愿者开展送环保下乡活动。大学生志愿者通过赠送知识手册、现场宣传、咨询服务，传播生态环保理念，普及环保知识。第二阶段是组织大学生环保社团利用暑期深入农村，开展以保护、改善农村环境为内容的环保志愿服务社会实践活动。湖南省组织开展此次“绿色乡村行”志愿服务活动，其目的主要是希望通过大学生志愿者的热情和聪明才智，推进农村环境连片整治工作，为建设美好幸福家园作出贡献。2018年9月19日，重庆市委宣传部、市文明办、市环保局、合川区委、区政府共同主办“山水之城 美丽之地”——2018年“世界无车日”暨“美丽中国 我是行动者”志愿服务活动，旨在弘扬志愿服务精神，发挥志愿服务功能，向市民倡导简约适度、绿色低碳生活方式和环保志愿服务理念，号召广大市民一起行动起来，做美丽中国的行动者，绿色出行，共建山清水秀美丽家园。① 另据报道，中国环保大奖“地球奖”获得者、中国十大杰出青年志愿者叶榄来15年如一日，自费宣传环保理念，身背沉甸甸的行囊，足迹遍及国内31个省、自治区、直辖市，还到过日本、韩国、英国、缅甸、泰国等十几个国家，行程近15万千米，为超过150万人讲过环保课，进行环保知识宣传。在环保路上，他总是这样介绍自己：“我叫叶榄，树叶的叶，橄榄的榄，就是寓意着绿色和平，这也是我一生的追求。我希望自己像一片绿色的橄榄一样，能给这个世界带来一点点绿色，一点点和谐。”②环保志愿者就是用这样的执着方式倡导生态环境保护，践行“绿水青山就是金山银山”理念。

三、倡导遵纪守法

“没有规矩，不成方圆”。要建设高度文明、高度民主的社会主义现代化国家，实现中华民族伟大复兴的“中国梦”，就必须在全社会形成“以遵纪守法为荣、以违法乱纪为耻”的社会主义道德观念，使遵纪守法成为每位公民的基本素质和义务。遵纪守法需要教育和引导。在这方面，志愿服务是倡导

---

① 《重庆生态环境保护志愿服务队向你发邀请 共同建设山清水秀美丽之地》，华龙网，http://cq.cqnews.net/html/2018-09/19/content_50064662.htm，2018年9月19日。

② 《中国环保大奖地球奖获得者叶榄来衡水宣传环保》，《中国日报》，2012年8月21日。

遵纪守法的重要途径和手段。一般来说，志愿者是由一些知识水平较高、素质能力较强的学生、从业人员、离退休干部等人员组成，他们具有较高的法制意识和法律观念，能带头遵纪守法，能用自身的行动教育和影响社会公众。比如，有些志愿者积极利用自己的专业知识和其他社会资源，大力教育和倡导人们遵守交通法规、遵守党风政风、依法纳税等，为维护社会的和谐稳定贡献一分力量。这方面的志愿服务案例比较多。比如，在倡导遵守交通法规方面，2010 年5 月 19 日，湖南近千名志愿者以“关爱生命、文明出行”为主题，来到省内各条高速公路主要收费站，通过发放《客运车辆安全行车》提示卡、播放《危在瞬间》影碟等方式倡导文明行车，还组织驾驶员、乘客在“摒弃交通陋习、抵制危险行为、倡导文明行车从我做起”红幅上签名，增强交通参与者的交通安全意识、法制意识和文明意识；2010 年 4 月 13 日，广西壮族自治区灵山县文明办等有关部门在县城组织道路交通志愿者围绕中央文明办和公安部提出的“四个六”（即“倡导六大文明交通行为”“摒弃六大交通陋习”“抵制六大危险驾驶行为”“完善六类道路安全及管理设施”）为主题，开展“万名学生”文明交通宣传员行动暨交通安全志愿者文明出行劝导活动、交通安全志愿者“守护红绿灯”行动；① 2014 年 3 月 5 日，河北石家庄无极县志愿者围绕“文明礼让，日行一善”“关爱生命，拒绝酒驾”“文明行路，文明驾车”等主题开展文明交通宣传活动。志愿者们佩戴志愿服务标识，来到县城主要交通路口和易拥堵路段，协助交警维护交通秩序，引导车辆有序停放，对行人、非机动车随意横穿马路、闯红灯等不文明行为使用文明语言进行劝阻，还在汽车站、公交站台等场所，引导乘客文明排队、有序乘车，引导人们讲文明、守秩序、树新风。② 据陕西文明网报道，为了提高市民文明交通意识，倡导文明交通，争做文明市民，2016 年 3 月 29 日，铜川市文明交通志愿者们在新区正阳路什字开展“文明交通岗志愿服务活动”，志愿者协助市交警三大队执勤民警引导行人和非机动车过路口，纠正不文明交通行为，规劝群众遵守交通安全法规、远离不良陋习。③ 据法治湖南网报道，

---

① 叶春霞、杨广生：《志愿者街头宣誓带头遵纪守法》，《法治快报》，2010 年 4 月 16 日。

② 张琳：《交通志愿服务》，《石家庄日报》，2014 年 3 月 6 日。

③ 《弘扬志愿服务精神 倡导安全文明出行》，陕西文明网，http：//shx. wenming. cn/sxdt/tongchuan/201604/t20160401_ 3257212. htm，2016 –05 –24。

2019年5月20日，湖南常德津市志愿者深入基层开展夏季交通安全知识宣传活动。活动中，志愿者向村民发放宣传材料和普及道路交通法律法规知识，讲解酒后驾驶、无牌无证、骑摩托车不戴安全头盔、农用车违法载人的危害性和法律责任等，警示广大村民牢固树立“安全第一”的思想，严格遵守交通法规，杜绝不良驾驶习惯，做文明交通的践行者，谨慎驾驶，安全出行。① 在志愿者参与党风政风监督方面，据报道，为发动社会力量参与，武汉市在全国率先引入百名党风政风监督志愿者参与城区巡视督察组工作。2008年9月7日，100名来自武汉国有企业和民营企业员工、媒体记者、律师、教师、医生、飞行员、农村进城务工人员、社区群干、出租车司机、在校大学生等社会各阶层的志愿者对着鲜红的党风政风监督志愿者会旗庄严宣誓，并领取到胸牌和证件，我国首批党风政风监督志愿者正式上岗。这些志愿者上岗后，根据有关规定有权对党员领导干部廉洁自律情况进行监督，一旦发现问题可直接向有关部门反映和建议。② 在纳税知识宣传方面，为进一步创新纳税服务形式，2010年，甘肃敦煌市发起成立了青年志愿者纳税服务队，志愿服务队利用节假日等休息时间，为困难群体和特殊困难人士提供上门服务，并和税务干部携手，分组设点到主要街道、社区、企业进行税法宣传、纳税辅导、政策咨询、法律援助、业务代办，营造了依法诚信纳税、共建和谐社会的良好氛围。③ 另外，在学法、守法等方面进行倡议和引导，也是志愿服务的重要内容之一。2012年3月以来，湖南省江华瑶族自治县以开展“机关干部四深入、改进作风解难题”活动为契机，组织70名由社会各界妇女志愿者组成的“送法律、送平安、送岗位、送健康、送清洁”等五个“巾帼法律志愿者服务队”，深入开展“弘扬雷锋精神、巾帼法律志愿者送法律进社区”活动，搭建了家庭成员和广大妇女学法、懂法、守法、用法平台，有效提升了家庭成员特别是广大妇女群众依法维权意识、预防犯罪的法律意识等。据长沙市岳麓

① 《遵守交通法规 倡导文明出行》，法治湖南网，http://www.fzhnw.com/Info.aspx?ModelId=1&Id=424924，2019年05月27日。

② 胡诚、吴忠新、卢继锋：《武汉廉政监督出新招，百名志愿者紧盯节日腐败》，《楚天金报》，2008年12月30日。

③ 甘肃新闻网，http://www.gs.chinanews.com/news/2011/04-13/115986.shtml，2011年4月14日。

区人民政府网报道，2017 年 5 月 27 日，为增强儿童的文明意识、法律意识，长沙市文明办举办了“法治宣传进校园”志愿服务活动暨“文明守法 爱满联丰”六一圆梦联欢会。活动现场，“爱学习，爱他人”获奖征文颁奖、法律知识现场问答、儿童法律书籍赠送活动，把学法守法的种子深深地植入了孩子们的心田，鼓励家长与孩子们文明守法，做知法懂法的合格公民。① 这些“润物细无声”的志愿服务行动，不仅增强了志愿者的法律意识，那些服务对象的法制观念也得到了一定程度的强化，为社会法制环境改善发挥了一定的促进作用。

第四节　志愿服务倡导和推进职业道德建设

职业作为人的社会关系的一个重要方面，它对人们的道德意识、道德观念、道德心理的产生有着极大的影响。各种职业生活不仅反映社会道德的整体状况，而且影响个人道德行为的发展。因而，职业道德状况是社会风气的直接反映，职业道德建设成为道德建设的基础部分和主要途径。现阶段，我国职业道德存在着一些突出问题，如何使职业道德建设更有成效，如何有效培育人们的职业精神，需要各方力量来共同解决。作为一种具有无私奉献、互助合作等伦理属性的道德实践活动，志愿服务不仅能提高个人的道德修养和道德境界，也能促进职业精神和职业道德的形成。志愿组织通过对行业从业人员善的、良好行为的赞赏、宣扬和倡导，对恶的、低劣行为的批评、惩罚和抵制，吸引或警示、激励或规劝行业从业人员树立正确的职业道德观念或价值取向，在全社会树立起一种崇尚先进、疾恶如仇的良好道德风尚，维护社会的公平正义。与此相反，一些志愿服务组织对于那些破坏行业规范的个人、企业或公司进行曝光或惩戒，维护职业道德规范，树立行业正气。

---

① 《法治宣传进校园 多彩志愿服务树文明守法信念》，长沙市岳麓区人民政府网，http：//www. yuelu. gov. cn/yuelugov/yl_ xxgk/jzxxgkml/xsjd/gzdt/1347810/index. html ，2017 年 6 月 2 日。

一、倡导爱岗敬业、诚实守信

志愿者主要是那些具有爱、责任心和社会正义感的人员，他们大多来自社会各行各业，具有较强的职业精神和突出的专业技术水平，是行业领域的精英。在实践活动中，民间志愿组织对那些破坏行业规范的企业或社会成员进行惩戒，督促他们爱岗敬业，做到诚实守信。20 世纪 90 年代以来，温州民间商会、行业协会的兴起，是“温州模式”引人注目的现象，形成了所谓的“温州效应”。温州的民间商会和行业协会在激励从业人员爱岗敬业、合法经营、惩戒行业间不正当竞争或违法行为中发挥着重要作用。在温州当地的报纸上，经常可以看到各种行业产品维权公告，对某些行业的侵权或违法行为进行惩戒。行业协会的这种维权行为，实质上是一种对破坏行业规则的惩戒行为，通过这种方式，在社会上树立诚实守信的行为方式或规范，倡导道德行为或风气。一些地方成立的餐饮行业协会，长期立足“提供服务、反映诉求、规范行为”的办会宗旨，始终以规范行业行为为重点，在服务民生、弘扬饮食文化、倡导餐饮企业诚信经营等方面发挥着重要作用。比如，一些餐饮业协会对一次性餐具、地沟油、餐饮消费刷卡费率、餐厨垃圾等社会关注度高的敏感问题，积极开展行业调研，并将调研结果通过多种渠道向有关部门反映，对于那些使用“地沟油”及餐厨垃圾处理不规范的餐饮酒店及时进行曝光或惩罚，以此来促进餐饮业健康持续发展。还有一些民间志愿组织，通过制定相关领域或行业行为规范或标准来加强对活动的约束和监督，以减少无序竞争，促进行业的规范发展。例如，中华全国新闻工作者协会是全国乃至世界新闻界享有盛誉的全国性民间志愿组织，它通过制定我国新闻工作者的职业道德规范和行为准则，来规范和约束整个新闻行业及其从业人员的行为，推动新闻行业及其从业人员的自律和新闻事业的健康发展；软件行业协会针对网络软件界一直存在着“流氓软件”问题，通过与业内专家的合作，推动政府出台了相关的管理措施，并为修订和完善信息产业部公布实施的《软件产品管理办法》提供了大量有价值的参考，为逐步实施软件产品登记制度，严格控制“流氓软件”侵害作出了重要贡献。另外，志愿者在督促企业开展诚信经营方面也发挥着重要的作用。例如，2019 年 7 月 18 日，为营造诚实守信、规范有序的消费环境，进一步树立三门峡市诚信经营的文明形象，湖滨区法院组织青年志愿者走上街头、走入农贸市场，开展“文明诚信守法经营”志愿服务活动。青年志愿者印制《文明诚信守法经营倡议书》，分别从加强信用自律、严格履行合同义务、杜绝价格欺诈等九个方面诠释文明诚信守法经营的意义，倡导明礼守信、平等竞争、公平交易的道德风尚。活动中，志愿者们向商户宣传诚信守法经营、严格遵守党和国家的各项政策法规的重要性，发放100余份《文明诚信守法经营倡议书》，倡议商户们增强诚信经营、诚信服务和诚信管理意识，依法规范经营行为。①

二、倡导办事公道、服务群众

在我国，志愿服务起源于“学雷锋”活动。雷锋精神的核心是“为人民服务”。因而，志愿服务实际上就是全心全意为人民服务、为群众服务。在我国，志愿者服务群众的一个典型方式是社区志愿服务队。我国许多城市已建立了多种形式的社区服务志愿组织，并制定了有关章程和管理办法，开展了形式多样、造福社区群众的服务行动。湖南长沙是雷锋的故乡，从2006年开始，湖南就在全省14个市州启动了以“参与志愿服务，共建和谐社会”为行动理念的“社区志愿服务和谐行动 ”。在活动开展的当年，全省各级志愿者组织就开展了各类志愿服务活动2000余次，参与志愿者近10万人次，有效地服务了社区群众。其中比较典型的是长沙市雨花区侯家塘街道廖家湾社区志愿服务队。该服务队近年来陆续推出“关爱农民工”“留守儿童关怀”“扶贫助残”“社区矫正”“卫生保洁”“治安巡逻”“宣传教育”“健康服务”“爱绿护绿”等十大重大服务项目，打造了“孟妈妈青少年保护家园”“鲁爷爷爱心室”“杜鹃书屋”等优秀志愿工作品牌，对促进社区发展与和谐社会建设发挥了重要作用。“鲁爷爷爱心室”的主人——原湖南省林业勘察设计院高级工程师鲁遐龄，就是一位极具爱心的志愿者，多年来，他为社区做了很多服务工作。比如，在该社区有一对孪生姐妹，她们还在很小的时候父母就已经离异，幼小的心灵受到创伤，多门功课不及格。通过鲁遐龄无微不至的帮

① 《湖滨区法院开展“文明诚信守法经营”志愿服务活动》，三门峡市湖滨区法院网，http：//smxhbfy. hncourt. gov. cn/public/detail. php？ id＝2046，2019年7月18日。

助，两姐妹学习成绩达到班上中等水平，两人先后加入共青团，姐姐还当了团支部书记；还有社区的一名初中生，初一时成了“网迷”，不上学、不回家，学校和家长都拿他没办法。鲁遐龄经过多次家访、谈心和探望，这名初中学生终于有了明显的进步，回到了原来的学校读书。① 在湖南长沙，还有一个于2009年11月成立的比较有名气的志愿服务组织——“蓝灯雷锋车队”。多年来，雷锋车队本着“学习雷锋、帮助他人、反哺社会、回报人民”的宗旨，以崇尚雷锋为荣，以服务人民为本，携老扶幼，扶危济困，重义轻利，不计得失，为老、弱、病、残、孕等有特殊困难乘客提供免费服务，使“雷锋车队”的影响越来越大，2011年3月，蓝灯雷锋车队荣登中国好人榜，车队队长被中央文明委授予“全国优秀志愿者”称号。蓝灯雷锋车队成立以来，为老弱病残孕等特殊乘客提供免费服务3000余次，免费金额近5万元。② 据中国文明网报道，在哈尔滨市，有一个“雷锋车队志愿者协会”。该协会成立于2001年，在雷锋车队运行的19年中，车队由最初创建时的一台车，发展到800台“雷锋号”志愿服务车，拥有志愿者8572人，免费接送困难病残76942人次，累计志愿服务150000余小时，为百姓做好事27000余件，拾金不昧763万余元，收到市民表扬信2822封，先后荣获全国学习雷锋、志愿服务先进集体、黑龙江省“十大杰出志愿服务集体”“哈尔滨市第三十届劳动模范先进集体”等多项荣誉，2018年被评为全国“最佳志愿服务组织”。③ 另据报道，在浙江嘉兴市南湖区有一个典型的社区志愿服务队——“红船志愿服务队”。该服务队实行24小时全天候服务，随时为客户解决用电问题，积极为群众排忧解难。“红船志愿服务队”成立以来，日平均处理抢修14起，故障抢修平均到位时间23分钟，居民满意率100%，客户投诉率为零。快速响应是“红船志愿服务队”的一大特色，哪里有故障，哪里就会出现他们的身影，只要用户一声召唤，队员就立刻上门无偿处理。在浙江嘉兴市南湖，像“红船志愿服务队”这样以“主动、便捷、优质、高效、廉洁”为目标的志

① 邱钊：《鲁遐龄：6000多个孩子叫我鲁爷爷》，《长沙晚报》，2012年2月28日。

② 《蓝灯雷锋车队爱心善举坚持29个月仍在继续》，星辰在线，https：//news. changsha. cn/html/187/20140716/31332. html，2014年7月23日。

③ 《哈尔滨市雷锋车队志愿者协会》，中国文明网，http：//www. wenming. cn/zyfw/2018sg100/zjzyfwzz/201811/t20181128_ 4914531. shtml，2018年11月28日。

愿服务团队共有12个，他们分别存在于与基层、企业、民生关系最密切的工商、税务、电力、药监、药监、农经、环保等行业系统中。这些志愿服务团队组建以来，共走访企业5500余家，服务企业14.8万人次，为企业解决实际问题2000余个，服务基层31000余人次，为基层解决实际问题608个，服务群众30.4万人次，为群众解决实际问题29.5万个,① 真正体现了志愿组织“全心全意为人民服务”的宗旨。2018年年初，“红船志愿服务队”启动实施“人民电业为人民”专项行动，363支红船服务队围绕政治服务、抢修服务、营销服务、志愿服务、增值服务等领域，立项并实施281个服务项目，在为民服务工作中忠诚履职、拼搏奉献，在急难险重任务中冲锋在前、攻坚克难，得到社会各界赞誉。②

三、倡导团结互助、奉献社会

志愿精神的本质内涵被界定为“奉献、友爱、互助、进步”，“奉献”“友爱”“互助”是志愿精神的基本内涵，各种志愿服务无不鲜明地体现了这一内涵特征。自1993年团中央发起实施中国青年志愿者行动以来，“奉献”“友爱”“互助”理念迅速普及并日益深入人心，他们有的在关键时刻迎难而上，奔赴抗灾和应急救援第一线；有的远赴他国服务，致力于增进中外友谊，在世界广阔的舞台上展示中国青年的良好风采，维护中国负责任大国的国际形象；有的组建医疗队，免费服务西部贫困人群。据报道，2011年4月26日，北京成立了“大医博爱志愿者服务总队”，它以“大医精诚、博爱天下”为使命，为基层医务人员送知识、送技术，开展义诊和筛查，救治患者，方便群众，努力践行无私奉献的志愿服务理念等。③ 湖南省株洲市于2004年诞生的我国第一个以加强生命教育为主题的民间公益群体——“关爱生命万里行”活动小组，就是这样一个为社会无私奉献的志愿服务组织。这个志愿组织聚集了海内外2000多名志愿者，在全国乃至海外多个地区设有工作站，多

① 郑炜君、张宇航、冯成：《南湖区打造机关服务品牌》，《嘉兴日报》，2010年8月8日。

② 《浙江电力推进红船党员服务队标准化建设》，中国电力新闻网，http：//www. cpnn. com. cn/zdzg/201812/t20181212_ 1109080. html，2018年12月12日。

③ 《京城医学专家组建志愿队服务西部贫困人群》，中国新闻网，http：//www. chinanews. com/jk/2011/04 -26/2999926. shtml，2011年4月26日。

年来，通过面对面、电话、信件、网络接待，帮助过有自杀倾向的青少年数百人，为数万人提供医疗、心理和社会支持服务。“关爱生命志愿者”的身影还出现在四川汶川、青海玉树、甘肃舟曲、云南盈江等重大灾难现场，先后有500多人次的志愿者参与了一线服务，在灾区工作最长的达2年，为灾区提供医疗救助、心理援助、物质帮扶、孤儿助养、教学辅导总计达2万多人次，筹集、转发物资超过1000多万元，真实而突出地体现了“奉献”“友爱”的志愿精神。近年来，湖南省长沙市芙蓉区文艺路街道社区大力推行志愿服务，组建了“新青年俱乐部”“晚霞爱心公社”“向日葵”“折翼天使之家”“职来职往”“心灵氧吧”“姐妹港湾”7支社区志愿者队伍，按赤、橙、黄、绿、青、蓝、紫7种颜色成立“七色花”志愿者俱乐部，分别为社区的空巢老人、青少年儿童、残疾人士、下岗失业人员、心理缺陷人群等开展帮扶，在社区营造了互帮互助、无私奉献的和谐氛围。① 另据嘉兴在线新闻网报道，为发挥退役军人在维护社会稳定中的重要作用，更好地服务居民群众、回报社会，2019年4月19日，浙江嘉兴滨海新区汉沽街前坨里社区成立“复退军人志愿服务队”。该服务队的宗旨是发扬革命军人的优良作风，向社会传递着“坚守与责任”的正能量，用实际行动展现复退军人“退伍不褪色”风采，在帮助复退军人再就业、慰问家属、关爱特困军人、治安巡逻、矛盾调解、文明劝导、环境保护等方面开展志愿服务活动。②

第五节　志愿服务倡导和推进家庭美德建设

家庭是国家发展、民族进步、社会和谐的重要基石。如果把社会比喻成一个有机体，那么家庭就是一个个细胞。家庭与社会关系密切，家庭融洽，则社会稳定；家庭四分五裂，则社会混乱不堪。习近平总书记非常重视家风家教问题。党的十八大以来，习近平总书记多次谈家风家教。2016年12月12日，习近平总书记在会见第一届全国文明家庭代表时指出：“中华民族历

① 谢璐、陈莉群：《长沙文艺路街道：志愿服务暖万家》，《湖南日报》，2014年7月7日。
② 《志愿服务当“新兵”解忧助困献初心——前坨里复退军人志愿服务》，网易新闻网，http：//dy.163.com/v2/article/detail/EDHLJ82C05346GQA.html，2019年4月24日。

来重视家庭，正所谓‘天下之本在家’。尊老爱幼、妻贤夫安，母慈子孝、兄友弟恭，耕读传家、勤俭持家，知书达礼、遵纪守法，家和万事兴等中华民族传统家庭美德，铭记在中国人的心灵中，融入中国人的血脉中，是支撑中华民族生生不息、薪火相传的重要精神力量，是家庭文明建设的宝贵精神财富。”① 习近平总书记同时强调：“要积极传播中华民族传统美德，传递尊老爱幼、男女平等、夫妻和睦、勤俭持家、邻里团结的观念，倡导忠诚、责任、亲情、学习、公益的理念，推动人们在为家庭谋幸福、为他人送温暖、为社会作贡献的过程中提高精神境界、培育文明风尚。”② 但有相当一部分人不履行甚至践踏自己对家庭应负的义务，家庭暴力时有发生，不赡养甚至虐待老人的现象有所加重等，败坏了家风家教，也给社会稳定带来不可忽视的危害。从这方面来说，推进家庭美德建设的任务就显得十分迫切。近年来，我国不断兴起的志愿服务在倡导尊老爱幼、男女平等、夫妻和睦、勤俭持家、邻里团结等方面发挥了重要作用，有效地弘扬了家庭美德和社会正气。

一、倡导尊老爱幼、邻里团结

尊老爱幼是中华民族的传统美德，是家庭和睦、社会和谐的基石，也是现代中国人的基本道德修养。中国是文明之邦，尊老爱老是传统美德。战国晚年，《秦律》就规定了虐待老人的处罚办法：凡是殴打、虐待祖父母、曾祖父母的子孙，会受到脸上刺字和罚做苦役的惩处。《睡虎地秦墓竹简·法律答问》有载：“‘殴大父母，黥为城旦舂。’今殴高大父母，可（何）论？比大父母。”③清代皇帝多次在宫中举办“千叟宴”，招待满、蒙、汉等各族文武大臣及年龄在60以上的老人。康熙五十二年（1713）在阳春园第一次举行千人大宴，康熙帝即席赋《千叟宴》诗一首，固得宴名；乾隆五十年（1785）于乾清宫举行“千叟宴”，与宴者三千人；嘉庆元年（1796）正月再举“千叟宴”于宁寿宫皇极殿，与宴者多达3056人，即席赋诗3000余首。后人称谓

① 《志愿服务当“新兵”解忧助困献初心——前坨里复退军人志愿服务》，网易新闻网，http：//dy.163.com/v2/article/detail/EDHLJ82C05346GQA.html，2019年4月24日。

② 《习近平在会见第一届全国文明家庭代表时的讲话》（2016年12月12日），《人民日报》，2016年12月16日。

③ 睡虎地秦墓竹简整理小组编：《睡虎地秦墓竹简》，文物出版社1978年版，第184页。

“千叟宴”是“恩隆礼洽，为万古未有之举”。①在宴会上，皇帝和老人们举杯畅饮，和诗作乐，并命皇子皇孙侍立观礼，给老人们敬酒，堪称尊老典范。20世纪70年代以来，人口老龄化已成为全球关注的热点问题。我国是世界上拥有老龄人口最多的国家，也是老龄人口增长最快的国家。随着社会经济快速发展和社会的进一步转型，固有的农村经济发展模式的转变，农村居民养老出现了一系列新问题，老人无人赡养或虐待老人的现象有所上升，引发了一系列社会问题。为弘扬中华民族优良的传统美德，社会上的志愿者通过各种途径与方法，倡导尊老爱幼、邻里团结，努力促进社会稳定与和谐，涌现了许许多多感人事迹。全国道德模范赵广军是一名志愿者，在广州专门成立“赵广军志愿者服务队”，由华中师范大学、华中农业大学等高校学习心理专业的大学生组成一支20人的队伍，开通“赵广军生命热线”，求助者只要拨打“114”就可直接转到这条热线，他还将自己的手机作为“生命热线”，10年来，200多名有自杀和报复社会倾向的人被他成功救助，他还花费13万多元积蓄，累计志愿服务5万多小时，扶助了几百名无依无靠的孤寡老人和近千名误入歧途的弟弟、妹妹。② 志愿服务为老人消除了孤寂，使他们快乐起来，同时使他们的家人对老人的态度有了根本性转变，老人的家庭变得和睦幸福，志愿者行动受到大板社区居民群众的交口称赞。一些志愿组织在青少年教育方面也发挥着重要作用。比如湖南长沙的“孟妈妈青少年保护家园”就是由长沙市人大代表、全国十大民间禁毒人士、中华慈善人物、义工明星孟繁英于2008年1月创办的志愿服务机构，洪战辉、文花枝、戴碧蓉、吕曦东、黄舸等多名社会知名爱心人士也是这个服务机构的“爱心园丁”。这个服务机构以青少年为服务对象，联合家庭、学校、社区、公、检、法、司机关等各方面力量，以“手牵手联动”“心贴心帮扶”“一对一帮教”“面对面教育”“多对一维权”“青护园奖励”“孟妈妈热线”和“青护园网上咨询”等为途径和手段，对思想上有困惑的青少年实施有效帮扶，对行为上有不良行为的青少年进行行为矫正，对违法犯罪的青少年进行挽救、感化、帮教，对

---

① 曹萌主编:《中国满族文化资源与发展分省描述与研究》，高等教育出版社2007年版，第379页。

② 《发挥志愿服务优势，提升社会公德水平》，浙江文明网，http://www.zjwmw.com/07zjwm/system/2010/11/29/017123772.shtml，2011年2月24日。

生活、学习上有困难的青少年进行资助和维权，为青少年的健康成长营造一个温馨、快乐、信赖的家园。总体来说，志愿服务在尊老爱幼方面重点开展了以下几方面活动：

一是关爱“空巢老人”。我国正加速步入老龄化社会。根据国家统计局统计数据，2018 年我国人口从年龄构成来看，60 周岁及以上人口为 24949 万人，占总人口的比重为 17.9%，其中 65 周岁及以上人口为 16658 万人，占总人口的比重为 11.9%。① 随着社会老龄化程度的加深，空巢老人越来越多，已经成为一个不容忽视的社会问题。来自民政部的数据显示，目前中国城乡空巢家庭超过 50%，部分大中城市达到 70%，其中农村留守老年人口约 4000 万人，占农村老年人口的 37%。到 2050 年，我国 80 岁及以上高龄老年人将达到 1.08 亿，临终无子女的老年人将达到 7900 万左右，失能老年人将达到 1 亿左右，独居和空巢老年人将占 54% 以上。② 当子女由于工作、学习、结婚等原因而离家后，独守“空巢”的中老年夫妇越来越多，独守空房的“空巢”老人会产生心情郁闷、沮丧、孤寂、食欲减低、睡眠失调、愁容不展、长吁短叹甚至流泪哭泣等心理失调症状，称为家庭“空巢”综合征，已经成为一个不容忽视的社会问题。从 2009 年开始，各地志愿者开展“关爱空巢老人”志愿服务行动，组织志愿者特别是身体健康的低龄老年志愿者，采取结对帮扶的办法，为高龄“空巢”老人提供健康保健、心理抚慰、生活照料、应急救助、法律援助等服务，为他们排忧解难。例如，湖南省新晃侗族自治县实施六项志愿服务行动关爱“空巢”老人。该县共有 60 岁以上老年人 4.7 万人，占该县总人口的 17.3%。其中“空巢”老人 4500 人，占老年人口近 10%。2010 年以来，该县从“空巢”老人迫切需要、又能办得到的服务入手，组织志愿者深入“空巢”老人家庭，了解老人的身体状况和生活情况，帮助老人做饭、打扫卫生、洗衣服被褥、购买生活必需品、解决急难问题，切实为“空巢”老人提供生活方便和养老保障；组织志愿者在节日里到老人家探望，陪老人过节，让老人享受儿女般的亲情，还定期给“空巢”老人打

---

① 《2018 年我国 60 周岁以上人口占比达到 17.9%》，新浪网，http://k.sina.com.cn/article_5052238402_12d230a4200100hm3d.html，2019 年 2 月 12 日。

② “空巢老人”，百度百科，https://baike.baidu.com/item/%E7%A9%BA%E5%B7%A2%E8%80%81%E4%BA%BA/63555?fr=aladdin。

问候电话、上门走访慰问、为老人读报纸、陪老人聊天、陪伴老人参与社会活动，帮助老人摆脱心理寂寞和精神孤独；定期为“空巢”老人免费进行健康体检，建立健康档案，为“空巢”老人提供保健服务；组织“空巢”老人开展文体娱乐活动，观看文艺晚会、欣赏文艺表演、参与群众文化活动；专门向“空巢”老人发放集便民服务、警民联系、医疗救助、困难救助为一体的电话联系卡，为“空巢”老人提供应急救助志愿服务。① 浙江嘉兴市南湖区有513名60岁以上困难空巢老人。为帮助这些老人安度晚年，当地志愿者通过志愿结对服务“空巢”老人，与老人签订了《帮扶“空巢”老人活动结对书》，以“一助一”“多助一”等服务形式，为老人提供买菜、聊天、读报、修理门窗等各类服务；经常上门看望、问候“空巢”老人，每季度组织“空巢”老人开展一次户外活动，在“空巢”老人过生日时送一个蛋糕或一束鲜花；为每一位“空巢”老人建立一份“健康档案”，随时掌握身体状况，及时跟踪服务；为“空巢”老人免费安装“一键通”应急呼叫系统，在需要的情况下，老人只需按一个键即可接通“96345”热线，医疗急救、家政服务、商品配送、便民咨询等便能及时提供给“空巢”老人。② 据长沙市岳麓区政府门户网站报道，为弘扬尊老、爱老、助老的中华民族传统美德，2018年11月1日，长沙市岳麓区观沙岭街道长望社区“党旗飘扬”工作站志愿者上门为辖区“空巢”老人整理杂物、打扫卫生、清洗抽油烟机，陪同老人聊天，了解老人的生活状况，使“空巢”老人感受到社会大家庭的温暖。③ 另据中国文明网报道，南宁市“情暖夕阳”关爱“空巢”老人志愿服务项目被评为2018年度全国“最佳志愿服务项目”之一。该服务项目以“社工+志愿者+社区”三位一体协作的模式，定期为南宁市燕子岭社区50位“空巢”老人提供生活照料、亲情陪护、健康保健、应急救助、文化娱乐等志愿服务，提高“空巢”老人的生活

① 湖南文明网，http://www.hnwmw.com/Info.aspx?ModelId=1&Id=4578，2010年8月12日。

② 浙江文明网，http://dx.yiwu.gov.cn/wmjs/zzwmjs/201102/t20110224_298435.html，2011年2月24日。

③《长望社区开展志愿者关爱“空巢”老人活动》，长沙市岳麓区人民政府网，http://www.yuelu.gov.cn/yuelugov/yl_xxgk/bmxxgkml/qmzj/gzdt/1742961/index.html，2018年11月5日。

质量。该服务队自2005年成立以来，累计上门服务400多次，项目累计服务时长3000多小时，为“空巢”老人带来丰富多彩的活动和贴心服务。① 通过这些服务活动，中华民族尊老爱老的优良传统得到大力弘扬。

二是关爱“留守儿童”。农村留守儿童是指父母双方外出务工或一方外出务工另一方无监护能力，无法与父母正常共同生活的不满16周岁农村户籍未成年人。根据民政部统计数据，截至2018年8月底，全国共有农村留守儿童697万人。② 在这些留守儿童中，80%以上的留守儿童是由祖父母隔代监护和亲友临时监护，年事已高、文化素质较低的祖辈监护人基本没有能力辅导和监督孩子学习。同时，农村学校受办学条件、师资力量、教学理念的局限与制约，针对留守儿童的需求提供特殊有效的教育和关爱力不从心，学校与家庭之间缺乏沟通。家庭和学校监护不力，导致相当数量的留守儿童产生厌学、逃学、辍学现象。③ 志愿服务行动在关爱“留守儿童”中发挥出了重要作用。其中，“快乐学校”就是一项面向留守儿童的公益志愿服务行动。它由共青团四川省委、中国青年报社、四川青年志愿者协会、中国高校传媒联盟联合主办，卫康公益特别支持。“快乐学校”于2010年夏天启动，每年的寒假、暑假各举办一次，来自全国19个省（自治区、直辖市）、75所高校的1000多名大学生志愿者参加服务，上万名四川留守儿童受益。2012年暑假，“快乐学校”的237名大学生，组成30支志愿服务队，在四川各地农村开设了书法、舞蹈、摄影、跆拳道等丰富多彩的课程，向留守儿童进行学业辅导，开展亲情陪伴和安全教育，受到学生和家长的称赞；2015年暑期，来自全国各大高校的152名大学生志愿者，组成15个志愿服务团队，从7月中旬开始，分赴四川、重庆、贵州、广西、福建、山东、山西7个省（自治区、直辖市），开展了20天左右的留守儿童支教服务；2016年寒假，“快乐学校”的志愿者分别前往四川、贵州、广西、福建、山西、山东6个省（自治区、直辖市），开展了2~3天的关爱留守儿童回访行动。每年寒假或暑假，“快乐学校”举办各种类似的志愿服务活动，为农村小学生或农村留守儿童送去歌声与欢乐，

---

① 《“情暖夕阳”关爱空巢老人志愿服务项目》，中国文明网，http：//www. wenming. cn/zy-fw/2018sg100/zjzyfwxm/201812/t20181205_ 4925271. shtml，2018年12月5日。

② 《全国农村留守儿童数量下降》，《浙江日报》，2018年10月31日。

③ “农村留守儿童”，百度百科，https：//baike. baidu. com/item。

帮助留守儿童幸福、健康成长，真正做到了“快乐了他人，也快乐了自我”。除此之外，志愿者通过多种途径和形式开展关爱留守儿童行动，助力留守儿童物质“脱贫”、精神“脱贫”、情感“脱贫”和文化“脱贫”，为孩子们撑起爱的天空。据中国青年志愿者网报道，2018 年暑期，全国各地青年志愿者积极回应社会需求，不断创新关爱形式、丰富关爱内容、拓展关爱内涵：有些志愿者通过爱心募捐、公益众筹等形式，向留守儿童捐赠助学金以及书包、文具、书本、衣物等学习生活用品；有些志愿者通过开设“七彩假日梦想课堂”，为留守儿童们提供日间托管、作业辅导、艺术欣赏、公益实践、户外活动、习惯养成、品格培养等志愿服务。①

三是关爱农民工子女。21 世纪以来，我国流动人口呈明显的上升趋势。2014 年后，流动人口数量达到高位企稳状态，2016 年流动人口数量达 2.47 亿，占总人口的 18%。② 其中，农民工是我国流动人口的重要组成部分。2014 年，中国农民工占总人口的比例已经超过 20%，其中外出务工人数达 1.68 亿。③ 国家统计局发布的《2017 年农民工监测调查报告》，2017 年农民工总量达 28652 万人，增长 1.7%。④ 农民工已经作为一个特殊的群体存在于各大中城市，他们的子女达数千万之多，大多是未成年人，是一批游走于城乡之间的特殊群体，其权益保护不容忽视。近年来，我国针对农民工子女出台了不少关爱政策，尤其是教育方面，制订实施了相关的关爱方案。但即便如此，农民工子女问题依然是我国青少年群体中的热点问题。据报道，2017 年，上海市未成年犯管教所内农民工子女占 80%，安徽省未成年犯管教所内，70% 的孩子是农民工子女。在这些孩子中，大多存在父母疏于监管、学校教育乏力、社区预防缺位的情况。众所周知，农民工作为流动人口这一特殊的群体分布于城市的每个角落，他们多以从事体力劳动为主，经济收入和社会

---

① 《青年志愿者关爱留守儿童在行动》，中国青年志愿者网，http://zgzyz.cyol.com/content/2018-08/20/content_17499056.htm，2018 年 8 月 20 日。

② 《2017 年中国流动人口数量、农民工人口数量、一线城市常住人口、房价及租赁人口预测分析》，中国产业信息网，http://www.chyxx.com/industry/201708/554786.html，2017 年 8 月 28 日。

③ 同上。

④ 《2013 到 2017，五年时间，农民工数量持续增长》，网易号，http://dy.163.com/v2/article/detail/DGUVP1AB0512GSII.html，2018 年 5 月 4 日。

地位均比较低，而且文化知识也比较差。加之他们的工作不稳定、住所不固定等多种因素，在潜意识中形成了自卑心理。随同父母在城市生活的农民工子女，同样遭受着父辈的这种无奈境遇。他们虽然生活在城市，但是所看到和接触到的却是两面性的。这种落差式的碰撞，随着他们年龄的增长，逐渐影响他们的身心成长和心理发育。① 在农民工子女关爱行动中，民间志愿组织发挥着重要作用。团中央实施的“关爱农民工子女志愿服务行动”，主要就是组织广大青年志愿者在全国城乡广泛开展学业辅导、亲情陪伴、感受城市、自护教育、爱心捐助等志愿服务，为农民工子女提供切实有效帮助。该项目启动以来，各级团组织、青年志愿者组织在农民工子女较集中的学校广泛建立“结对＋接力”的机制，为农民工子女提供切实有效帮助。② 据统计，“关爱农民工子女志愿服务行动”开展仅一年时间，就已经在全国2786个县市区旗启动实施，全国各地已结对农民工子女较集中学校3.2万所，结对农民工子女730万人，全国参与结对的基层团组织或志愿者组织共5.4万个，参与这项工作的志愿者达436万人，成效非常显著。③ 另据江苏文明网报道，2018年，江苏省徐州市铜山区青年先锋志愿服务队针对城区农民工子女无法融入城市生活、缺乏亲情陪伴等问题，开展“益青春微笑小伙伴”“心手相牵助成长”关爱农民工子女志愿服务项目，帮扶农民工子女健康成长。该服务活动的主要项目有：一是学业辅导志愿服务项目。在寒暑假和周末时间，发动在校老师和驻铜高校学生等志愿服务力量，开展校外辅导站、周末大课堂等学业辅导，为农民工子女提供义务课外学业辅导；二是感受城市志愿服务项目。带领农民工子女到新区步行街、楚河景区带、铜山区规划展示馆等地参观，让他们感受铜山区的巨大变化，增强他们的荣誉感和使命感。三是爱心捐赠志愿服务项目。开展“同一片蓝天下快乐”关爱农民工子女送温暖活动，为农民工子女送去学习用品和慰问金；依托“一号助一家”活动，开展扶贫济困送温暖活动；依托“希望工程圆梦行动”，开展农民工子女助学活动，资助品学兼优、即将踏入大学校门的农民工子女。四是自护教育志愿服务项目。

① 《浅谈农民工子女教育问题》，《三晋都市报》，2017年2月20日。

② 《共青团关爱农民工子女志愿服务行动启动》，《人民日报》，2010年5月5日。

③ 李立红：《共青团关爱行动推出“七彩课堂”，农民工子女每年至少接受三十小时志愿服务》，《中国青年报》，2011年11月15日。

充分发挥法律专业或法院、检察院等部门志愿者的作用，开展“法官进课堂”“法制电影进校园”等活动，引导农民工子女知法、懂法、守法，学会用法律武器维护自身权益。这些项目开展以来，青年志愿者组织与农民工子女建立结对关系，关爱农民工子女1500余人，爱心手拉手结对220人，帮助重点青少年心理咨询、减压960人。① 这些志愿服务帮扶项目，实实在在地为解决农民工子女的求学、就业、看病等方面的问题提供了极大的帮助，促进了农民工子女的健康成长，维护了家庭和谐与社会稳定。

二、倡导男女平等、夫妻和睦

家庭暴力是一个全球性的问题。在家庭暴力中，受害者多数为妇女，而老人、儿童和男性的比例近年来也有所上升。人们对家庭暴力给予了极大的重视和关注，其原因，一方面，家庭暴力近年来日渐增多，已逐渐演变成特别突出的社会问题；另一方面，家庭暴力已经对妇女的身心、儿童的发育成长、家庭的和谐稳定、社会的治安状况等造成了十分突出的影响和危害。暴力对女性来说与癌症一样是育龄妇女死亡和丧失生存能力的重要原因。在我国，一些与法律相关的志愿组织在反对家庭暴力、保障妇女儿童权益方面作出了一定贡献。我国最早建立的妇女民间志愿组织是“北京红枫妇女心理咨询中心”，该中心的宗旨是利用社会资源，为困难妇女群体提供服务，关注她们的心理、生理健康，并在妇女就业、参政及家庭暴力、家庭问题等方面提供帮助或救助，促进妇女全面发展。其重要公益活动品牌是“红枫妇女热线”和“方舟家庭中心”。其中，“红枫妇女热线”专门设立“反暴力热线”，对家庭暴力问题接受咨询、提出建议；“方舟家庭中心”是为单亲妇女及其子女进行心理咨询和服务的社会公益机构。1995年9月，武汉成立全国首家婚姻避难站——“武汉新太阳女子婚姻驿站”，开展减少家庭暴力、保障不幸妇女安全等方面救助志愿服务。1999年12月，北京大学妇女法律研究与服务中心、北京红枫妇女心理咨询服务中心等几家民间妇女维权公益机构联合起来，

① 《益青春·微笑小伙伴——关爱农民工子女志愿服务项目》，江苏文明网，http：//wm.jschina.com.cn/18852/zjh3/others/201808/t20180822_5627598.shtml，2018年8月22日。

组成反对家庭暴力工作小组，发放反对家庭暴力宣传资料，成立家庭暴力受虐待妇女支持小组，开展维权和救助行动。2000 年，北京红枫妇女心理咨询服务中心与天津市妇联合作成立了“半边天家园”，旨在利用社区资源传播健康、文明的婚姻家庭观念，维护困难妇女群体在家庭中的合法地位，成为妇女救助的“精神家园”。① 近年来，我国还有大量志愿组织在倡导夫妻和睦、反对家庭暴力的行动方面也开展得较为热烈。2007 年 11 月 27 日，天津师范大学法学院法律援助中心的同学们为了宣传“反家庭暴力”，以“温馨白丝带，和谐进万家”为主题，到天津市南开区林苑北里社区及华苑安华里社区等 4 个分会场进行普法宣传。这次活动的目的是为社区居民送去法律知识，帮助居民了解家庭暴力的现状以及怎样用法律武器维护个人权益，真正做到关爱妇女权益。活动现场，法学院学生首先用逼真的演技再现了生活中两种常见的家庭暴力——身体暴力和语言暴力。生动的表演、详细的讲解，让在场的人深入了解“什么是家庭暴力”以及“面对家庭暴力时，怎样维护自身权益”。在法学院法律援助中心，志愿者们为社区居民佩戴象征希望与和谐的“白丝带”后，在场的全体人员庄严宣誓，“决不参与施行或容忍对妇女暴力”的承诺与白丝带一起在风中飘扬。参加活动的居民和法学院学生都积极踊跃地在“白丝带”宣传板上签名，坚决反对家庭暴力。② 据悉，“白丝带”是一个国际公认的标志，象征着充满希望的世界，让妇女和女孩儿在没有暴力的环境下生活。参加者通过佩戴“白丝带”，承诺本人绝不参与对妇女施暴，并且对针对妇女的暴力决不保持沉默。2012 年 3 月 7 日，1000 多名反对家庭暴力志愿者集聚在长沙市“国中城”大市场，集体宣誓呼吁反对家庭暴力，维护女性平等权益。志愿者们以控诉家庭暴力为主题，自发编排并扮演了一出反对家庭暴力的行为艺术剧，呼吁面对家庭暴力不做沉默的“羔羊”。同时，志愿者在长幅上自发签名，并集体宣誓维护婚姻和谐，保护妇女儿童

① 吴玉章、谢海定、刘培峰：《中国民间组织大事记（1978－2008）》，社会科学文献出版社 2010 年版，第 268 页、第 272 页、第 274 页。

② 韩爱青：《法律援助中心志愿者走进社区宣传反家庭暴力》，《城市快报》，2007 年 11 月 26 日。

权益，反对家庭暴力，让爱滋润每一个幸福的家庭。① 据威海文明网报道，为迎接我国首部反家暴法正式实施，2016 年 3 月 13 日，“白丝带”志愿者威海服务站在威海市大世界步行街开展“拒绝家庭暴力，提倡性别平等——白丝带在行动”公益宣传活动。在宣传活动中，“白丝带”威海志愿者们通过拉条幅、挂旗帜、发宣传单和语言交流等多种形式让群众了解白丝带组织，了解什么是家暴，家暴的危害、家暴的类型、家暴的应对以及反家暴法的相关知识等。② 据中国文明网报道，拉萨城关区吉崩岗街道木如社区于 2013 年成立“反家暴志愿服务中心”，该中心开展反家暴志愿服务活动以来，积极参与调解家庭暴力案件导致的各种矛盾纠纷，接待家暴来访案件 32 起，为妇女儿童困难群体提供法律咨询、矛盾纠纷调解、资金援助等帮助。同时，利用“三八”妇女节、综治宣传月、法制宣传日等节点，围绕“反家暴·促和谐”和“建设法治中国·巾帼在行动——维权服务进社区、进家庭、到身边”等主题，开展反家庭暴力法等法制宣传 23 场次 3 万余人次，发放宣传资料近 2 万余册，③ 营造男女平等、夫妻和睦的良好社会氛围。“反家暴志愿服务”被评为 2016 年度全国“最佳志愿服务项目”。据华律网报道，2019 年 3 月 24 日，为了加强妇女权益保护，构建和谐社会，福建华安县检察院与县妇联联合开展“反家庭暴力志愿者服务活动”，一是设立反家庭暴力志愿者服务站，举办反家庭暴力宣传讲座和镇村女干部培训班，参与县妇联及乡镇对疑难复杂案件的调解和协调工作，以检察院控告申诉接待室和县妇联办公室为窗口，日常接待受害人来访咨询，为其提供无偿法律援助等活动；二是与群众签订《创建和谐家庭反对家庭暴力》倡议书，发放《妇女权益保障法》等法制宣传资料，向群众讲解家庭暴力的危害性、违法性；三是举办法律知识培训班，发动乡镇女干部做妇女维权的带领人，对她们进行培训，同时接受群众法律

---

① 《长沙上演反家暴行为艺术 志愿者呼吁建设和谐家庭》，红网，http：//hn. rednet. cn/c/2012/03/07/2541279. htm，2012 年 3 月 7 日。

② 《白丝带志愿者威海站开展反家暴公益宣传活动》，威海文明网，http：//wh. wenming. cn/zyfuwu/201603/t20160315_ 3211639. htm，2016 年 3 月 15 日。

③ 《幸福家庭志愿服务》，中国文明网，http：//www. wenming. cn/specials/zyfw/4g100_39622/zjzyfwxm/201611/t20161104_ 3865988. shtml，2016 年 11 月 4 日。

咨询。①

三、倡导勤俭持家

勤劳节俭是中华民族的传统美德。1949 年 3 月，在党的七届二中全会上，毛泽东提出“务必使同志们继续地保持谦虚、谨慎、不骄、不躁的作风，务必使同志们继续地保持艰苦奋斗的作风。”。2013 年 7 月 11 日至 12 日，习近平在参观西柏坡时指出：“毛泽东同志当年提出的‘两个务必’，包含着对我国几千年历史发展规律的深刻借鉴，包含着对我们党艰苦卓绝奋斗历程的深刻总结，包含着对胜利了的政党永葆先进性和纯洁性、对即将诞生的人民政权实现长治久安的深刻忧思，思想意义和历史意义十分深远。”② 另外还有伟大的无产阶级革命家朱德元帅在 1957 年曾经写过一篇《勤俭持家》的文章。在这篇文章中，朱德元帅指出：“我国是一个地大物博、人口众多的国家，但也是一个经济技术落后、人民生活水平很低的国家。”“要想在这样的基础上建成一个有现代工业、现代农业和现代科学文化的富强的社会主义国家，这不是一件轻而易举的事情。必须依靠全中国六亿人民的一致努力，发挥一切积极因素，切实贯彻执行勤俭建国、勤俭持家的方针，才能达到这个伟大的目的。”“随着在和平建设环境中生活有了初步的改善，并由于资产阶级腐朽的思想和生活方式的影响，在某些人中间又滋长起一种奢侈浪费的风气，衣食追求华美，居住要求阔气，在婚丧嫁娶、送往迎来等方面讲究排场，以为这样才够‘面子’。应该承认，这是一种不良的风气。”③ 这些情况在今天仍然存在。为了改变这种不良社会风气，需要各方面的共同努力，采取多种形式开展宣传教育，反对铺张浪费，同时身体力行，带头勤俭持家，使中华民族的传统美德得以发扬光大。在这方面，志愿组织发挥了一定的宣传教育和倡导作用。10 月 31 日，是一年一度的“世界勤俭节约日”。2008 年的这一

---

① 《福建华安：开展反家庭暴力志愿者服务行动》，华律网，https：//www. 66law. cn/laws/69241. aspx，2019 年 5 月 30 日。

② 汪玉奇、汤水清：《忧患：毛泽东党建思想的鲜明特色》，载《江西社会科学》，2013 年第 12 期。

③ 中共中央党史研究室编：《反腐倡廉学习文件选编》，中共党史出版社 1993 年版，第 289 – 290 页。

天，湖北理工学院机电学院近30名青年志愿者来到黄石市区，开展了以勤俭节约为主题的宣传活动。在活动现场，志愿者分发传单，制作展板，向街头过往行人宣传勤俭节约与和谐秀美黄石建设。数百名过往行人纷纷在“餐后打包，勤俭节约，共创和谐社会”的横幅上签名，对世界勤俭日所提倡的“适度消费，餐后打包，杜绝浪费”表示理解和支持。为了可持续发展，为了共创和谐，大家纷纷表示，今后一定做到珍惜资源，勤俭节约，养成勤俭持家的美德。① 同在这一天，冀中能源体育学院的学生在青年志愿者协会组织下，来到学生第二食堂前举行“世界勤俭节约日”宣传活动，倡导养成爱惜粮食、节约资源的优良品德。活动现场，青年志愿者们用“母爱千思百苦，唯有勤俭相报”的主题宣传标语，吸引大学生在鲜艳的横幅上签下自己的名字。在这次活动中，志愿者耐心地向同学们介绍“世界勤俭节约日”的相关知识，四位青年志愿者们分别举着写有“勤俭节约”四个字的展板，走进食堂进行宣传，获得了在场学生的广泛关注。不少学生表示，勤俭节约历来是中华民族的传统美德，古人一直倡导勤俭持家，作为大学生更应该做到这一点。此次活动，以宣传“世界勤俭节约日”为切入点，提倡大学生勤俭节约，珍惜资源，有利于大学生勤俭节约良好习惯的养成。② 据青岛大众网报道，为倡导勤俭节约，让更多的人关注、参与勤俭节约活动，2014 年 10 月 31 日，在“世界勤俭日”这一天，青岛交运集团胶州公司“向日葵”志愿服务队的志愿者在汽车站广场举行了一场“世界勤俭节约日”专题宣传活动。志愿者们在广场张贴、布置利用废旧广告纸自制的宣传海报，向旅客和市民展示自制手绘宣传报。活动邀请了胶州市道德模范、勤俭节约“达人”王海燕现场为大家展示勤俭节约的生活小妙招。志愿者们还制作了倡议书，向乘客及市民发起现场签名活动，号召大家从身边小事做起，养成勤俭节约的良好习

---

① 湖北理工学院门户网站，http：//www. hsit. edu. cn/shownews. asp? id = 2392，2008 年 11 月 5 日。

② 中国矿业大学网站，http：//sport. cumt. edu. cn/showartic. aspx? articid = 1075，2009 年 11 月 1 日。

惯。① 据搜狐网报道，为倡导勤俭节约的社会风尚，营造节能降碳的浓厚氛围，2016 年 6 月 29 日，安徽省芜湖市组织志愿者开展节能环保宣传活动，曹姑社区志愿者走上街头，走进小区，走进公共场所，张贴宣传画，向居民发放资料，宣传节能环保的意义和重要性，倡导从我做起，从节约一度水一度电做起。② 据温州瓯海区人民政府网站报道，2018 年 11 月 26 日，潘北社区联合温州嘉玛士服饰有限公司志愿者开展节俭养德勤俭节约志愿服务活动。活动现场，志愿者们分成两组，一组维持现场的排队秩序，并发放有关节约粮食的传单，讲解粮食的重要性；另一组志愿者们在食堂潲水桶旁站岗，监督用餐人员不要随意将剩饭菜乱倒。此次活动引导旨在倡导人们投入节俭养德行动，以勤俭节约为荣，以奢侈腐化为耻，传播文明向善理念，形成健康的生活方式。③

第六节　志愿服务推进个人品德养成

党的十七大报告首次强调个人品德建设以及发挥道德模范榜样作用。有专家指出："在中国历史上，道德建设经由私德涵养和家庭道德建设，到社会公德建设和职业道德建设，再到个人品德建设的历史发展和逻辑演进，以及当今中国由包括个人品德建设在内的完整道德建设体系的构建，凸显了提出个人品德建设的重大理论意义和实践意义，意味着个人品德建设是对道德建设的进一步拓展和深化。同时，不论是从道德建设的主体而言，还是从个人品德建设在道德建设中的地位和作用而言，都应该将个人品德作为包括社会公德建设、职业道德建设和家庭美德建设在内的一切道德建设的根底。"④ 这

---

① 《胶州"向日葵"志愿服务队开展"世界勤俭日"宣传》，青岛大众网，http：//qingdao. dzwww. com/xinwen/qingdaonews/201411/t20141102_ 11292304. htm，2014 年 11 月 2 日。

② 《芜湖：开展节能环保宣传活动 倡导勤俭节约风尚》，搜狐网，http：//www. sohu. com/a/87085301_ 118608，2016 年 6 月 29 日。

③ 《潘北社区：开展"节俭养德 勤俭节约"志愿服务活动》，瓯海区人民政府网，http：//www. ouhai. gov. cn/art/2018/11/26/art_ 1248638_ 25923947. html，2018 年 11 月 26 日。

④ 廖小平：《个人品德建设：道德建设的个体维度》，载《道德与文明》，2008 年第 2 期。

个阐述肯定了个人品德在道德体系及道德建设中的地位与作用，认为个人品德修养是社会公德、职业道德、家庭美德的基础，是对道德建设的拓展和深化。作为普遍意义上的个人品德，它是社会道德内化为个体品德的结果，它主要包括个人的道德认识、道德情感、道德意志、道德行为等。其中，道德认识是社会的道德要求转化为个人内在品德的首要环节，是品德形成的基础。道德情感是个人在社会实践和生活经历中基于自身立场、观点所形成的对现实道德关系和道德行为的好恶、爱憎等心理活动。道德意志是指个人在履行道德义务过程中所表现出来的自觉克服一切困难和障碍的顽强毅力和精神。道德行为是个人道德品质的外部状态，表现为语言和行为习惯。只有在道德行为中，个人品德才能形成、巩固、成熟。① 黑格尔曾对个人品德的这种特性作了深刻的论述："一个人做了这样或那样一件合乎伦理的事，这不能说它是有德的；只有当这种行为方式成为他性格中的固定要素时，他才可以说是有德的。"② 可见，"在由科学严密的规则所组成的现代社会里，如果外在的规则无法融合于自我的内在道德意识，并在道德实践中凝化为稳定的德性，那么这种社会规定只能永远作为道德主体的异在者"。③ 也就是说，只有将外在的道德规范内化为个人的道德品质，道德规范才能真正发挥调整和约束作用，社会的道德面貌和文明风尚才能真正得到改观。2013 年 11 月 24 日至 28 日，习近平总书记在山东考察时强调："激发人们形成善良的道德意愿、道德情感，培育正确的道德判断和道德责任，提高道德实践能力尤其是自觉践行能力，引导人们向往和追求讲道德、尊道德、守道德的生活，形成向上的力量、向善的力量。"④ 2019 年 10 月，中共中央、国务院印发的《新时代公民道德建设实施纲要》指出："推动践行以爱国奉献、明礼遵规、勤劳善良、宽厚正直、自强自律为主要内容的个人品德，鼓励人们在日常生活中养成好品行。"强调个人品德在新时代公民道德建设中的重要作用。志愿服务是志愿者不图

---

① 童南茜：《中国刻不容缓——拯救我们的道德》，华中科技大学出版社 2012 年版，第 257 页。

② 周辅成：《西方伦理学名著选辑（下卷）》，商务印书馆 1964 年版，第 428 页。

③ 胡林英：《道德内化论》，社会科学文献出版社 2007 年版，第 71 页。

④ 《习近平在山东考察》，人民网，http：//jhsjk. people. cn/article/23694123，2013 年 11 月 29 日。

物质报酬而自愿为推动社会道德文明所开展的公益服务活动，它具有服务的志愿性、公益性和非营利性等鲜明的伦理属性，它高扬“奉献、友爱、互助、进步”的志愿精神，决定它在提高公民的道德认识、丰富公民的道德情感、强化公民的道德责任和增强公民的道德能力等方面具有突出的作用。

一、提高个人道德认识

瑞士心理学家皮亚杰认为，人的道德发展过程是在人和外部环境相互作用的条件下，通过人的心理内部活动所引起的同化和顺应的过程。这种心理活动来源于道德思维的积极发展，而道德思维的发展又以逻辑思维的发展作为前提。因此，要提高道德水平和实现道德价值，首先必须提高以逻辑思维为特征的认识水平。个体道德认识水平的提高，首先需要个体在道德认识过程中，从被动转向主动，积极主动地将道德经验、价值观念等转化为内在行为和表现。志愿服务为这种转化提供了实践的条件和情境。因为个体参与组织服务的前提条件是自发、自愿、自主，参与组织活动的目的是出于对社会和他人的关爱。因而，它在客观上有利于个体道德教育的现代转型，即从被动式转向主动式教育，更多地尊重个体的自愿性，创造多种机会引导个体自发、自主地认识道德现象、道德关系、道德原则和道德规范。从欧美国家志愿服务发展的经验来看，公民从小参与志愿活动，哪怕在社区做微小的事情，也能够陶冶心灵与情操、塑造人格，培养互助合作的良好习惯。因此，开展志愿服务活动，弘扬志愿精神，能够增强公民意识与责任意识，提升公民的道德境界。我国内地最早注册成立的志愿服务团体——深圳市义务工作者联合会，是由一大批志愿为青少年、为社会服务的社会各界人士（主要是青少年）组成的社会团体。成立之初，其发起人就认识到，深圳特区在经济发展、收入增加的同时，人们缺少社会公德意识和道德价值观念，对一些道德原则、道德规范熟视无睹，对社会上出现的不良道德现象漠不关心，因而，他们认为有义务组织起来开展活动，以提高个体的道德认识水平，培养个体的道德价值观念和道德判断能力。他们在这种思想指导下开展各种形式的实践活动，逐步成为深圳市民参与精神文明建设、提高文明素质的重要载体，成为社会服务和社会保障的重要力量。同时，在这种志愿精神影响下，越来越多的个体自发、自愿地参与志愿服务，在实践中逐渐理解和认识公民道德建设的内涵和重大意义，教育效果持久而深化，能保持长久的生命力、影响力和号召力。在北京奥运会上，有57%的志愿者认为，通过参与北京奥运志愿服务，加深了对志愿服务、志愿精神的理解和认同，熟悉了文明礼仪和道德规范。① 如北京市有一位叫谢海山的志愿者，他是“星光志愿者协会”创始人、会长，兼北京市志愿者联合会协会服务部部长助理，环保之友创始人之一，多家公益机构培训专家。谢海山表示，作为志愿者，他觉得最快乐的事就是帮到需要帮助的人，“我上小学时，每天路过一个居住区，这里住着不少爷爷奶奶，他们的孩子都在外打工。老人们坐在家门口，扇着扇子，目光似乎总是盯着村口。每次我叫声‘爷爷奶奶好！’他们的脸上如同绽放的花朵……”这样的“儿时一瞥”在谢海山心里留下了深深的烙印。于是，放学后，他开始和小伙伴们一起去帮老人们打扫房间、洗菜等，就这样坚持着，从此养成了“关爱扶助老幼”的习惯，“帮助他人、快乐自己”的道德理念在心中逐步形成，并影响着他的一生。谢海山到北京读大学时加入了学校的青年志愿者协会，和同学们一起利用课外时间参与助老、助学的活动。他想为更多的困难群体服务，可苦于信息渠道不畅，于是萌生了建立公益组织的念头。为此，谢海山发起成立了“星光志愿者协会”，主要帮贫困孩子解决学习问题，关注孤儿、孤寡老人。北京奥运会期间，几百名星光志愿者积极参与到奥运服务中。当时谢海山了解到大兴有个“北京SOS儿童村”，便主动开展“陪伴成长”志愿服务工作。每星期六，谢海山就和其他志愿者到儿童村陪孩子们一起做功课、跳舞、打篮球。每次离开时，孩子们总是依依不舍。谢海山的星光志愿者协会已有5000多名志愿者。谈到他自己的志愿服务感想时，谢海山这样说：“我喜欢把自己比作一颗星星。志愿服务的故事已经嵌在了我们的生活中。我知道，在首都，人人都是志愿者。大家聚是一团火，散是满天星，用自己的光和热去温暖他人。”② 这种志愿服务的情结，已深深地融入了志愿者的心中，成为长流不息的生命动力、活力源泉。

---

① 魏娜 等：《经验·价值·影响——2008北京奥运会、残奥会志愿者工作成果转化研究》，中国人民大学出版社2010年版，第77页。

② 《我的青春故事》，《北京青年报》，2012年3月29日。

二、丰富个人道德情感

马克思主义伦理学认为，理论和实践相结合永远是科学的道德修养方法，离开道德生活实践，就无从认识人们的道德关系，离开道德生活实践，就无法判明善与恶、正与邪、是与非、荣与辱。①从这方面来说，不进行道德生活实践，人们就不能不断获得精神的能源，也就难以形成对于特定道德关系和道德行为的情感体验，无法形成道德情感。刘少奇说过："革命者要改造和提高自己，必须参加革命的实践，绝不能脱离革命的实践。"②因此，投身于道德生活实践是人们养成道德情感的重要途径，正如张岱年先生所说的："道德所以为道德，在于不仅是思想认识，而更是行为的规范。道德决不能徒托于空言，而必须是见之于实际行动。"③ 志愿服务活动为人们的道德生活实践提供了广阔的领域和途径。很明显，志愿组织成员参与志愿服务，在为社会、他人开展服务、作出奉献的同时，自己也获得了一种道德体验和感受，就如很多志愿者所说的，帮助别人，快乐自己。很多的志愿者在得到服务对象一声"谢谢"的时候，都会获得心灵上的幸福与快乐感受。他们都说，无论在哪一个服务岗位上，无论是什么样的服务工作，志愿者都是快乐的。

当前我国教育改革的一项重要探索就是提倡体验教育，公民道德教育也应该注重体验的价值，而志愿服务就是一种特殊的生活体验教育：一方面，志愿者自觉自愿投入时间和精力，为社会和他人提供服务，不管自身是否仍然存在生存压力，每个人在从事志愿服务时，不带有直接个人利益的体验；另一方面，志愿服务是人们在没有机构、组织压力下从事的服务活动，是自觉选择、心甘情愿、具有愉快情绪的体验。因此，当人们的志愿服务与公民道德规范相吻合、相融合时，他们就会产生积极、愉悦的道德情感，从而也支持正确道德认识的深化。正如有学者所言："体验者对周围关系世界的通融性越强，照应周围关系的意识越强烈，智慧越高，其行为的道德性也越强，

---

① 魏英敏编：《新伦理学教程》，北京大学出版社 2012 年版，第 292 页。
② 中共中央文献编辑委员会编：《刘少奇选集》（上卷），人民出版社 1981 年版，第 99 页。
③ 张岱年：《中国伦理思想研究》，江苏教育出版社 2004 年版，第 161 页。

最后从三重生态关系获得融通性领悟的时候，即达到了生态体验的境界。”①而且，志愿服务体验所产生的道德情感体验，是最为真挚也最为深切的，它摒弃任何的虚饰，深入影响人的心灵。对于志愿者而言，也许他们在参加服务之前并没有明确的认识，当真正投入志愿活动时，他们往往会被其他志愿者感染、被服务对象感化、被服务成效浸润，体验到人生的真正价值，道德情感便由此而生。许多志愿者都说，做志愿者，你的生活会更加快乐。“希望工程黑龙江省20年杰出公益人物”徐萌获得的志愿服务感慨就是：“在给别人送去希望和满足的时候，自己也在收获着幸福和喜悦。”徐萌是中科院国家纳米科学中心在读博士生，从读大学开始，他勤工助学坚持向黑龙江省青基会捐款，至今已经资助了12名特困高中生与大学生，累计捐款近3万元。在学校里，徐萌省吃俭用，还在食堂打工、在报亭卖报纸，利用暑假时间做家教。每年寒假回家，他做的第一件事就是去青基会，把省下和挣到的钱交给希望工程。徐萌说，他坚持助学的原因，是在学校组织的社会实践中，他亲眼目睹了贫困生的生活境遇。进入浙江大学后，他参加了学校组织的“希望社”，经常到贫困地区搞社会调查，和贫困学生结对子。有一次，在一个打工子弟学校和孩子们聊天，他发现，在距离大都市不到100千米的地方，贫困的学生对外面的世界几乎一无所知，“我们一起聊世界地理，孩子瞪着大眼一无所知，这让我感触很深。如果没有人帮助他们，他们一辈子就在大山里，重复着放羊、娶媳妇、生娃、放羊的生活”。在大学期间，徐萌先后写出了《贫困地区农民医疗情况的调研》和《贫困地区农民子女教育情况的思考》等调查报告。“我的想法很简单，帮助一个贫困学生，就是播下一颗帮扶的种子，他长大之后，就会回馈别人。”徐萌说：“当你看着自己帮助的即将失学的孩子，达到一个被人看得起的程度，有非常幸福的感觉，这种收获是无法用语言描述的。”②

三、强化个人道德责任

道德责任即人们在一定的社会关系中应该选择的道德行为和对社会或他

① 刘惊铎：《体验：道德教育的本体》，载《教育研究》，2003年第2期。

② 辛明：《改变别人命运时，也改变了自己人生》，《中国青年报》，2012年12月6日。

人应承担的道德义务。在人类的道德生活中，道德义务是指一定经济社会所产生的道德要求，这种要求既表现在人们相互间的各种关系中，也表现在个人对国家、民族、阶级或团体的关系中。一个社会或阶级，为了一定的利益和需要，总是向社会成员提出和规定各方面的道德责任，用以调整人和人之间的道德关系。人们不管是否意识到，都必然要履行对社会、国家和他人所负有的道德责任。自觉遵守和履行自己在各方面所承担的道德责任，是每个人应具有的品质，而履行道德责任，要依靠内心强烈的道德信念和高度的道德责任感。①这种信念和责任感，通过志愿组织这所“道德学校”的培育和磨砺，可以得到有效生成和提高。在这所“学校”里，人们履行着道德实践，内在地产生义务感，形成道德责任感，从而磨砺道德意志，强化对他人、社会的道德责任，使道德教育产生实效。这相对于传统的简单说教和灌输教育方式而言具有明显的科学性，尤其是对青少年学生来说，“在发展过程中的主要矛盾已经在一定程度上变成了自身内部的矛盾，即自己的社会责任与自己本身尚不成熟之间的矛盾”。② 因此，如果继续用简单的、外在的说教和灌输方式要求青少年形成道德责任感，不仅很难达到效果，反而可能引起他们反感，甚至导致他们产生抵触情绪。与此相反，一种比较有效的教育方式是鼓励青少年参与志愿服务，让他们在服务他人、贡献社会的过程中，既看到自己能力的增强，清楚自己对社会的价值，又明白自己的行为后果，学会对自己的行为负责，因为“慈善的‘收益人’也不再仅仅理解为接受帮助的人，而是全社会，同时也自然包括施予者本人从中得到的自我实现的满足。慈善正在成为一种‘公民’的权利与义务”，③ 这样一来，他们的道德责任感就会自然而然地产生和形成。在北京奥运会上，170 余万志愿者活跃在各个领域的各个岗位上，为中外运动员和观众提供了热情、周到、细致的志愿服务。2019 年，在庆祝中华人民共和国成立 70 周年活动中，直接服务庆祝大会和联

① 中国大百科全书总编辑委员会编：《中国大百科全书·哲学Ⅰ》，中国大百科全书出版社 2002 年版，第 131 页。

② 谢维和：《教育活动的社会学分析——一种教育社会学的研究》，教育科学出版社 2000 年版，第 132 页。

③ 张勤、赵德胜：《论社会建设进程中志愿服务新的定位》，载《中国行政管理》，2013 年第 3 期。

欢活动的志愿者10000余人，服务大型成就展和国庆游园活动的志愿者4000余人，服务城市运行和保障的志愿者近150000人。① 对于这些以青年大学生为主体的志愿者，“爱国”和“责任”是他们参与志愿服务的最主要动力。调查数据显示，参与北京奥运会的志愿者当中，基于“社会责任”而参加志愿服务的占65.6%，“希望为国家和社会尽一份责任”的占79.4%。② 这些青年志愿者，通过投身奥运志愿服务，增强了对社会责任的理解和认同，尽情挥洒满腔爱国热情。有些奥运志愿者远离赛场，有些甚至是在社区服务，无法看到或感受到赛场的比赛场景或氛围，但他们都无怨无悔，扎实认真地做好本职工作，忠实地履行自己的责任。③ 湖南有位叫匡莉芳的湘妹子，在多年的志愿服务经历中，她一直倡导“让关爱成为一种习惯”，这种“习惯”，其实质就是一种“责任”，一种通过志愿服务培养起来的“道德责任”。被称为“最美义工”的匡莉芳，出生于湖南醴陵农村，家里日子过得很艰苦，父母节衣缩食送她读书。她自小就见过太多乡亲由于经济紧张而无法送子女读书或者无钱就医的事例。大学毕业进入湖南某网络媒体工作后，她又接触到大量的求助者，感受到他们的无助，她经常难过得整夜失眠。“一个人的能力再强，也是有限的，如果能把好心人集中起来，力量不是更大吗?”于是，匡莉芳自取网名“茉馨”，创办“爱心家园”论坛，号召更多的人投身公益慈善事业。论坛成立后，“让关爱成为一种习惯”这个口号吸引了全国各地的网友，大家集中在爱心旗帜下，用实际行动向他人传递光与热。有一次，一个卖花的小女孩与她患尿毒症母亲的孝心故事感动了匡莉芳，她在论坛发布了救助消息，众多网友纷纷伸出援手，使这位母亲得到了及时治疗。匡莉芳后来到北京工作。第二年，她在北京建起了“爱心家园”义工联部落。此后的每个周末，风雨无阻，从未间断，她带领网友坚持到敬老院、福利院，帮助老年人获得幸福、有尊严的晚年生活，帮助少年儿童获得健康、快乐的童年生活。从湖南到北京，匡莉芳组织和号召15000余名志愿者，开展了2000多

① 《16万余志愿者服务国庆活动》，中国志愿服务联合会，https://www.cvf.org.cn/show/8871.html，2019年9月27日。

② 魏娜 等：《经验·价值·影响——2008北京奥运会、残奥会志愿者工作成果转化研究》，中国人民大学出版社2010年版，第81页。

③ 同上。

场“助老、扶贫、义演、助医”等各类公益慈善活动。“如果每一个人都能让关爱成为一种习惯，那么这个世界将变成一个和谐温暖的爱心家园”,① 匡莉芳的这些人生感悟，激励着许许多多热心公益的爱心人士；“让关爱成为一种习惯”的倡议，更像是一注“兴奋剂”，不断强化着人们心中的道德责任，推动着人们不断加入关爱他人的志愿服务行列。厉莉是北京市房山区人民法院工作人员、“首都道德模范”称号获得者。厉莉曾说，“人只有为别人做点事情，才能证明自己的价值。我希望能把这些感悟带到工作中，让自己多做点实在事。”② 厉莉登记成为一名造血干细胞志愿捐献者之后，曾两次为一名身患急性淋巴细胞白血病患者捐献干细胞，她用自己的行动始终信守自己的道德承诺和责任。

四、增强个人道德能力

作为人的一种本质能力，道德能力是人们完成道德行为所必需的心理特征，是形成道德品质的关键环节。要有效提升道德能力，除了道德认识、道德意识之外，还必须进行道德实践，只有这样，才能有效培养、锻炼和增强个体的道德能力。传统道德教育推行“知”与“行”的分离，重视道德说教而忽视道德实践，尤其是忽略道德中对人的能力的提高、开发和运用，使得民众感到道德压抑，而不是道德激励。与此相反，志愿组织以其鲜明的伦理特性和高扬的志愿精神，开展多种形式的道德实践活动，为个体道德能力锻炼和增强提供了条件和机会。尤为突出的是，志愿服务强调自主参与，在参与中体现道德精神，在参与中发展道德能力，这种活动模式能使参与者的道德能力得到快速的锻炼和提升。比如志愿者在志愿服务中能发展自我道德意识，提高自我道德认同，形成比较开阔的社会观，并增进他们的智力和道德能力。对北京奥运会赛会志愿者的调查数据显示，有 89.4% 的志愿者认为，志愿服务实践丰富了自己的阅历，增长了自己的才干；有 60.3% 的志愿者认为，开展志愿服务，极大地拓展了自己的交往范围；有 49.5% 的志愿者认为，

---

① 《今年评出万名孝星》，《北京娱乐信报》，2012 年 10 月 24 日。

② 《厉莉：两捐干细胞的时尚法官》，《中国青年报》，2014 年 4 月 18 日。

参与志愿服务能获得社会尊重，能增强自信心。① 同时，志愿者在服务中能懂得权衡各种利益，而不仅仅只是考虑个人的私利，能学会某种正义观和公共的善，如志愿组织作为一种带有强烈正义色彩的社会组织，在人类社会追求人道与公正的价值理想过程中，尤其是在对农民工、贫民、失学儿童、残疾人、难民等困难群体保护和救助中，以其灵活高效的特点发挥着重要作用，扮演着“正义之士”的角色，维护着边缘群体的正当权益，如给困难群体提供食品、教育、医疗卫生、住房以及其他方面的服务。志愿组织这种行为的结果，一方面，培育了困难群体的自立精神特别是再生产能力，使困难群体增强摆脱贫困、恢复自我生活的能力等，促进了社会的公平正义与和谐稳定；另一方面，通过这些实践活动，不但使得志愿者自身的道德实践能力得到提高，将社会道德规范内化为他们的道德品质，而且能得到社会和他人的认可和赞同，使道德行为带来的道德价值得到肯定。美国伦理学家约翰·罗尔斯指出：“我们对我们自身价值的价值感，以及我们的自信，都依赖于他人对我表现出来的尊重和互惠性。”②这就说明，社会其他成员对志愿者付出志愿服务所给予的尊重和回报，在很大程度上能增强志愿者的道德自信力和行为能力。北京市志愿者联合会综合应急志愿服务总队总队长赵培锋，常年坚持志愿服务活动，50余次参与北京和周边地区应急救援行动，组织或参与了239项（次）其他的志愿活动，该队队员参与服务3079人次，总时长达55130小时。由于突出的优秀事迹，赵培锋获得了多项荣誉。③ 这些荣誉称号，更加激励了赵培锋的服务热情，促使他更多、更大范围地投身志愿服务行动，努力用自身的行动践行着道德职责和信念。另据中国青年志愿者网报道“90后铁路公益达人的春运故事”：王冠雄是武汉大功率机车检修段电器车间的一名团支部书记，是一名青年党员。2013年加入武汉红十字会，由于热爱公益事业，他发动身边的同学和朋友一起成立志愿服务队，2014年被任命为武汉市红十字会“晨曦”志愿服务队队长。在作为志愿者的5年多里，到2018年，他参加过大小志愿服务活动320余次，服务时长达2000多个小时，他先后被评为

---

① 魏娜 等：《经验·价值·影响——2008北京奥运会、残奥会志愿者工作成果转化研究》，中国人民大学出版社2010年版，第77页。

② ［美］约翰·罗尔斯：《政治自由主义》，万俊人译，译林出版社2000年版，第338页。

③ 志愿北京网，http：//www. bv2008. cn/zyrw/yxzyz/283233. shtml，2012年11月15日。

武汉市“红十字优秀志愿者”、湖北省“红十字优秀志愿者”。作为一名“90后”铁路青工，王冠雄把帮助他人当作是人生的快乐，在长期帮助他人的过程中，也以实际行动感染和影响着身边的同事和朋友。王冠雄说：“我从小就喜欢火车，如今我也成了一名铁路职工，但最令我开心的是现在穿上铁路制服在列车上服务旅客。”春运期间，他和志愿服务队不仅在列车上服务旅客，还主动放弃退乘休班时间前往火车站开展志愿引导服务，为南来北往的旅客排忧解难。“最先我也是想利用业余时间做一些有意义的事，慢慢地，我发现需要帮助的人太多了，在公益的道路上，我绝不能止步。”王冠雄说，“刚开始参加志愿服务是一种兴趣，而现在，却是一种责任。”在王冠雄看来，参加春运志愿服务只是他们公益道路的一个小小片段，他在积极奉献自己的同时，也在用实际行动感化和影响着身边的同事和朋友。他又组织成立了“武汉大功率机车检修段青年志愿服务队”，志愿服务队成员都会不定期地开展志愿服务活动。当问及志愿服务最大的收获，王冠雄说：“以前在电视上，看见火车站里面人山人海，如今我也体会到了春运人潮迁徙的场面，春运也让我学会了如何与旅客打交道，人与人之间就像一面镜子，只要用微笑面对每一位旅客，他们也会同样以微笑面对你。”①

① 《90后铁路公益达人的春运故事》，中国青年志愿者网，http：//zgzyz. cyol. com/content/2018－03/02/content_ 16985462. htm，2018年3月2日。

第五章

志愿服务推进道德建设的主要方式及优势

志愿服务助推道德建设有其特殊的渠道和方式。中央精神文明建设指导委员会颁发的《关于深入开展志愿服务活动的意见》指出："志愿服务活动要把公益性放在首位，以相互关爱、服务社会为主题，体现无偿、利他的基本要求；要与政府服务、市场服务相衔接，做到量力而行、务求实效；要坚持自愿参与和社会倡导相结合，强调公民的社会责任，扩大志愿服务活动的覆盖面，增强志愿服务活动的影响力；坚持社会化运行模式，把党政各部门、社会各方面组织动员起来，形成强大工作合力。"①《意见》同时指出："志愿服务要贴近实际、贴近生活、贴近群众，广泛普及志愿理念，大力弘扬志愿精神，着力壮大志愿者队伍，着力完善志愿服务体系，着力建立志愿服务社会化运行模式，使更多的人成为志愿者，使更多的志愿者成为良好社会风尚的倡导者，成为社会主义精神文明的传播者、实践者。"② 这些指导意见明确提出了志愿服务活动的方式、方法。作为社会"第三部门""第三方力量"的志愿组织，具有与政府、企业和其他社会组织不同的行为方式。并且，由于志愿组织自身的特点及其服务活动的特色，决定了志愿服务具有政府、企业和其他社会组织所不具备的突出优势。

---

① 中央精神文明建设指导委员会：《关于深入开展志愿服务活动的意见》（中央文明委〔2008〕6号），2008年10月6日。

② 同上。

第一节　志愿服务推进道德建设的主要方式

志愿服务对社会主义道德建设的推动，有着自己独特的方式、方法，归纳起来，主要方式有以下几种：

一、志愿服务以生活化行动为载体，对社会公众或服务对象开展道德熏陶与教化

长期以来，传统的道德实践脱离生活，造成对生活真实面貌的遗忘和遮蔽，导致道德实践脱离社会生活实际，道德教育的效果不明显。20 世纪下半期以来，随着科学技术的发展和科学理性对人类社会实践领域的全面渗透，反思人的生存状况、批判科技理性的僭越及其对人的异化，倡导人回到自身、回到自己应该过的生活世界成为人文社科界的一股重要潮流。在现实生活中，返璞归真、重新找回人性化的生活和工作方式也是时代发展的重要走向，正如怀特海所言："教育只有一种教材，那就是生活的一切方面。"① 也就是说，从生活出发，以生活内容为题材，以生活化的手段、方式、方法开展教育或道德教育，这对于受教育者来说，易于接受，易于取得成效。志愿组织开展志愿服务行动，就是一种生活化的教育活动，比如对遭受破坏和污染的农村生态环境的宣传和保护，对农村留守儿童、老年人、残疾人、五保户、特困家庭等困难群体的保护和救助，对农民多元价值观的教育和引导等，都是对民生、对农村生活的关注和参与，都是贴近生活、贴近现实的，易于被教育对象所接受，易于受到教育和感化。比如，著名的民间环保志愿组织"自然之友"，开创了我国第一个环境教育教学项目——"羚羊车"。通过这个流动教学车，结合运用"羚羊影院""环保影片进校园"、为学生播放环保影片等方式，以生动形象、身临其境的形式，增强人们环保意识。

具体来说，志愿组织对志愿者和其他社会成员的道德熏陶与教化，主要是通过自身的道德和文明行为，推动活动的参与者及服务对象在内心深处形

① ［英］H. P. 里克曼著，殷晓蓉、吴晓明译：《狄尔泰》，中国社会科学出版社 1989 年版，第 115 – 116 页。

成一种对社会、对他人的关怀、关爱、责任或慈善，推动社会道德文明程度的提升，促进人与人之间、人与自然之间的友好相处，从而促使社会的和谐、自然的和谐。志愿组织开展的志愿服务行动，对两方面都会发生作用、产生影响：一方面，对参与志愿服务的志愿者本身会产生良好的教化作用。在志愿行动中，志愿者是为实现社会的公益目标而进行的努力，弘扬的是一种无私奉献精神。在这个过程中，志愿者通过参与，在情感上会获得一种愉悦感，感受到奉献带来的快乐，在获得服务对象的赞扬时，在内心深处会产生一种满足感、成就感，从而使自己的思想得到升华。同时，在服务实践中，志愿者能扩展社会资源，丰富人生阅历，砥砺道德品格，使道德认识、道德能力、道德情感、道德责任在志愿活动中得到培养和提升。这是志愿服务对自身的教化作用，也可以说是一种“助人自助”“帮助他人，快乐自己”。另一方面，志愿服务是一道“真、善、美”的亮丽风景线，是无私奉献精神、人道主义、慈善、公益、利他等道德风尚的代表，志愿者在服务过程中，不辞辛劳，不计报酬，是文明的传递、爱心的接力，对其他社会公众会产生一种强烈的榜样、示范和教化作用，吸引广大社会公众纷纷加入志愿者行列，在全社会形成团结协作、互助合作、关爱友善、以人为本、公平正义等良好道德氛围，有效推动社会文明进步。从近年来志愿服务蓬勃发展的现状来看，有越来越多的社会公众被志愿行动吸引、受志愿者感化，有很多人加入志愿服务的行列，从“被他人服务”转变为“服务他人”，成为推动社会道德进步、引领社会文明风尚的一员。

二、志愿服务依据法律法规或依托所在的行业组织，对社会公众或从业人员进行道德规范与约束

志愿组织有特定的行业、活动领域，志愿者是具有相对固定职业的从业人员，他们通过制定各种道德标准和行为准则以及行规行约，来对他们所属的、所关注的行业、领域和从业人员进行规范和约束，以减少无序竞争，促进社会的规范发展。改革开放以来，我国各种行业协会、商会等获得了较为快速的发展，在商业、农业、工业、科技等多领域、多方面发挥了重要的自律和规范、约束作用。这些行业自律组织，在反对不公平竞争、调解商务纠纷、制定市场交易行为和行规、监督市场交易行为等方面产生了较大影响，

尤其是国家经贸委出台的《关于加快培育和发展工商领域协会的若干意见》明确规定了工商领域行业协会的三方面职能，即为企业服务，自律、协调、监督和维护企业合法权益，协助政府部门加强行业管理。① 在这个意见的推动下，各行各业的行业协会，在行业自律、制定行业技术标准、规范会员企业的市场行为、合理协调不同企业之间的利益冲突等方面作出重要贡献。党的十六届四中全会提出，要“发挥社团、行业组织和社会中介组织提供服务、反映诉求、规范行为的作用，形成社会管理和社会服务的合力”。② 这些文件都重点强调了行业组织在社会管理和社会服务中的重要作用，为行业组织发挥作用提供了重要依据，对行业协会的发展发挥了重要的促进作用。中国消费者协会是一个对商品和服务进行社会监督、保护消费者合法权益的社会公益组织，其服务宗旨就是对商品和服务进行社会监督，保护消费者的合法权益，引导广大消费者合理、科学消费。在维权过程中，消费者协会对于损害消费者合法权益的行为，通过在媒体上曝光、向有关主管部门反映或直接采取处罚等方式维护消费者权益，维护正常的市场经营秩序。温州烟具行业协会在 2002 年至 2003 年间针对欧盟 CR 法案和反倾销诉讼，积极进行应诉和抗争，迫使欧盟撤销了对中国打火机出口产品反倾销起诉，并宣布要求强制执行 CR 标准的协议不再有效。③ 我国残联通过制定残疾人保护和救助的“残疾人保障法”“残疾人就业条例”“残疾人教育条例”等法律、法规，来实现对残疾人等困难群体合法权益的维护和保障，维护社会正义。除此之外，还有一些志愿组织通过制定相关领域或行业行为规范来加强对活动的约束和监督。中华全国律师协会是全国性的律师行业自律性组织，对律师职业道德和执业纪律进行检查和监督、按照章程对律师给予奖励或处分等是这个行业组织重要的职责；中华全国新闻工作者协会通过制定我国新闻工作者的职业道德规范和行为准则来规范和约束整个新闻行业及其从业人员的行为；中国期货业

---

① 国家经贸委：《关于加快培育和发展工商领域协会的若干意见》（国经贸产业〔1999〕1016 号），1999 年 10 月 22 日。

② 《中国共产党第十六届中央委员会第四次全体会议公报》（2004 年 9 月 19 日中国共产党第十六届中央委员会第四次全体会议通过）。

③ 吴玉章、谢海定、刘培峰：《中国民间组织大事记（1978－2008）》，社会科学文献出版社 2010 年版，第 15－16 页。

协会制定行业自律性规范或准则，对期货行业进行约束和规范，对期货从业人员资格进行认定和管理，对期货行业发生的纠纷进行调解；中国互联网协会的宗旨是团结互联网行业的相关企业、事业单位和学术团体，组织制定行约、行规，维护行业整体利益，保护互联网用户的合法权益。

三、志愿服务以一定的价值目标为导向，对社会公众或服务对象进行道德倡议与引导

首先，志愿组织通过道德倡议或引导，谋求扩大社会影响，影响政府政策，唤醒人们的道德意识，推动某一目标的实现或某一特殊事业的发展，促进社会成员树立文明礼仪、公平正义、人道主义、以人为本、民主自由、人与自然和谐相处等道德意识、道德观念和道德价值取向，实现社会和谐与道德进步。北京奥运会前夕，北京志愿者协会等共同向全社会发出“微笑”倡议，号召大家“用微笑表达感情，用微笑传递友谊，用微笑传播文明，用微笑构建和谐”，将“微笑北京”确定为北京奥运会志愿者活动主题。① 通过这个活动，“微笑”理念深入人心，中华民族的传统美德得到广泛传播，人与人之间、人与社会之间的关爱、友善、和谐、文明人际关系得到极大改善，极大地提升了社会公众对志愿精神、志愿文化的认同感，让志愿者形象变得家喻户晓。云南省昭通市鲁甸县发生地震之后，为号召广大志愿者和志愿组织开展抗震救灾和灾后重建活动，弘扬“人人搭把手、出份力”的团结互助精神，中国志愿服务联合会向全国的志愿组织和志愿者发出倡议，引导大家积极有序参与抗震救灾和灾后重建志愿服务，积极参加捐款捐物、义务献血、物资发放、伤员转运、心理疏导等志愿服务活动，以实际行动支援灾区。其次，志愿组织还以其他多种倡议方式，引导社会公众追求崇高的道德价值目标。志愿组织通过倡议和呼吁社会关注和关爱农民工、残疾人、妇女和失学儿童，实现对困难群体的保护和救助；通过宣传环保知识、倡导绿色消费和绿色出行，引导人们保护自然和维持生态平衡；通过引导公民参与道德实践，培育良好的公民道德认知、道德情感、道德责任；通过倡导公民有序参与政

① 魏娜 等：《经验 · 价值 · 影响——2008 北京奥运会、残奥会志愿者工作成果转化研究》，中国人民大学出版社 2010 年版，第 49 页。

府监督、参政议政等，推动民主政治发展；通过倡议公民之间团结合作、友好信任，创造和再生社会资本。中国扶贫基金会的公益目标是“动员社会力量，推动全民扶贫，倡导贫富和谐，构建和谐社会”。为此，这个基金组织设立“365天天扶贫宣传基金”，通过长期、系统的宣传、引导，动员和推动社会公众广泛参与到扶贫济困志愿行动当中，以实现贫困人口的脱贫致富和持续发展。中国青少年基金会通过实施“希望工程”“保护母亲河”“红丝带行动”项目等进行利益表达和社会倡导，实现“帮助青少年提高能力，改善成长环境”的道德使命。“自然之友”是我国最早的环保志愿组织之一。该组织成立后，设立了“自然讲堂”项目，分别在学校、社区、企业开展自然科学知识讲座，开展群众性环境教育，广泛传播环保理念，营造公众参与环境保护的社会氛围和舆论环境，传播绿色文化，倡导绿色文明。“北京地球村”民间环保志愿组织从创立的那一年起，就在中央电视台第7套独立录制《环保时刻》，每周播出一期，对社会公众进行环保普及，持续了5年时间，成为我国第一个由民间环保组织制作并播出的电视环保专栏。“北京地球村”还远赴国外进行拍摄采访，介绍和推广国外的环保经验做法。其他一些环保组织发起的“每月少开一天车”“无车日”“绿色出行”“夏至关灯”“26度空调”活动等，也是环保志愿组织倡导人们减少能源消耗、加强生态环境保护、实现人与自然和谐相处的志愿行动。这些倡议活动吸引了大量群众积极参与，在社会上形成影响巨大的环境保护潮流，对于推动我国生态环境保护、维护环境正义起到了重大作用，对全球生态环境治理也作出了突出贡献。

四、志愿服务通过对善行的激励和对恶行的惩戒，在社会树立崇高的道德标杆

作为社会“第三部门”“第三方力量”的民间志愿组织，在引领时代潮流、树立道德标杆、推进社会进步等方面发挥着重要作用。“独善善，不如与众人善”，这是志愿组织对社会道德价值的尊重、倡导和激励的真实写照。“只要人人都献出一点爱，世界将变成美好的人间”，这是大家都熟悉的一句歌词。这句歌词，鲜明地表现出了人与人之间需要相互关爱、诚信友善、团结协作、守望相助。只有这样，社会的文明风尚才能得到提升。这也是志愿组织行动宗旨的真实写照。志愿组织通过志愿服务行动，对组织成员或其他社会成员善的、良好行为的赞赏、宣扬和倡导，对恶的、低劣行为的批评、惩罚和抵制，从而吸引或警示、激励或规劝组织成员或其他社会成员树立正确的道德观念或价值取向，在全社会树立起一种崇尚先进、疾恶如仇的良好道德风尚。一些志愿组织采取激励方式，利用新闻媒体对那些在扶贫、救灾和救助失学儿童、维护残疾人、农民工合法权益中表现突出的慈善家、企业大力进行宣传和颂扬，激励全社会成员都来关注和参与妇女、儿童、残疾人、农民工等困难群体保护和救助，形成浓厚的奉献爱心、扶贫济困的社会氛围。中国青少年发展基金会在实施“希望工程”项目过程中，广泛利用《人民日报》《光明日报》《中国青年报》《经济日报》《工人日报》等媒体宣传和报道产生的强烈社会效应，强烈地激励着千千万万热心公益、富有爱心的社会各界人士关注和资助贫困地区基础教育事业，成为我国社会参与最广泛、最具规模和影响力的民间公益事业。相反，志愿组织在活动中，除了采用激励的方式之外，对于那些破坏行业规范的企业或社会成员进行惩戒。比如在生态环境保护领域，环保志愿组织对那些污染环境的企业进行严厉制裁，阻止那些破坏生态平衡的建设开发项目，以此来倡导和保护生态环境。通过这种方式，在社会上树立起道德标杆，倡导社会正气。在这个方面，一个典型的案例是“自然之友”志愿者发起的“保护滇金丝猴”行动。云南德钦县为解决财政困难，在白马雪山自然保护区南侧砍伐原始森林，不仅对这片世界罕见的高海拔针叶林造成破坏，而且对滇金丝猴等珍稀动植物造成灭顶之灾。为阻止这一破坏行径，“自然之友”志愿者一方面给国家相关部门写信；另一方面，广泛发动新闻界的会员，在新闻报刊上大量刊登滇金丝猴生存环境受到威胁的宣传报道，还在中央电视台《焦点访谈》节目中曝光。① 在社会各方力量的干预下，云南德钦县砍伐原始森林的计划被迫取消，滇金丝猴的最后栖息地得以保全。

第二节　志愿服务推进道德建设的主要优势

志愿组织是相对于政府、市场之外的“第三部门”“第三方力量”，其志

① 刘芳：《中国民间环保组织》，安徽文艺出版社2012年版，第2页。

愿性、非营利性、民间性、公益性等突出的特点，决定了志愿服务具有突出的行为优势。

一、志愿服务具有号召性强、服务范围广的优势

一是志愿服务具有强烈的示范性、号召性，能吸引社会公众积极参与志愿服务行动。志愿组织以社会公益为活动目标，奉献精神强，志愿性鲜明，道德价值指向明确，对于社会公众尤其是青年群体、学生群体来说，有很强的号召力。比如“自然之友”等环保组织发起的“每月少开一天车”活动，当时在半个月内就有超过10万人报名参加，北京当时参与这个活动的单位达到476家、参与人员达到25万人；在“‘少开一天车’骑行北京”活动中，当时共有18家民间环保组织、31个大学生环保社团、407家汽车俱乐部、22家新闻媒体、25家机关单位参与，骑行上路的人员有上千人。这项活动还扩大到深圳、武汉等20多个城市。① 二是志愿服务的覆盖范围广泛，影响面大。随着志愿服务蓬勃、全面、深入发展，我国已基本上建立起较为完善的志愿服务体系，志愿服务已成为全民参与的行为，服务范围广泛。“全国志愿服务信息系统”的最新统计数据显示，我国实名注册志愿者已超过1.22亿人，各类志愿组织已超过63.4万家，组织实施的各类志愿服务项目总数已超过259.43万个，累计服务时间总数已超过14.75亿小时。我国两大最主要的志愿者体系，一个是社区志愿者服务体系，一个是青年志愿者服务体系。这两大志愿服务体系的志愿者人数占总人数的百分之八九十以上，服务范围覆盖了我国经济、政治、文化和社会生活的各个方面，在扶贫开发、环境保护、救灾抢险、大型赛事等领域内产生了较为重大的影响。中国青年志愿者协会是由志愿从事社会公益事业与社会保障事业的各界青年组成的全国性社会团体，它建立了全国性协会、省级协会、地（市）级协会及部分县级协会组成的志愿服务组织管理网络，并逐步向农村社区延伸，建立健全了基层服务站、服务基地、服务队服务网络，志愿行动的影响力越来越大，覆盖范围越来越广。近年来，青年志愿者协会开展了一系列影响大、受益面广的服务行动，

---

① 吴玉章、谢海定、刘培峰：《中国民间组织大事记（1978－2008）》，社会科学文献出版社2010年版，第155页。

如“保护母亲河”行动，重点开展植树造林、治理沙漠、整治水污染等环保活动；“扶贫接力”计划，为贫困地区提供教育、卫生、医疗、农业科技等方面的服务；“一助一”长期结对，对残疾人、孤寡老人、特困学生、优抚对象等社会困难群体开展“一对一”帮扶等。这些活动，号召性强，覆盖范围广，产生的效果明显。在“扶贫接力”计划实施过程中，有6810人次青年志愿者奔赴160多个贫困县开展扶贫服务；[①]“保护母亲河”行动中，来自全国19个省区市及英、法、德、日、土耳其等12个国家和地区的1000多名志愿者，在不到半年的时间内就整地造林1500余亩、挖土石方5万方、回填土3.75万方。[②]我国红十字会以“发扬人道、博爱、奉献精神，保护人的生命和健康，促进人类和平进步事业”为宗旨，其服务范围也相当广泛。统计数据显示，中国红十字会有31个省（自治区、直辖市）级分会、334个地（市）级分会、2848个县级分会和新疆生产建设兵团红十字会、铁路系统红十字会、香港特别行政区红十字会、澳门特别行政区红十字会；有9.8万个基层组织，215.6万名志愿者，11万个团体会员，2658万名会员。[③]湖南省红十字会是中国红十字会的省级分会，有4700多个基层组织、81万余名会员遍布全省14个市（州）、122（市、区）个县，在救护培训、备灾救灾、社区服务等方面开展服务行动。

二、志愿服务具有行动迅速、不受传统体制机制限制的优势

志愿组织是一种非政府组织，是一种民间社会组织。在志愿服务过程中，具有较好的灵活性。对此，中央精神文明建设指导委员会《关于深入开展志愿服务活动的意见》指出：“志愿服务形式多种多样、方式灵活便捷，适应了社会结构、社会组织形式、社会利益格局发生深刻变化的新特点，能够满足不同层次人们关爱他人、服务社会、展示特长的愿望，有利于充分发挥群众

---

① 《中国志愿服务概述》，人民网，http：//www. people. com. cn/GB/shizheng/252/6135/20010817/537993. html 。

② 同上。

③ 数据来源：“中国红十字会简介”，中国红十字会官网，http：//www. redcross. org. cn/hhzh/zh/hsjgk/hszjs/。

的主体作用，激发群众的参与热情，为精神文明创建活动注入新的生机与活力。”① 现阶段，我国正处于社会转型期，政府行政管理体制也处于转型过程中，还没有完全摆脱全能统制型的模式，因而这种管制式的行政整合方式仍然有较大的惯性，缺乏灵活性。志愿组织则不同，民间志愿组织来源于社会各个领域和各个阶层，他们身处社会各种环境中，就如社会的“感应器”，感应灵敏，反馈迅速，能将不同人群的不同需求进行快速分析、综合和调节，在内部成员的协作和社会公众的支持下促成问题得到迅速解决。而且，志愿组织规模小，活动领域大、范围广，组织成员来源广泛、层次多样、兴趣各异，加之它本身所具有的独立性、非政府性等属性，这些都赋予了志愿服务充足的活力和灵活性。对于这些灵活性优势，中国性病艾滋病防治协会的志愿者在他们多年的艾滋病防治活动中，深有体会和感想，在该协会撰写的调研报告中，他们是这样总结的：“协会的工作方式灵活，能够在政府和大众无法触及的地方，发挥协会自身的优势。例如，在同性恋人群、吸毒人群、性工作者开展艾滋病防治培训活动……”② 也就是说，这些志愿组织利用其灵活性特点，在特定的时间和地点、特殊的条件下、特别的人群中开展服务活动，获得预期的成效。另外，在大型救灾服务中，志愿服务也表现出及时、高效、灵活的优势。四川汶川“5·12”地震灾害发生时，面对突如其来的特大自然灾害，全国各地的志愿者、志愿组织，充分发扬“一方有难，八方支援”的团结互助精神，在有关部门的组织下，快速、及时集结，第一时间奔赴地震灾区开展救灾抢险，志愿服务灵活性的特点和优势得到充分展示；云南鲁甸地震发生以后，中国志愿服务联合会及时向全国的志愿组织发出倡议，要求全国的志愿者和志愿组织积极有序参与抗震救灾和灾后重建。全国各地志愿者便迅速组织力量开展捐款捐物行动，有些志愿者和志愿组织还亲自奔赴抗震救灾前线，抢在“黄金救援时间”前迅速开展救灾行动。

---

① 中央精神文明建设指导委员会：《关于深入开展志愿服务活动的意见》（中央文明委〔2008〕6号）。

② 蔡拓：《全球治理与中国公共事务管理的变革》，天津人民出版社2005年版，第121页。

三、志愿服务具有群众性、基层性的优势

中央精神文明建设指导委员会《关于深入开展志愿服务活动的意见》指出："志愿服务体现着公民的社会责任意识，是人们自觉为他人和社会服务、共同建设美好生活的生动实践，是现代社会文明程度的重要标志，是新形势下推进精神文明建设的有效途径。"① 从这个意见可以看出，志愿服务是一种服务他人、服务社会、服务群众的社会实践，彰显公民的社会责任和义务。志愿服务是以青年群体为主体的、全体社会成员都能广泛参与的群众性精神文明创建活动。志愿组织逐步向群众、向基层延伸和拓展，不但数量多、规模大，而且很"接地气"，与群众贴近、与基层贴近。这样，志愿服务行动对社会各阶层都能发挥出榜样示范作用，对社会各阶层成员或服务对象有着强烈的吸引力和号召力，能够吸引社会公众广泛参与，使志愿服务成为人民群众的一种日常行为方式，变成人民群众追求的时尚行为，"人人可为，时时可为，处处可为"逐步成为社会发展的司空见惯现象。北京奥运会前夕，赛会志愿者招募期间，共有112.6万人报名，录用77169名赛会志愿者。申请的志愿者当中，北京地区的占主体，有77.2万人，其他省（市、区）29.2万人，香港同胞0.7万人，澳门同胞0.2万人，台湾同胞0.3万人，华侨华人2.8万人，外国人2.2万人。② 2019年8月，全国第十届残运会暨第七届特奥会赛事筹办和运行期间，共有7500名志愿者提供竞赛运行、场馆运行、接待服务、开闭幕式等志愿服务；③ 同时在2019年8月份举行的第二届全国青年运动会中，来自太原理工大学、山西大学等19所高校的赛会志愿者、城市志愿者以及太原市城六区的社会志愿者共计2300余人为运动会开幕式提供志愿服务。④ 从这些志愿者的来源看，来源广、参与人多，鲜明地体现出志愿服务的

---

① 中央精神文明建设指导委员会：《关于深入开展志愿服务活动的意见》（中央文明委〔2008〕6号）。

② 魏娜 等：《经验·价值·影响——2008北京奥运会、残奥会志愿者工作成果转化研究》，中国人民大学出版社2010年版，第32页。

③ 《7500名志愿者服务全国第十届残运会》，中国文明网，https://www.cvf.org.cn/show/8839.html，2019年8月22日。

④ 《2300余名志愿者将为二青会开幕式提供志愿服务》，中国文明网，https://www.cvf.org.cn/show/8802.html，2019年8月3日。

群众性、基层性优势。北京奥运会、残奥会期间，京城内外到处都可以发现志愿者忙碌的身影，成为奥运赛事的一道道亮丽“风景线”。170多万名的志愿者在各自岗位上，通过自己的辛勤劳动和各自的专业技能，为参赛队员、观众及游客提供了热情、周到、细致的服务。通过这些服务，表达了愿望，传递了友情，向那些来到中国的外国客人展现了文明古国的风采。广州亚运会、亚残运会期间，有6万名亚运会、2.5万名亚残运会赛会志愿者、50万名亚运城市志愿者、2200多支城市志愿服务队伍分散在102个场馆、600个亚运城市服务站、7912个专项岗位和城市的各个角落，累计服务时间达1.28亿小时,① 为广州亚运会、亚残运会的顺利进行作出了重要贡献。四川汶川地震、云南鲁甸地震救灾行动中，大批志愿者奔赴抗震救灾前线，“人人搭把手、出份力”，不顾个人安危，急灾区之所急，解灾区之所难，积极开展伤病护理、卫生防疫、物资配送、心理调适、秩序维护等，哪里有灾情，哪里就有志愿者的身影，守望相助，风雨同舟，让人们感受到了“我为人人，人人为我”互帮互助的浓厚氛围。另外，志愿服务的群众性也表现为一种“草根性”“非政府性”“民间性”，也就是说，志愿组织不是履行国家公共职能，不是代表政府立场或主张，而是为了履行社会公益。因而，大多数志愿组织贴近基层，与社会基层在空间上距离小，能够广泛接触社会、接触群众，能够更有效、更便捷地深入社区乡村了解社情民意，倾听群众的呼声，了解群众的需求，促进社会沟通渠道通畅，促进社会矛盾化解。

四、志愿服务具有服务成本低、效益高的优势

志愿服务的低成本优势主要来源于其组织本身的独特性。志愿组织的民间性、志愿性等特性，决定了志愿服务在对社会公众多元化需求上能作出快速反应。首先，志愿组织的民间性使得其更接近基层群众，对基层多元化的需求能作出更快捷的回应，还能借助其广泛的民众参与系统，提供更能反映基层需要的社会服务，从而降低两者之间的交易和运行成本。其次，志愿性组织的志愿性使志愿组织既不需要像政府部门那样考虑多方利益，也不需要

① 王焕清、魏国华:《志愿行动与文明社会建设》，人民出版社2012年版，第137－138页。

像企业那样追求市场占有率和利润率。在全球信息、资源与服务快速流动的今天，志愿组织能充分发挥其志愿者的作用，降低管理费用和交易、服务成本，能有效利用其松散、扁平的组织结构，更加灵活、快速地收集信息、制定决策，快速地开展志愿服务。比如在我国各行各业兴起的商会、产业联盟、同业公会等行业组织，是一种互益性的非政府组织，行业协会的本质是公司、企业等市场交易主体，通过加强组织内部的管理、监督、约束和调控，来减少因管理、协调不够而多次重复进行的组织内部或组织之间的谈判、缔约等花费的成本和资源，最后达到降低组织运行成本、提高组织生产效益之目的。因而，行业组织的出现，能够节约公司、企业等市场交易主体的交易成本，提高资源的配置效益，从而提高经济运行的整体效能。在这方面还有一个典型的案例可以说明这一特点：在当今时代，网络信息得到大力普及，人们利用网络资源开展社会服务已成为普遍现象。“多背一公斤”即是这样一个利用网络资源面向中小学校开展公益服务的志愿者网络。“多背一公斤”志愿网络的工作模式是：志愿成员在外出旅游时，注意随时到学校收集需求信息，一旦获得需求信息，便及时将需求信息上传到网络上。而另外其他的志愿者，在网络上获得这一信息后，利用社会资源对信息中的中小学校予以帮助或满足，这些志愿者在服务过程中，获得其他学校的需求信息后，也及时上传网络，以此类推，每一个志愿者都是下一个活动地提供者或组织者，这就相当于一种“直销”方式的运作模式，中间环节少，时间短，成本低，效率高。因而，这一活动得到迅速扩张。① 再次，志愿服务的效率高，能为社会带来更多的经济或社会效益。据统计，北京奥运会期间，各类志愿者累计服务时间超过 2 亿小时，如果将北京奥运会各类志愿者的服务时间折合成工资，约为 42.75 亿元。其中，仅比赛场馆内为观众服务的志愿者创造的经济价值就达 5000 余万元。② 最后，志愿组织的志愿性使得它在资源的输入上，除政府的财政支出外，主要依靠志愿者和社会捐赠，比政府和企业更能有效组合运用社会各方面的资源，具有更低的生产成本效应。尤其是网络技术高度发达的

① 若弘：《中国 NGO》，人民出版社 2010 年版，第 116 页。

② 魏娜 等：《经验・价值・影响——2008 北京奥运会、残奥会志愿者工作成果转化研究》，中国人民大学出版社 2010 年版，第 73 页、第 74 页。

今天，利用网络平台募集善款已成为一些志愿组织开展资金募集及志愿服务的重要方式之一。中国法学会开展的“反对家庭暴力网络服务”，是我国最早的专门从事反对家庭暴力的网络民间公益组织，全国28个省、自治区、直辖市为其成员单位；“南通人家爱心基金”也利用网络技术，通过在互联网上发布求助者的信息、网友直接捐助的方式进行募集；北京大学法学院“法律研究与服务中心”建立“中国妇女权益公益律师网络”，通过网络开展培训、规模化诉讼、公益诉讼论坛等活动。①“中国志愿服务联合会”“中国志愿服务基金会”等志愿服务组织及其品牌活动项目，都建立了专门的官方网站，设计了精美的网页开展志愿服务形象宣传、品牌介绍及善款募捐等，利用网站资源有效地降低了运行成本，提高了志愿服务成效。

① 吴玉章、谢海定、刘培峰：《中国民间组织大事记（1978－2008）》，社会科学文献出版社2010年版，第273页、第71页、第282页。

第六章

我国志愿服务推进道德建设存在的主要问题及消解对策

公民社会发育、成长是国家逐步放权和政策驱动、扶持的结果。与西方国家相比，我国的公民社会后于政治社会而建立，公民社会领域内很大一部分的经济、文化和日常生活被政治化、行政化，“国家主义”厚重。公民社会的这种发展路径导致的结果是，我国公民社会基础薄弱、先天不足，对国家具有一定的依赖性，其发展具有一定的局限性。① 民间志愿组织是公民社会的核心要素和外在组织形式，公民社会的这种局限性，也从志愿组织身上明显地反映和表现出来，我国志愿组织的志愿服务或多或少还存在着一些问题与不足，制约了其道德建设功能的有效发挥。

第一节　我国志愿服务存在的主要问题

志愿服务尚未常态化、志愿服务的行政化色彩浓厚、志愿服务缺乏激励机制、志愿服务的法律法规有待进一步完善等是我国志愿服务存在的几个突出问题，更新服务观念、完善管理体系和法律保障体系、培育志愿文化等是消解问题存在的几条主要对策、措施。

一、志愿服务尚未常态化

志愿服务尚未常态化主要表现在三个方面：其一，人们对志愿服务的认识不准确、不全面。很多人认为，只有富人或闲人才会做志愿者，志愿服务

① 参见马长山：《国家、市民社会与法治》，商务印书馆 2002 年版，第 220 – 221 页。

就是去灾区或养老院做好事等，严重影响了志愿服务的广泛开展和常态化开展。调查数据显示，50.7%的被调查者认为，因公众对志愿者或志愿服务存在误解，阻碍了更多的公民参与志愿服务。① 其二，很多志愿组织缺乏长期发展意识，志愿者只是从事短期的志愿服务，很多志愿服务也是突击性的、短期性的，短期行为比较明显。有些志愿组织通过开展大型服务活动，营造声势，争取资源。但是，这些活动项目启动以后，能否持续开展，能否使受助方长期受益，则没有引起志愿组织的足够重视，这在人们心目中留下了志愿服务搞形式主义、缺乏真情实效的不良印象，影响了志愿服务功能的正常发挥。其三，我国目前的志愿服务层次还很低，还只处于关注困难群体的需求这个层面上，而从志愿服务的社会价值分析，志愿服务应该纳入社会宏观发展层面，而不应只是把志愿服务简单地理解为“学雷锋”活动或助人为乐行为，正如台湾学者所言：“在民主社会中，强调的是社会权的拥有，弱势者应该得到社会制度的保障，需要社会救助的人应有健全的社会福利制度在保障。”② 以慈善事业为例，我国每年真正属于私人给民间慈善组织的捐款约30亿~40亿元，占GDP的万分之二左右，远远低于西方发达国家水平，也赶不上其他发展中国家水平。③ 同时，尽管我国志愿服务的参与率高，但是，实际所带来的经济价值和社会价值并没有西方发达国家高，这反映出的一个突出问题就是我国志愿服务还不够日常化和常态化。

二、志愿服务的行政化色彩比较浓厚

受中国传统文化思想的影响，“官本位”仍在社会发展中产生一定的作用，并影响我国公民社会和公共领域发展速度，从而使得我国志愿组织很多仍挂靠政府组织。我国社会改革在总体上属于政府推动型，志愿服务活动也主要由政府主导和推动，志愿服务长期处于“行政化”和“社会化”两难取向的磨合和协调，这使得志愿服务的初始状态、起步阶段和理想状态、目标

① 佘双好：《志愿服务概论》，武汉大学出版社2013年版，第103页。

② 共青团北京市委员会、北京青年研究会：《志愿者形象及其社会影响》，人民出版社2009年版，第227页。

③ 丁元竹等：《中国志愿服务研究》，北京大学出版社2007年版，第20页。

模式之间形成了极为复杂的关系。现阶段，我国福利性志愿服务组织大多是从原有政府部门分化出来的。例如，“中国人口福利基金会”要接受国家计生委的业务指导，“中国青少年基金会”分化于团中央，“中华慈善总会”依托于民政部。这些在政府精心呵护下产生和成长起来的志愿组织，对政府具有很强的依附性，带有强烈的行政化色彩。同时，占据着重要地位的社区志愿组织往往都是在街道、居委会的直接领导下开展服务行动的，在很多地方，社区志愿活动干脆就是街道和居委会工作的一部分，志愿服务运动化、模式化，有的志愿服务甚至变成了“被志愿”，不是“我来志愿参加”，而是“要我来参加”，使得我国很多社区志愿组织的独立性和自治性降低，其结果是使社区志愿组织难以真正发挥中介组织的沟通与桥梁作用，也难以发挥志愿组织的灵活性、创新性优势，从而无法及时反映和解决社区居民日益多样化的需求，这与我国“小政府、大社会”的改革目标相背离。对于这种现象，有人感叹，“几乎每一次慈善捐献都有行政命令参与”，也有人抱怨，人们的“爱心”成为一些政府部门政绩的垫脚石。2014 年 7 月份，台风“威马逊”“麦德姆”先后袭击我国海南、福建等地，给群众生命财产造成巨大损失。人们纷纷解囊相助，为灾区捐款捐物。然而在爱心活动中，有些地方、单位以行政命令的形式，甚至动用了“红头文件”，强制要求奉献爱心。还有一些地方政府部门将志愿服务纳入政绩考核的范畴，比如“每个社区都必须成立一支特色志愿服务队伍”“每个街道都必须有品牌志愿者活动”等。有学者担心，如果长期这样发展下去，自愿原则将被行政强制取代，志愿服务将从政府推动变成政府组织，志愿服务组织将日益萎缩，最终成为一块牌子、一个符号，成为政府的附庸。①

三、志愿服务的激励机制有待建立和健全

与志愿事业发展相关的另外一个问题是其激励机制。马斯洛的需求层次理论认为，“人有生理、安全、社交、尊重和自我实现五大需求。”② 每个人

---

① 一然：《几乎每一次慈善捐献都有行政命令参与》，《人民日报》，2014 年 7 月 31 日。

② 转引自葛敏、崔梅：《论志愿精神的“无私”与“有私”》，载《广西青年干部学院学报》，2009 年第 2 期。

都有这五大需求，对于志愿者来说同样有这些需求。并且，从志愿服务的行为动机来看，志愿者至少具有“社交”“尊重”“自我实现”三大需求。结合志愿服务的行为动机、志愿组织弘扬的志愿精神来分析，一方面，志愿者具有强烈的奉献社会、服务他人的“利他”精神；另一方面，志愿者具有获得尊重和认可、促进自身成才的愿望和需求，这两方面是相互统一、相辅相成的。《义务工作香港宣言》提出：“义务工作不仅能帮助别人，义工本身也因此受惠。”① 也就是说，志愿者在服务社会与他人、推动人类文明与道德进步的同时，自身的愿望和需求也能得到一定程度的满足。在美国，志愿者每年开展志愿服务活动创造的价值大约有2000亿美元。② 美国的志愿者在为社会创造巨大价值的同时，自身的需求也得到了一定满足。有一位在美国求学的女生，是中国青少年发展基金会一位理事的女儿，她经常跟随父亲参加各种志愿服务活动。在美国报考学校时，被美国的一所高中优先录取。其优先权的获得，是由于她填写了父亲的志愿者身份，从而被认为是经常参与志愿服务活动。③ 这就是美国对志愿者采取的激励机制的例证之一。我国志愿服务发展缺乏这种有效的激励机制，尤其是社会文化方面的激励机制更是不足。目前，人们对志愿组织性质的认识还不准确，存在许多误解。有些社会公众对于志愿者的需求与回报持有不正确的态度，认为志愿服务是“无私奉献”，不能谈回报，否则就变成了“有私奉献”，这就导致有些志愿者在这个问题上产生错误认识，就如躲避瘟疫一样躲避合理的回报，不能获得正当的、有效的激励，甚至有些合法的、正当的权益都不能得到保障。有些志愿者被当作廉价劳动力使用，有的甚至受到侮辱，身心受到摧残；有些志愿者得不到工作单位领导的有效支持，有的甚至被单位辞退，基本生活条件得不到保障；有些志愿者甚至不能有效保护自己的人身安全，“流汗又流泪甚至流血”的情况在志愿者身上时有出现。这些对志愿者参与志愿服务的积极性是严重打击，也无法使人们对志愿服务产生认同感，也就更加难以获得广泛的支持和认可，

---

① 《义务工作香港宣言》（第十届国际义工协会亚太区会议审议通过，2005年11月15日）。

② 葛敏、崔梅：《论志愿精神的“无私”与“有私”》，载《广西青年干部学院学报》，2009年第2期。

③ 共青团北京市委员会、北京青年研究会：《志愿者形象及其社会影响》，人民出版社2009年版，第230－231页。

从而影响志愿服务的实际效果。

四、志愿服务的法律法规有待完善

无规矩不成方圆。志愿服务的持续、健康发展，需要健全的法律、法规和相应的规章制度保驾护航。近年来，我国在志愿服务相关法律、法规的建立和健全方面，取得了一定成效，但还存在许多的不足：一是我国目前的志愿服务体系缺少明确化的志愿服务法律和规范，尤其是缺乏一部全国性的统一、完整的法律。二是相关志愿服务法律法规的立法权威不足。我国目前的《社会团体登记管理条例》《基金会管理办法》等都是程序性的行政法规，层次低，没有上升到国家立法层面，从而使志愿服务相关法律法规的权威性、规范性、约束性不够。三是公益机构单行法数量不足。目前，我国志愿组织的类型多，数量、规模庞大，其宗旨使命、组织架构、运作模式、服务对象和领域等各有不同。这些不同类型的志愿组织，我国采取的是“一法统管”的模式，不能充分体现各种不同志愿组织的特色与特殊性，不能发挥出不同志愿组织的不同作用。四是颁布的相关志愿服务政策、法规不完善、不适用，缺乏实施细则和监管细则。广东省是全国第一个地方人大通过《青年志愿服务条例》的省份。但该条例存在一些缺陷，比如缺乏实施细则，其中的要求、保障与激励措施界定过于宽泛，难以实施和操作，还缺乏监管细则，对于志愿组织的组建、志愿人员的加入、志愿服务行动等没有社会机构或团体的有效监督，难以保障志愿服务事业健康持续发展。五是相关志愿组织税法、税收政策等不明确具体，还没有建立起统一、完善的税法体系。并且，对志愿组织的税收优惠政策等也不明确和具体，还存在一些阻碍社会公众捐赠的税制性因素，不利于调动志愿组织的积极性、主动性及其社会功能的发挥。

第二节 推动志愿服务健康持续发展的对策

联系我国国情及志愿服务发展现状，同时借鉴西方发达国家志愿服务的成功经验，推动我国志愿服务健康持续发展的主要对策和措施有以下几方面：

一、更新志愿服务思想观念

思想是行动的先导。人们参与志愿服务的热情与积极性如何，在一定程度上取决于人们对于志愿组织、志愿服务的了解和认知程度，在一定程度上取决于人们对于志愿组织、志愿服务的态度与观念，取决于人们是否能正确认识和理解志愿服务。因而，要推进志愿服务的持续健康发展，首先要确保大家有一个正确的思想观念，使大家对志愿服务有一个正确的认识和了解，从而在心理上接受、在行动上支持和参与志愿服务。从这个意义上来说，优化志愿组织、志愿者开展志愿服务的良好的外部舆论环境，强化社会公众参与志愿服务的观念意识，挖掘并激发社会公众潜在的服务社会和他人的热情与责任，对于更新人们的志愿服务思想观念具有重要的推动作用。具体方法和途径如下：第一，通过新闻媒体、网络技术、移动终端等渠道，开展对志愿组织宗旨使命、目标任务，以及“奉献、友爱、合作、进步”志愿精神的教育和宣传，增强社会公众对志愿服务地位与作用、角色及其文化价值的全面、系统认识和了解，让志愿服务、志愿精神深入人心、家喻户晓，形成人人支持理解志愿服务、人人参与志愿服务的良好社会氛围。我国举办奥运会期间，组委会组织专门力量，通过电视、网络、报纸、杂志等多种途径和手段，大力开展志愿服务方面的宣传、教育，使志愿者的美好形象家喻户晓，社会公众参与志愿服务的积极性、主动性空前高涨，志愿服务的效果非常突出。第二，加强志愿服务的理论研究和政策分析。通过理论研究和政策分析，探究志愿组织的地位、作用、角色，摸索志愿服务的科学规律，厘清人们在思想观念上的错误和模糊认识，形成具体的、科学的、全面的政策建议，以便更好地指导志愿组织开展志愿服务行动。比如，深入研究和探索中外公民社会发育成长历史，深入分析社会分工、组织分化、社会综合治理等方面的理论特点和规律，全面考察古今中外志愿组织的产生、发展的规律和轨迹，在此基础上提出发展我国志愿组织的对策、建议等。2019 年 10 月 21 日，在中央文明办大力支持下，中国社会科学院成立中国志愿服务研究中心。该研究中心的重要任务之一，就是开展志愿服务相关理论研究和调研监测，推动我国志愿服务研究和宣传的快速发展。

二、完善志愿服务管理体系

要完善志愿服务管理体系，须主要从以下几方面着手：一是志愿组织自身的运行机制、管理制度等要不断规范化、专业化，努力加强自治能力、创新能力和内部管理，促进志愿服务的高效化、常态化。在自治能力方面，每一个志愿组织都应该为自己确定一个独特的同时又能持续的目标使命，并以此为行为指导方针。这样，在自身目标使命的指引和督促之下，努力排除和克服外界的干扰和压力，尤其是资金方面的压力，实现组织自身的伦理道德价值。在创新能力方面，志愿组织应当形成一整套人力资源开发、配置、使用和管理的工作机制，增强组织的凝聚力和对从业人员尤其是优秀人才的吸引力，提高员工的专业素质和职业意识，为完成组织的创新能力提升提供有效的人力支持。在内部管理方面，志愿组织要完善内部管理，首先要完善组织章程，并在章程规定的范围内依法开展活动，在此基础上以章程为依据，健全组织机构，如权力机构、执行机构、办事机构等。二是完善社会分工体系，充分发挥志愿组织的社会功能，将政府不该管也管不好的职能剥离给志愿组织，并给予政策、资源等方面的支持，让志愿组织能够放开手脚开展社会公共服务，形成一种“小政府、大社会”的体制机制，使政府管理由微观向宏观、由直接向间接、由以“管”为主向以“监”为主转变，将社会空间和资源充分让渡给志愿组织，使志愿组织的功能得到充分发挥，使我国“强政府、弱社会”的现状得以扭转。党的十九届四中全会明确提出，要健全志愿服务体系，推动志愿服务制度化建设。

三、健全志愿服务法律法规

对我国来说，针对现阶段我国志愿服务法律制度缺失的现状，应该根据志愿服务的实际情况，借鉴国外经验，逐步制定和形成配套的、不同层次的法律法规体系，用法律形式明确志愿服务的性质、宗旨、地位、组织形式、经费来源、权利和义务，使志愿服务尽快走上法制化轨道。具体来说，应从以下几方面入手：首先，完善志愿服务法律框架体系。法律是整个社会价值判断体系的最后一道屏障，是整个社会监管体系的硬性约束，具有最高的权威性。因此，加快志愿服务立法，建立完善的法律法规框架体系是当前的首要任务。其次，探索志愿服务社会保障立法。我国目前尚没有志愿服务的全国性立法，但是，各省市近几年来在有关志愿服务的立法方面取得了一定成效。这其中已开始涉及志愿服务的社会保障问题，从一定程度上对志愿组织成员的合法权益给予了有效维护，有利于志愿服务的健康发展及其功能的有效发挥。当然，这还只是志愿服务社会保障立法的探索和尝试。由于志愿服务的发展离不开优秀人才的参与，同时，为解除员工的后顾之忧，为其提供必要的医疗、失业、养老等基本社会保障。因此，政府应在财政支持和相应的其他优惠措施的基础上，加大力度建立面向志愿组织员工与志愿者的、具有公共部门性质的社会保障制度。

四、培育志愿文化自觉

培育志愿文化是推动志愿服务持续健康发展的重要途径。有学者指出："志愿文化是基于对和谐美好生活的追求与向往，在志愿服务的长期实践中形成的，以注重社会道义、强调社会责任、体现社会公平、促进人类发展为价值追求，以奉献、友爱、互助、进步为核心精神的社会心理和行为模式。"①志愿文化包含的"道义""责任""公平"，以及"自愿、奉献、友爱、进步"等价值理念，是志愿服务的宗旨与使命。可以说，志愿文化是志愿服务的精神沃土，志愿服务是志愿文化的外在表现形式，志愿精神是志愿文化的核心和精髓。那么，如何来培育志愿文化呢？第一，教育为本，抓住养成教育主渠道。培育志愿文化的关键在于社会公众的价值观养成教育。畅通教育主渠道，使志愿文化如春风化雨般润物无声地入脑入心，是培育志愿文化的根本途径：一是以学校教育为主导，将培育志愿文化的要求通过隐性与显性有机结合的方式，融入从小学到大学的学校教育体系中。比如，针对不同年龄段的受教育者，精心设计和组织开展科技文化教育"三下乡"等课外活动，使学生在潜移默化中受到志愿文化的熏陶和教育。二是以社会教育为补充，建立健全以培育志愿文化为任务的社区（村）文化中心，通过开展健康有益的

① 姜玉洪、李烨：《弘扬志愿文化 促进社会和谐——让志愿服务成为人的一种生存方式》，载《东北农业大学学报（社会科学版）》，2011 年第 5 期。

文体活动和社区志愿服务活动，营造培育、践行和弘扬志愿文化的浓厚氛围。三是优化整合并免费开放各类文化教育场所，如博物馆、图书馆、科技馆、革命烈士纪念地、爱国主义教育基地等，充分发掘其志愿文化的教育功能。第二，舆论主导，占领文化宣传主阵地。要形成培育志愿文化的强大正能量，必须掌握宣传文化阵地的主导权、主动权和舆论的话语权：一是高度重视以社会科学工作者、文学工作者、影视工作者及网络从业人员为主体的文化宣传队伍建设，增强其社会责任感，强化其公共服务意识，使之成为培育志愿文化的先锋队。二是充分运用各类大众传播工具正面宣传优秀志愿者、先进志愿组织及其典型事迹，弘扬真善美，传播正能量，营造浓厚的志愿文化舆论氛围，使群众在情感和心理认同的基础上，自觉将志愿精神转化为自己的精神追求。三是利用新媒体、网络构建数字化志愿服务管理平台，设立"道德银行"，记录和褒奖开展"爱心捐赠""希望工程""送温暖""手拉手""幸福工程""春蕾计划"等公益服务行动的志愿者，形成"我为人人、人人为我"的道德风尚。第三，榜样引领，树立无私奉献的社会新风尚。"榜样的力量是无穷的"，在培育志愿文化的过程中，必须发挥榜样的引领和示范作用：一是发挥模范人物的精神力量，充分利用雷锋、郭明义等为代表的先进模范人物、优秀志愿者的教育、示范和引领作用，推动人民群众长期坚持不懈地学习并身体力行模范人物的志愿精神和崇高品质。二是开展优秀志愿者、先进志愿组织评选表彰，适时推介培育与践行志愿文化的先进典型，关心、保障其工作和生活，建设"善有善报"的社会保障机制，培育崇德向善、扶正祛邪、相互尊重、理解宽容的社会风气。

主要参考文献

1.《马克思恩格斯选集》(1—4 卷)，人民出版社 1995 年版。

2.《列宁选集》(1—4 卷)，人民出版社 1995 年版。

3.《毛泽东选集》(1—4 卷)，人民出版社 1991 年版。

4.《邓小平文选》(1—3 卷)，人民出版社 1993 年版。

5. 中共中央宣传部：《习近平总书记系列重要讲话读本》，学习出版社、人民出版社 2014 年版。

6.《习近平谈治国理政》，外文出版社 2014 年版。

7. 中共中央宣传部：《习近平总书记系列重要讲话读本（2016 年版）》，学习出版社、人民出版社 2016 年版。

8. [古希腊] 亚里士多德著，吴寿彭译：《政治学》，商务印书馆 1983 年版。

9. [古希腊] 亚里士多德：《尼各马科伦理学》，商务印书馆 2003 年版。

10. [美] 约翰·罗尔斯著，何怀宏等译：《正义论》，中国社会科学出版社 1988 年版。

11. [美] 莱斯特·M. 萨拉蒙等著，贾西津、魏玉等译：《全球公民社会——非营利部门视界》，社会科学文献出版社 2002 年版。

12. [美] 理查德·C. 博克斯著，孙柏瑛等译：《公民治理——引领 21 世纪的美国社区》，中国人民大学出版社 2005 年版。

13. [德] 康德著，苗力田译：《道德形而上学原理》，上海人民出版社 1986 年版。

14. [德] 哈贝马斯著，曹卫东等译：《公共领域的结构转型》，学林出版社 1999 年版。

15. ［法］托克维尔著，董果良译：《论美国的民主》，商务印书馆 1988 年版。

16. ［英］亚当·斯密：《道德情操论》，中国社会科学出版社 2003 年版。

17. ［美］罗伯特·S. 奥格尔维：《志愿服务、社区生活与伦理道德：美国社会的视角》，上海财经大学出版社 2018 年版。

18. 罗国杰主编：《伦理学》，人民出版社 1989 年版。

19. 罗国杰主编：《中国伦理学百科全书（伦理学原理卷）》，吉林人民出版社 1993 年版。

20. 万俊人著：《寻求普世伦理》，商务印书馆 2001 年版。

21. 龚群著：《当代中国社会伦理生活》，四川人民出版社 1998 年版。

22. 龙静云著：《治化之本——市场经济条件下的中国道德建设》，湖南人民出版社 1998 年版。

23. 马克·A. 缪其克、约翰·威尔逊著，魏娜等译：《志愿者》，中国人民大学出版社 2013 年版。

24. 魏娜 等著：《经验·价值·影响——2008 北京奥运会、残奥会志愿者工作成果转化研究》，中国人民大学出版社 2010 年版。

25. 中国志愿服务联合会编：《中国志愿服务发展报告（2017）》，社会科学文献出版社 2017 年版。

26. 许莲丽著：《新时代中国志愿服务理论与实践的新探索》，人民出版社 2018 年版。

27. 良警宇著：《中国文化志愿服务发展报告（2018）》，社会科学文献出版社 2019 年版。

28. 余逸群、纪秋发著：《中国志愿服务：历史、实践与发展》，北京理工大学出版社 2019 年版。

29. 王焕清、魏国华著：《志愿行动与文明社会建设》，人民出版社 2012 年版。

30. 刘芳著：《中国民间环保组织》，安徽文艺出版社 2012 年版。

31. 佘双好编：《志愿服务概论》，武汉大学出版社 2013 年版。

32. 陶倩著：《当代中国志愿精神的培养研究》，上海人民出版社 2013

年版。

33. 吕本修著：《道德建设有效性问题研究》，人民出版社 2019 年版。

34. 罗国杰著：《思想道德建设论稿》，中国人民大学出版社 2018 年版。

35. 刘煜著：《利益兼顾：和谐社会道德建设问题研究》，上海三联书店 2014 年版。

36. 朱金瑞著：《新中国成立以来公民道德建设的历史演进》，人民出版社 2015 年版。

37. 张岱年著：《中国伦理思想研究》，江苏教育出版社 2004 年版。

38. 杜灵来著：《当代中国道德建设实效性研究》，中国社会科学出版社 2008 年版。

39. 李春秋主编：《新伦理学教程》，高等教育出版社 2002 年版。

40. 吴灿新等著：《当代中国道德建设论纲》，中国社会科学出版社 2009 年版。

41. 童南茜著：《中国刻不容缓——拯救我们的道德》，华中科技大学出版社 2012 年版。

42. 马润海、戚本超主编：《公民道德建设评价体系》，学习出版社 2003 年版。

43. 刘智峰著：《道德中国》，中国社会科学出版社 1999 年版。

44. 许莲丽著：《新时代中国志愿服务理论与实践的新探索》，人民出版社 2018 年版。

45. 邱服兵、涂敏霞、沈杰著：《中国志愿服务典型项目研究》，人民出版社 2015 年版。

46. 共青团北京市委员会、北京青年研究会编著：《志愿者形象及其社会影响》，人民出版社 2009 年版。

47. 袁媛、谭建光主编：《中国志愿服务：从社区到社会》，人民出版社 2011 年版。

48. 董强、翟雁编著：《中国民间志愿服务实践与国际和地区经验》，知识产权出版社 2011 年版。

49. 北京志愿者协会编著：《走近志愿服务》，中国国际广播出版社 2006

年版。

50. 谭建光、杨旭主编：《当代中国志愿服务研究》，中山大学出版社2012年版。

51. 谭建光主编：《中国农村志愿服务发展报告》，人民出版社2010年版。

52. 王焕清、谭建光主编：《广州亚运会志愿服务研究》，广东人民出版社2010年版。

53. 谭建光著：《中国广东志愿服务发展报告》，广东人民出版社2005年版。

54. 丁元竹等主编：《中国志愿服务研究》，北京大学出版社2007年版。

55. 莫于川主编：《中国志愿服务立法的新探索》，法律出版社2009年版。

56. 沈杰主编：《志愿行动：中国社会的探索与践行》，人民出版社2009年版。

57. 邓正来著：《市民社会理论的研究》，中国政法大学出版社2002年版。

58. 马长山著：《国家、市民社会与法治》，商务印书馆2002年版。

59. 马长山著：《法治进程中的"民间治理"：民间社会组织与法治秩序关系的研究》，法律出版社2006年版。

60. 俞可平等著：《中国公民社会的兴起与治理的变迁》，社会科学文献出版社2002年版。

61. 俞可平著：《增量民主与善治》，社会科学出版社2003年版。

62. 俞可平等著：《中国公民社会的制度环境》，北京大学出版社2006年版。

63. 俞可平著：《社群主义》（修订版），中国社会科学出版社2005年版。

64. 王名、刘培峰等著：《民间组织通论》，时事出版社2004年版。

65. 王名等著：《中国社团改革——从政府选择到社会选择》，中国社会科学出版社2001年版。

66. 刘培峰著：《结社自由及其限制》，社会科学文献出版社2007年版。

67. 陶传进著：《社会公益供给——NPO、公共部门和市场》，清华大学出版社2005年版。

68. 梁绿琦、余逸群著：《志愿中国》，人民出版社2006年版。

69. 丁元竹、江汛清著：《志愿活动研究：类型、评价与管理》，天津人民出版社 2001 年版。

70. 周秋光、曾桂林著：《中国慈善简史》，人民出版社 2006 年版。

71. 周志忍、陈庆云主编：《自律与他律——第三部门监督机制个案研究》，浙江人民出版社 1999 年版。

72. ［美］美沃尔夫著，谢旭译：《市场或政府：权衡两种不完善的选择》，中国发展出版社 1994 年版。

73. 蔡拓：《全球治理与中国公共事务管理的变革》，天津人民出版社 2005 年版。

74. 陶传进著：《环境治理：以社区为基础》，社会科学文献出版社 2005 年版。

75. 邓国胜等著：《民间组织评估体系：理论、方法与指标体系》，北京大学出版社 2007 年版。

76. 邓国胜著：《公益项目评估——以“幸福工程”为案例》，社会科学文献出版社 2003 年版。

77. 唐汉卫著：《生活道德教育论》，教育科学出版社 2005 年版。

78. 高德胜著：《生活德育论》，人民出版社 2005 年版。

79. 卜长莉著： 《社会资本与社会和谐》，社会科学文献出版社 2005 年版。

80. 袁祖社著：《权力与自由：市民社会的人学考察》，中国社会科学出版社 2003 年版。

81. 秦国荣著：《市民社会与法的内在逻辑——马克思的思想及其时代意义》，社会科学文献出版社 2006 年版。

82. 廖加林著：《现代公民社会的道德基础》，湖南大学出版社 2006 年版。

83. 陈剩勇等著：《组织化、自主治理与民主——浙江温州民间商会研究》，中国社会科学出版社 2004 年版。

84. 仝志辉等著：《农村民间组织与中国农村发展——来自个案的经验》，社会科学文献出版社 2005 年版。

85. 吴锦良著：《政府改革与第三部门发展》，中国社会科学出版社 2001 年版。

86. 李珍刚著：《当代中国政府与非营利组织互动关系研究》，中国社会科学出版社2004年版。

87. 赵黎青著：《非政府组织与可持续发展》，北京经济科学出版社1998年版。

88. 贾西津等著：《转型时期的行业协会——角色、功能与管理体制》，社会科学文献出版社2004年版。

89. 文军、王世军著：《非营利组织与中国社会发展》，贵州人民出版社2004年版。

90. 曾建平著：《寻归绿色——环境道德教育》，人民出版社2004年版。

91. 曾建平著：《环境正义：发展中国家环境伦理问题探究》，山东人民出版社2007年版。

92. 周秋光、曾桂林著：《中国慈善简史》，人民出版社2006年版。

93. 陈金罗等著：《中国非营利组织法的基本问题》，中国方正出版社2005年版。

94. 詹世友著：《公义与公器——正义论视域中的公共伦理学》，人民出版社2006年版。

95. 张岱年著：《中国伦理思想研究》，江苏教育出版社2004年版。

96. 刘靖华著：《中国政府管理创新》，中国社会科学出版社2004年版。

97. 邓正来、[英] J. C. 亚历山大编：《国家与市民社会——一种社会理论的研究路径》，中央编译出版社2005年版。

98. 万俊人主编：《现代公共管理伦理导论》，人民出版社2005年版。

99. 李君如主编：《社会主义和谐社会论》，人民出版社2005年版。

100. 王名主编：《中国非政府公共部门》，清华大学出版社2004年版。

101. 王名主编：《中国非营利评论》（第一卷），社会科学文献出版社2007年版。

102. 王名、李勇等编著：《德国非营利组织》，清华大学出版社2006年版。

103. 刘祖云主编：《社会转型解读》，武汉大学出版社2005年版。

104. 齐延平主编：《社会弱势群体的权利保护》，山东人民出版社2006年版。

105. 何增科主编：《公民社会与第三部门》，社会科学文献出版社2000年版。

106. 李惠斌主编：《全球化与公民社会》，广西师范大学出版社 2003 年版。

107. 徐麟主编:《中国慈善事业发展研究》，中国社会出版社 2005 年版。

108. 朱世达主编:《美国市民社会研究》，中国社会科学出版社 2005 年版。

109. 丁元竹主编:《非政府公共部门与公共服务——中国非政府公共部门服务状况研究》，中国经济出版社 2005 年版。

110. 丁元竹主编:《建设健康和谐社会》，中国经济出版社 2005 年版。

111. 蔡拓主编:《全球治理与中国公共事务管理的变革》，天津人民出版社 2005 年版。

后　记

本书是在我主持的国家社科基金青年项目“志愿服务与道德文化建设研究”（项目批准号：12CZX071）最终成果基础上修改而成的。中共中央、国务院颁布的《新时代公民道德建设实施纲要》指出，我国思想道德建设取得了巨大成效，但还存在一些突出问题，道德建设是一项长期而紧迫、艰巨而复杂的任务，要适应新时代新要求，积极推动全民道德素质和社会文明程度达到新高度。本书针对我国道德领域存在的突出问题，在深入探讨志愿服务行为动机、道德属性、道德价值目标及其与道德建设内在关联等问题基础上，系统研究志愿服务在彰显和弘扬“为人民服务”道德核心、“集体主义”道德原则，倡导和推进社会公德、职业道德、家庭美德建设和个人品德养成中的独特优势及其作用与影响。全书对我国道德建设的发展历程、中西方志愿服务的兴起与发展进行了认真梳理，对我国道德领域出现的主要问题及其原因进行了深入调查和客观分析，并从社会“第三部门”的视角，对如何加强道德领域突出问题有效治理提出了一些对策、措施。

课题研究过程中，在课题负责人的组织、带领下，课题组成员明确分工、团结协作，深入基层开展调查研究，获得了大量的第一手数据，为课题研究提供了扎实基础和有力支撑。通过多年系统、深入研究，在取得多项阶段性成果的基础上，最终形成了本成果。根据课题研究的目标和任务，我设计研究思路和方法，制定总体研究框架，拟定最终成果的撰写提纲，并负责学术专著主体内容的撰写、修改和定稿。专著写作过程中，得到了周小李教授、陈峥教授、龙永干教授、阮东彪博士、王建礼博士及李南文、黎学森等老师的积极参与和协助。其中，第四章第一节的主要内容由周小李教授执笔撰写。其他课题组成员公开发表的相关研究成果，也为课题结题和著作撰写提供了扎实基础和参考依据。本书最后由我审定。

本著作写作和出版还得到了华中师范大学龙静云教授、张耀灿教授、万美容教授，中南大学王翔教授、周湘莲教授、王浩斌教授等专家、学者的悉心指导，得到了湖南财政经济学院肖湘愚、刘长庚、刘寒波、李雪山、全承相、陈建斌、刘振强、罗财喜、杨培根、周奕、尹文芳、张晓敏等领导和老师的大力支持、帮助，同时也倾注了中国社会出版社编辑们的大量心血，在此一并表示衷心感谢！

“路漫漫其修远兮，吾将上下而求索”。在未来的学术道路上，我将奋力前行，继续深化对志愿服务、道德建设等相关领域的理论研究和实践探索，为新时代中国特色社会主义现代化建设事业贡献自己的绵薄之力！

李茂平

2020 年 1 月 18 日